장자에게 배우는
직장인 필살기

장자에게 배우는
직장인 필살기

이호건
지음

불확실한 직장생활에서 필히 살아남는 기술

성굣

차례

4부 진리 篇

인식의 한계에서 벗어나 참된 도를 깨우쳐라! (우물 안 개구리에서 벗어나기)

5부 관계 篇

양행의 원리를 깨닫고 조화롭게 살아라 (타인과 조화롭게 어울리기)

6부 운명 篇

운명을 사랑하고 참된 인간이 되라 (운명의 참된 주인되기)

장자가 직장인이 되었다고!

쇼킹한 일이 벌어졌다. 절대 자유인 장자莊子님이 무슨 이유 때문인지 회사에 취직했다. 변절한 것일까? 모를 일이다. 조금이라도 그를 아는 사람이라면 그런 일은 절대 일어날 수 없다고 손사래를 칠 것이다. 장자님이 누구인가? 속세를 초탈하여 평생을 유유자적하게 살아야 한다고 외쳤던 분이 아닌가. 그분에게는 이런 일화가 전해진다.

> 장자가 복수濮水에서 낚시를 하고 있었습니다. 초楚나라 임금이 대부大夫 두 사람을 보내 자신의 뜻을 전했습니다. "원컨대 나랏일을 맡아주시기 바랍니다."
> 장자는 낚싯대를 쥔 채 돌아보지도 않고 말했습니다. "내가 듣자 하니 초나라에는 죽은 지 삼천 년이나 된 신령한 거북이 있는데, 왕께서 그것을 비단으로 싸서 상자에 넣어 사당에 잘 모셔두었다 하더

군요. 그 거북은 죽어서 뼈를 남겨 귀히 여겨지길 바랐을까요, 살아서 진흙에 꼬리를 끌고 다니고 싶었을까요?"

두 대부가 말했습니다. "물론 살아서 진흙에 꼬리를 끌고 다니고 싶었겠지요."

장자가 말했습니다. "돌아가시오. 나도 진흙에 꼬리를 끌고 다니겠소."

_「추수秋水」

장자님은 이렇듯 쿨하신 분이다. 나랏일을 맡아달라는 요청에도 단박에 거절하는 배포와 결기를 가진 사람이다. 요즘으로 치면, 국무총리가 되어달라는 요청을 거절한 셈이다. 당시에는 인사청문회 같은 절차도 없었는데 말이다. 그는 결코 돈과 권력에 미혹되는 사람이 아니다. 그랬던 그가 겨우 돈 몇 푼 벌겠다고 직장에 들어간단 말인가! 그렇다. 이는 분명 장자님의 철학이나 가치관과는 어울리지 않는 행동이다. 물론 이러한 사실을 알아차렸다면 필경 장자님을 잘 아는 사람일 것이다.

실토하겠다. 사실 장자님 취직 사건은 본인의 뜻과 무관한 일이다. 그것은 내가 기획한 일종의 프로젝트일 뿐이다. '장자님 직장인 만들기' 프로젝트라 불러도 좋겠다. 나는 그동안 장자님의 말씀을 열심히 깨우치려 노력했다. 비록 직속 제자는 아니지만 장자님을 사숙私淑하여 나름의 깨달음을 얻었다. 그 과정에서 나는 초나라 임금의 심정을 이해하게 되었다. 임금은 초야에 파묻혀 소일거리나 일삼는 장자님의 모습을 보고 안타까움을 느꼈으리라. 물론 임금의 애처로운 심정은 장자님을 향한 것이 아니다. 장자님의 빼어난 학식과 통찰력을 두고도 아무런 깨달음을 얻지 못하는 자신과 백성들이 딱하다고 생각하였을 것이다. 그래서 임금은 대부를 보내 그를 중용하고자 하는 뜻을 전했다. 물론 보기 좋게 거절당하긴 했지만 말이다.

나의 마음도 초나라 임금과 비슷하다. 장자님이 후대 사람들을 위해 주옥같은 말씀을 남겼음에도 현대를 살아가는 수많은 직장인들이 그의 목소리를 듣지 못하고 있는 실정이다. 오늘날 직장인은 장자님이 자신들을 위해 무슨 말을 남겼는지, 심지어 그런 게 있는지조차 모른 채 하루하루를 살아가고 있다. 이는 장자님을 위해서도 우리를 위해서도 바람직한 일이 아니다. 하여, 나도 초나라 임금처럼 장자님을 중용하고자 했다. 물론 나에게는 초나라 임금과 같이 높은 자리를 제공할 능력이 없다. 하지만 장자님이 거절하지 못하게 만들 비책은 있다. 일반인이라면 단번에 끌렸을 초나라 임금의 통 큰 제안은 단칼에 거절한 장자님이지만, 나의 요청은 물리칠 수가 없을 것이다. 그 이유는 내가 '작가'이기 때문이다.

대체로 작가는 별다른 힘이 없는 존재다. 특히 나 같은 무명작가는 알아주는 이도 거의 없고, 돈도 잘 벌지 못한다. 한마디로 작가의 권력이란 미미하기 짝이 없다. 하지만 그럼에도 작가에게는 나름의 파워가 있다. 뭔가 하면, 자신의 작품 속에 누구라도 초대할 수 있는 힘이다. 최소한 자기 작품 속에서 작가는 신神이다. 작가는 작품이라는 우주를 창조하여 자신의 기획에 따라 세계를 설계하고 만들어가는 사람이다. 작품 속 등장인물을 선택하고 배역을 할당하는 일은 작가에게 주어진 고유권한이다. 게다가 부름을 받은 사람은 누구든 요청에 응해야 한다. 어느 누구에게도 거부할 권리가 없다. 장자님 또한 예외가 아니다. 영화에 비유하자면, 작가는 감독이고 장자님은 주연배우다. 물론 작품이 히트하기 위해서는 배우들의 개성과 특징을 최대한 살려야 한다. 그것은 감독의 책무다. 이 책에서 감독을 맡은 나는 주연배우인 장자님의 철학을 잘 살려서 관객들에게 감동을 줄 수 있도록 시나리오를 구성해야 한다. 그것이 작가로서 나의 의무다. 이러한 의도로 장자님 직장인 만들기 프로젝트가 기획되었다.

장자님과 함께 직장생활을 한다? 이는 매우 발칙하면서도 신선한 시도다. 직장인이라면 한 번쯤 경험해볼 것을 추천하고 싶기도 하다. 지금으로부터 대략 2300년 전인 전국시대 말기에 초탈한 삶을 살았던 장자님이 효율을 중시하고 성과를 최우선으로 강조하는 기업에서 어떻게 생활했을까? 그는 현대를 살아가는 보통의 직장인들에게 어떤 말씀을 전했을까? 매우 흥미로운 관전 포인트가 아닐 수 없다.

프로젝트 기획자로서의 고민은 장자님에게 어떤 자리를 맡길 것인가 하는 점이었다. 처음에는 '신입사원'을 떠올렸다. 하지만 이는 너무 가혹한 처사라 생각했다. 그것은 필경 장자님을 부하 직원으로 둔 선배와 상사들에게 가혹한 일일 것이다. 상상해보라! 세상의 도道를 꿰뚫어 볼 줄 아는 현자가 후배나 부하로 있으면 윗사람이 얼마나 신경쓰이겠는가. 게다가 적재적소의 원칙을 따라야 하는 인사관리에도 맞지 않았다. 신입사원으로 기용하기에는 장자님의 역량이 지나치게 '고스펙'이다. 하여, 신입사원 역할은 제외했다.

이런저런 검토 과정을 거쳐 최종 낙점된 배역은 직장인을 대상으로 고민 상담을 해주는 일이다. 직장인이 직장생활에서나 개인적으로 겪게 되는 고민에 대해서 조언을 해주는 카운슬러이자 올바른 삶의 방향을 설정하고 변화를 이끌어내는 코치 역할이다. 이를 위해 '직장고민상담소'라는 부서의 소장을 맡겼다. 이름은 '장주'라 지었다(참고로 장자님의 본명이다). 작가의 기획에 따라 장자님은 수천 년의 시간을 횡단하여 모 기업의 직장고민 상담소장으로 환생한 것이다. '직장고민상담소'의 장주 소장은 장자님의 분신인 셈이다.

장주 소장의 중요 직무 중 하나는 매일 장자님의 말씀을 편지 형식으로 만들어서 직원들에게 보내는 일이다. 이를 통해 장자님이 오늘날 직장인에게 전하고 싶은 말을 대신하여 소개한다. 이야기를 일관성 있게 끌고 나가기 위해서는 파트너도 필요했다. 직장생활 10년 차인 오상수 과장이다. 오 과장은 여느 직장인과 같이 회사와 관련된 여러 고민을 하고 있으며, 자신의 미래에 대한 걱정이 많다. 한마디로 누군가의 코칭이 절실한 상태다. 오 과장은 장주 소장이 보내오는 편지를 읽고, 자신의 고민거리를 들고 가 상담을 하면서 깨달음을 얻게 된다.

책은 총 6부로 구성되어 있으며, 각각 '자유' '자아' '쓸모' '진리' '관계' '운명'이라는 여섯 가지 키워드에 대한 직장인의 고민과 장자님의 가르침을 소개한다. 각 부는 가장 기본적인 논리 전개 방식인 서론-본론-결론의 형식을 차용하여 '열기-만남-대화' 순으로 배치하였다. 서론에 해당하는 '열기'에서는 각 부의 주제에 대한 직장인의 고민이 제시된다. 본론인 '만남'에서는 해당 주제에 대한 장자님의 가르침이 편지 형식으로 소개된다. 결론인 '대화'에서는 오 과장과 장주 소장이 만나서 해당 주제의 고민에 대해 대화를 주고받으면서 성찰에 이르는 과정을 보여준다. 고민 많은 오 과장이 장자님의 코칭을 통해 자신만의 길을 찾아가는 과정은 독자들에게 많은 공감과 깨달음을 줄 것으로 기대된다.

한 가지 덧붙일 말이 있다. 이 책은 『장자莊子』라는 고전을 인용하고 있지만, 현대인을 위한 실용서다. 좀더 정확히 말하면, 회사를 다니고 있는 수많은 직장인을 위한 책이다. 본디 고전이란 옛사람의 말씀을 옮겨놓은 책이지만, 고전의 존재 이유는 과거가 아닌 현재에 있다. 옛사람의 말씀을 통해 오늘날 우리의 모습을 반추해보기 위함이다. 나는 장자님 말씀을 통해 오늘날 직장인이 겪고 있는 고민과 문제점에 대해서 깊이 사유하고 의미 있는 성찰을 얻고자 했다. 장자님의 조언을 통해 오늘날 직장인의 문제를 되돌아보고자 했다. 이런 연유로 나는 장자 원전을 한 번도 읽어보지 않은 사람도 쉽게 읽을 수 있는 책을 쓰고자 했다. 이 책을 통해 옛 문헌을 고증하거나 해석의 엄밀성을 추구할 목적은 추호도 없었다(사실은 그럴 만한 실력도 안 된다). 만약 이 책을 읽고 장자님에게 끌리는 마음이 생겼다면 원문을 보다 심도 있게 다룬 책을 추가로 읽기를 추천하는 바이다. 그렇게만 된다면 이 책의 쓰임새도 충분했다고 생각한다.

작가로서, 또 장자님 직장인 만들기 프로젝트의 기획자로서 나는 많은 직장인들이 장자님의 말씀을 경청했으면 하는 소망을 가졌다. 왜냐하면 장자님의 말씀이 오늘을 살아가는 수많은 직장인들에게 기쁨과 희망을 줄 것이라고 믿기 때문이다. 부디 많은 독자들이 이 책을 통해 많은 성찰과 혜안을 얻기를 소망한다.

1부

자유
篇

자유롭게 노닐며
직장생활을 할 수는 없을까?

그럼에도 나는 비상을 꿈꾼다

1장

열기

지금처럼 살아도 되는 것일까?

대한그룹 마케팅팀에 근무하는 오상수 과장. 청운의 꿈을 안고 입사한 게 엊그제 같은데 벌써 10년도 넘게 흘렀다. 눈앞에 떨어진 업무를 정신없이 해내느라 삶의 목적이나 방향을 잊어버린 지 오래다. 입사 때만 해도 모든 일에 적극적이고 열심이었는데, 어느덧 타성에 젖어 하루하루를 보내고 있는 자신을 발견할 때면 흠칫 놀라기도 한다. '내가 지금처럼 살아도 되는 것일까' 하는 의구심이 든다.

돌이켜보면 처음부터 이랬던 것은 아니었다. 한때는 최고가 되겠다는 야무진 꿈도 있었고 장밋빛 미래도 꿈꿨다. 언젠가는 남들이 부러워할 만큼 폼나게 살 수 있을 거라, 믿었다. 그때가 되면 지금보다 자유롭게, 그리고 평소 하고 싶었던 일을 맘껏 즐기며 살 수 있을 거라, 믿었다. 비록 시작은 미약하지만 그 끝은 창대할 것이리라, 믿었다. 지금의 어려움과 고통은 멋진 미래로의 여행을 위한 과정이라, 믿었다. 지금처럼 열심히 살면 그 꿈은 어렵지 않게 이루어질 거라, 믿었다.

그러나 현실은 믿음과 달랐다. 달라도 너무 달랐다. 지나고 생각해보니 그건 너무 순진무구한 생각이었다. 직장생활은 그렇게 호락호락하지 않았다. 간절히 바란다고 해서, 열심히 노력한다고 해서 원하는 것이 손에 쥐어지지 않았다. 나만 그런가 하고 주변을 둘러보니 다른 사람들도 대체로 비슷했다. 현실은 여지없이 개개인의 믿음을 배신하고 기대를 무산시켰다. 직장생활은 화사한 장밋빛이 아니라 칙칙한 회색에 가까웠다. 언제나 삶은 힘겹고 미래는 암담했다.

직장생활 연차가 늘어날수록 자유로워지기는커녕 더욱 정신이 없어졌다. 직급이 올라가면서 많지는 않지만 월급도 올랐다. 하지만 그와 더불어 해야 할 일과 책임은 배로 늘어났다. 그 결과, 예전보다 자유는 없어지고 여유도 사라졌다. 새벽같이 출근해서 밤늦게 퇴근할 때까지 눈코 뜰 새 없이 바쁘기만 하다. 아무리 바빠도 자기계발은 꾸준히 해야 한다고 생각했다. 하지만 현실은 도무지 시간을 낼 틈조차 없다. 어쩌다 여유가 생겨도 공부는커녕 아무 생각 없이 쉬고만 싶다. 이래저래 몸은 분주하고 정신은 어지럽기만 하다.

상황이 이렇다보니 '실력을 키워서 언젠가는 보란듯이 독립해야지' 하는 생각은 딴 나라 이야기가 되어버렸다. 솔직하게 말하면 이제는 독립을 하고 싶은 것이 아니라 회사에서 독립하라고 할까봐 겁이 날 정도다. 독립할 준비도 되지 않았고 능력도 갖추지 못했기 때문이다. 이제는 지금 직장에서 오랫동안 다닐 수 있기만 바랄 뿐이다. 어쩌면 자유란 배부른 자의 공염불에 불과한지도 모른다. 오래 다닐 수만 있다면 그깟 자유쯤이야

쿨하게 포기할 수도 있겠다는 생각이 든다.

그럼에도 한 번씩 이런 모습에 회의가 들 때가 있다. 그럴 때면 '정말로 지금처럼 살아도 되는 것일까' 하고 스스로 질문해보기도 한다. 여기까지 생각이 미치자, 갑자기 오늘 아침 1층 로비에 붙어 있던 포스터의 안내문구가 떠올랐다.

> 직장인 여러분의 고민을 무료로 상담해드립니다. 혼자서 해결하지 못한 고민이나 스트레스가 있으신 분은 언제든 방문해주세요
>
> '직장고민상담소' 소장 장주莊周

회사에서 직원 복지 차원에서 새로 개설한 '직장고민상담소'에서 내건 안내문의 글이다. 들리는 말에 의하면, 회사에서 특별히 인문철학 전문가를 상담소장으로 뽑아서 사내 직원들에게 고민 상담을 해주는 역할을 맡겼단다. 소장 이름은 장주, 오 과장이 좋아하는 동양 철학자 장자와 이름이 비슷하다. 아닌 게 아니라, 요즘 매일 아침 장주라는 분으로부터 '아침을 여는 편지'라는 제목의 메일을 받고 있다. 인문 고전에서 발췌한 문장을 통해 잠시 생각해볼 만한 글이 적혀 있었다. 오 과장은 '인문 고전이 정말 지금 내가 겪고 있는 현실 문제를 해결해줄 수 있을까' 하는 의문이 들기도 했지만, 시간을 내서 한번 방문해야겠다고 마음먹었다.

2장

만남-1

아직도 직장에서 비상을 꿈꾸시나요?

직장인 여러분, 안녕하세요. 저는 '직장고민상담소'에서 상담역을 맡은 장주 소장입니다. 오늘부터 매일 인문 고전에서 골라낸 좋은 글을 소개해 드리려 합니다. 개인적으로는 저는 전국시대 사상가인 장자님을 좋아합니다(장자님의 본명도 저와 같은 장주입니다. 해서, 저와 구분하기 위해서 앞으로 그분을 칭할 때는 장자님이라는 존칭을 사용하겠습니다). 장자님이 지은 책 이름도 『장자』인데, 많은 사람들이 좋은 책이라고 소개하는 인문 고전입니다. 원래 좋은 책이기도 하거니와 지은이의 이름이 저와 비슷해서 더욱 친근감이 가기도 합니다. 직장생활로 바쁘시겠지만 인문 고전 속에 담긴 지혜와 통찰을 통해 매일 아침을 뜻깊고 활기차게 열기를 기대하면서, 첫번째 편지를 시작하겠습니다.

혹시 아직도 직장에서 비상을 꿈꾸시나요? 대체로 막 직장생활을 시작한 신입사원들은 꿈이 큽니다. 소위 '청운의 꿈'을 안고 직장생활을 시작하는 경우가 많습니다. 어떤 이는 "나는 사장이 되겠다", 또는 "최소한 별(임원)은 달아봐야 하지 않나" 하면서 나름의 포부를 밝힙니다. 하지만 시간이 갈수록 초기의 야망은 현실적으로 바뀌는 경우도 많습니다. 직장에서 임원이 되기가 얼마나 어려운지를 깨닫게 되기 때문입니다. 해서, 처음의 포부를 슬쩍 거두어들이기도 합니다. 마치 자신은 처음부터 그다지 큰 꿈을 갖지 않았던 사람처럼 말이죠.

이러한 모습은 비겁하거나 삶을 성실하지 않게 산 사람들에게만 해당되는 것일까요? 달리 말해, 이런 상황은 예외적이면서 보편적이지 않은 경우일까요? 절대 그렇지 않습니다. 이는 대다수 직장인의 모습입니다. 그것도 평소 성실하고 근면하게 직장생활을 해온 대다수 직장인의 모습입니다. 통계를 빌려서 말해보면, 한국에서 신입사원으로 입사해서 임원으로 승진하는 비율은 1퍼센트도 되지 않습니다. 100명 중에서 99명은 임원이 되는 데 실패합니다. 그래서 직장생활을 하던 도중 임원이 되기를 포기하는 것은 특별히 이상한 일이 아닙니다. 매우 자연스러운 현상입니다.

어찌 보면 임원이 되겠노라고 말하는 신입사원은 용감하다못해 무모해 보이기까지 합니다. 현실적으로는 달성하기 어려운, 극히 낮은 확률에 기대를 걸고 있으니까요. 옛말에 '무식하면 용감하다'는 말이 있죠? 딱 그 꼴입니다. 신입사원이 무식해서, 다시 말해 현실을 잘 몰라서 하는 소리인지도 모르겠습니다. 하지만 달리 생각해보면, 낮은 확률임에도 불구하고 용감하게 '임원이 되겠노라'고 말하는 신입사원이 멋있어 보이기도 합니다. 불가능에 가까운 목표에도 포기하지 않고 기꺼이 도전하고 있기 때문입니다. 또 그런 신입사원이 비정상도 아닙니다. 신입사원이 직장생활에 대해 무지한 건 지극히 당연한 일이거든요. 그렇지 않습니까. 아직 경험해 보지 못한 직장생활에 통달하기를 기대하는 게 오히려 이상한 일입니다. 요컨대 신입사원은 무식하기에 용감하고, 용감하기에 멋있기도 합니다. 저라면 극히 낮은 가능성에도 임원이 되기를 꿈꾸는 신입사원에게 열렬히 박수를 보내고 싶습니다. 이것이 청춘만이 가질 수 있는 특권이 아닐까 하는 생각이 들기도 합니다.

아무튼 상황이야 어찌됐든 여러분께 한번 여쭤보고 싶습니다. 혹시 아직도 직장에서 비상을 꿈꾸시나요? 물론 개인마다 답변이 다르겠지요. 그런데 여전히 비상을 꿈꾸고 있든, 아니면 비상하려던 꿈을 접었든 간에 모두에게 들려주고 싶은 글이 있습니다. 『장자』에 나오는 이야기인데요, '대붕의 비상'이라는 우화입니다. 한번 들어보실래요?

> 북쪽 깊은 바다에 물고기 한 마리가 살았는데, 그 이름을 곤鯤이라 하였습니다. 그 크기가 몇 천리나 되는지 알 수가 없었습니다. 이 물고기가 변하여 새가 되었는데, 이름을 붕鵬이라 하였습니다. 그 등 길이가 몇천리인지 알 수가 없습니다. 이 붕새가 한번 기운을 모아 힘차게 날면 날개가 하늘을 뒤덮은 구름 같습니다. 이 새는 바다 기운이 움직여 파도가 크게 출렁이면 남쪽의 검푸른 바다로 날아갑니다. 이 바다가 바로 '하늘의 연못(天池)'입니다.
>
> _「소요유逍遙遊」

이야기를 들어보니 기분이 어떠신가요? 아마 황당하다고 느끼는 분도 있을 겁니다. 마치 만화영화에 나오는 이야기 같지요? 뭐 어떻습니까. 이야기의 내용이 사실이든 아니든 간에 우리가 머릿속으로 그림을 떠올릴 정도만 되면, 충분히 이야기를 할 수는 있으니까요. 텍스트를 자세히 읽은 분이라면 머릿속에 대략적인 그림이 그려질 것입니다. 북쪽 바다에 작은 물고기가 살았는데 갑자기 큰 새로 변하더니 파도가 요동치는 날, 하늘같이 큰 날개를 펼쳐 구만리나 떨어진 남쪽 바다로 날아갔다는 내용입니다.

전국시대 말기의 사상가인 장자(BC 369~289)님은 재미난 분이십니다. 세상과 인생에 대해서 깊이 고민했던 철학자이면서도 우화를 즐기는 이야기꾼이기 때문입니다. 장자님은 자신이 하고 싶은 말을 직설적으로 표현하지 않고, 여러 동식물이나 사물에 빗대어 비유적으로 말하기를 즐겼습니다. 그러다보니 처음에는 '저게 무슨 소린가' 하다가도 그 의미를 이해하고 나면 손뼉을 치면서 감탄하게 됩니다. 그의 이야기에 한 번 빠져든 사람은 헤어나기 힘들 정도가 됩니다. 명민한 분이라면 눈치채셨겠지만, 저도 장자님의 이야기에 매료된 사람 중 일인一人입니다.

다시 본론으로 돌아가겠습니다. 곤이라는 물고기가 붕새로 변해서 남쪽으로 날아간 이야기를 통해 장자가 하고 싶었던 주제는 '변화'와 '비상' 입니다. 곤은 평범한 우리들을 의미합니다. 변화와 비상을 꿈꾸지만 아직 해내지 못한 사람입니다. 그렇다면 붕은 무엇을 의미할까요? 붕새는 엄청난 변화를 이루어낸 사람입니다.

곤은 변화하기 전이고 붕은 변화나 변혁을 이룬 다음의 상태입니다. 어떤가요? 곤은 하찮은 물고기에 불과하지만, 붕은 큰 날개를 가진 멋진 새처럼 보이죠? 여기서 우리가 빠뜨리지 말아야 할 것은 멋있어 보이는 붕

도 실은 작은 물고기였다는 사실입니다. 우화에 나오는 물고기나 붕새는 겉으로 보기에는 엄청나게 달라 보이지만 본질은 동일합니다. 사람들이 경탄해 마지않는 위대한 영웅도 원래부터 대단하게 태어난 것이 아니라, 처음에는 보잘것없어 보이는 작은 것에서 출발해서 변화와 변혁을 통해 위대해진 것이지요. 따라서 작고 하찮아 보이는 곤을 무시해서는 안 됩니다. 그에게는 붕새가 될 수 있는 잠재력을 품고 있으니까요.

우리도 마찬가지 아닐까요? 비록 지금은 작고 힘없어 보일지 모르지만 우리 모두에게는 붕새가, 그것도 큰 날개를 가진 대붕大鵬이 될 수 있는 무한한 잠재력과 가능성을 지니고 있습니다. 이 잠재력과 가능성을 도외시해서는 안 되겠습니다. 물론 모든 물고기가 변해서 대붕이 되는 것은 아닙니다. 작은 물고기가 대붕이 되기 위해서는 엄청난 변화와 변혁의 과정을 거쳐야 합니다. 하지만 그 이전에 필요한 것이 있습니다. '믿음'입니다. 변화나 변혁을 시도하기 위해서는 자기 내부에 그것을 위한 가능성과 잠재력이 있다는 사실을 믿어야 합니다. 믿음이 없으면 그 어떤 변화를 위한 시도를 하지 않을 테니까요.

중요한 점이 또하나 있습니다. 붕새로 변해야만 물속에서 벗어나 하늘 높이 날 수 있다는 사실입니다. 비상飛翔이 가능해야 원하는 곳으로 단번에 이동할 수 있습니다. 장자님의 표현을 빌리면, 지구 반대편까지도 쉽게 날아갑니다. 물속을 헤엄치는 작은 물고기 상태로는 그렇게 멀리 이동하는 것이 불가능합니다. 하늘 높이 솟아올라 구만리 장천을 날아가는 일, 이런 거침없는 비상은 변화와 변혁을 이룬 사람만이 경험할 수 있는 '초월超越'을 상징합니다.

장자님은 책에서 첫머리에 '대붕의 비상'이라는 우화로 이야기를 시작합니다. 왜 그랬을까요? 장자님의 깊은 뜻을 다 알 수는 없지만, 아마도 지극히 평범한 보통 사람들에게 이런 말을 해주고 싶지 않았나 싶습니다. '인간은 비록 겉으로는 나약해 보이지만, 누구에게나 자신의 실존적 한계를 뛰어넘을 무한한 가능성을 지니고 있다. 모두가 대붕이 되어 비상할 수 있는 잠재력을 가지고 있다'고 말입니다.

어떠신가요? 장자님의 이야기를 들으니 힘이 불끈 솟나요? 아니면 여전히 현실은 도외시한 채 듣기 좋은 소리만 늘어놓는 사이비 심리치료사의 말처럼 들리나요? 어쨌든 좋습니다. 첫술에 배부를 수는 없는 법이지요. 장자님은 오늘날 직장인에게 비상을 꿈꾸라고, 여전히 비상을 꿈꾸어도 된다고 교훈하고 있습니다. 아직 장자님의 말씀이 가슴에 와닿지 않더라도 계속해서 그의 이야기에 귀기울여주시길 바라겠습니다.

3장

만남-2

비상을 위해서 필요한 것은?

지난 편지에서 곤이라는 물고기가 붕새가 되어 남쪽 바다로 날아갔다는 대붕의 우화를 기억하실 겁니다. 물고기는 물이라는 환경에 구속되어 있습니다. 제아무리 대단해 보일지라도 곤은 고작해야 물고기일 뿐입니다. 그는 물이라는 환경에서 벗어날 수 없는, 제한된 존재입니다. 물고기 상태에서는 아무리 노력해도 하늘을 날 수는 없습니다. 비상을 위해서는 먼저 붕으로 변해야 합니다. 곤이 붕으로 변했다는 것은 기존의 현실 조건을 벗어나 새로운 차원으로 나아갔음을 의미합니다. 붕으로 변신에 성공한 곤은 이제 자유를 얻었습니다. 하늘을 날 수 있게 되었습니다. 그는 이제 기존의 갇힌 세계에서 벗어나 새로운 세계로 나아감으로써 자유를 얻고 마음껏 비상할 수도 있게 되었습니다. 고상하게 표현하면, '초월적 비상'입니다.

어쩌면 우리는 물고기와 같은 존재인지도 모릅니다. 직장이라는 현실 조건에 구속되어 있기 때문입니다. 직장은 삶을 살아가는 데 필요한 경제력을 획득하는 장소이기도 하고, 개인의 자아실현을 위한 공간이기도 합니다. 그러나 대부분의 사람에게 직장이란 즐거움과 행복의 공간은 아닙니다. 기본적으로 직장은 개인의 욕구나 자유가 제한되는 공간이며, 돈을 벌기 위해 고통과 불행을 감내하는 장소입니다. 그래서 많은 사람들에게 직장이란 경제적인 문제만 해결되면 언제든 벗어나고 싶은 곳이기도 합니다. "언젠가는 이놈의 직장, 때려치우고 말 테다" 하면서 말이죠. 표현이 너무 과격한가요? 현실감을 살리기 위해 직접화법을 사용해봤는데, 넓은 아량으로 이해해주시기 바랍니다.

그런데 문제는 현실이 우리의 뜻대로 따라주지 않는다는 데 있습니다. '언젠가는 때려치워야지' 하고 마음을 먹지만 그 '언젠가는'이 좀처럼 찾아오지 않습니다. 여전히 경제적 문제가 발목을 잡고 있기 때문입니다. 해서, 처음의 야심 찬 계획은 끝끝내 미수에 그치는 경우가 대부분입니다. 독일 철학자 니체가 이런 말을 한 적이 있습니다. "자유는 기적의 선물처럼 하늘에서 떨어지지 않는다." 경험으로 보자면, 니체의 주장에 공감이 많이 됩니다. 현실에서 자유는 아무에게나 쉽게 주어지지 않습니다. 그만큼 우리를 구속하고 있는 삶의 굴레는 깊고 단단합니다. 현실의 구속에서 벗어날 수 있는 자유는 가만히 있는다고 그냥 주어지지는 않습니다. 하물며 하늘을 나는 초월적 비상이야 더 말할 나위도 없겠지요.

이 대목에서 이런 질문을 해볼 필요가 있겠습니다. '초월적 비상을 위해 필요한 것은 무엇일까?' 각자 한번 생각해보시기 바랍니다. 장자님은 친절하게도 우리가 궁금해하는 부분에 대해서 글을 남겨놓았습니다. 지난번 '대붕의 우화'에 이어지는 이야기입니다.

물이 깊지 않으면 큰 배를 띄울 수 없습니다. 한 잔의 물을 뜰의 오목한 곳에 부어놓으면 지푸라기 정도는 띄울 수 있지만, 잔을 띄우면 바닥에 닿고 맙니다. 물은 얕은데 배는 너무 크기 때문입니다. 바람이 충분하지 못하면 큰 날개를 띄울 수 없습니다. 그러므로 구만리 상공으로 올라가야만 충분한 바람이 날개 아래 쌓입니다. 바람을 타고 푸른 하늘을 등에 질 수 있으니 이제 앞을 가로막는 것은 아무것도 없게 됩니다. 그런 후에야 비로소 붕새는 거침없이 남쪽으로 날아갑니다.

_「소요유逍遙遊」

거대한 날개를 편 채 구만리 창공을 날아가는 대붕의 모습이 눈에 그려지시나요? 바로 그런 대붕의 모습이 초월적 비상의 이미지입니다. 하지만 장자님의 이야기에서 대붕이 화려하게 비상하는 멋진 그림만 떠올려서는 곤란합니다. 눈여겨보아야 할 지점은 대붕이 비상하기 전의 과정입니다. 대붕도 아무때나 비상할 수 있는 게 아닙니다. '이제 날아올라야지' 하고 마음만 먹는다고 언제든 하늘을 날 수는 없습니다. 비상을 위해서는 그에게 대략 두 가지가 필요한데, 그것은 바로 비상을 위한 준비와 타이밍입니다.

먼저 필요한 것은 비상을 위한 준비입니다. 모든 큰일에는 준비가 필요한 법입니다. 탁월한 이야기꾼 장자님은 대붕의 비상을 말하기 전에 "물이 깊지 않으면 큰 배를 띄울 수 없"다며 이해하기 쉬운 비유를 듭니다. 이를테면 바닥에 물 한 잔을 붓습니다. 그러면 아주 작은 웅덩이 같은 게 생기겠죠. 그곳에 조그마한 지푸라기를 올려두면, 그것은 배처럼 둥둥 뜰 수 있습니다. 하지만 물잔을 올리면 어떻게 될까요? 당연히 잔은 바닥에 닿고 맙니다. 잔을 띄울 만큼 물이 깊지 않기 때문입니다. 이런 이유 때문에 큰 배를 띄우려면 그만큼 깊은 물이 필요합니다.

조선소에 가면 선박을 건조하는 현장을 볼 수 있는데요. 선박을 건조할 때는 먼저 땅 위에서 배를 완성한 뒤에 물에 띄웁니다. 해서, 수십만 톤이나 나가는 대형 선박은 주로 건조 독Dock에서 배를 만듭니다. 독에서 배를 만들어야 완성된 뒤에는 그곳에 물을 채워서 선박을 진수할 수 있거든요. 그렇다보니 배가 클수록 독도 커야 합니다. 이론적으로는 독보다 큰 배는 만들 수가 없습니다. 장자님의 표현처럼 "물이 깊지 않으면 배를 띄울 수 없"기 때문입니다. 결국 대형 선박을 만들기 위해서는 그것을 충분히 띄울 만큼 큰 독을 준비해야 합니다.

사람도 이와 같습니다. 큰 인물이 되기 위해서는 그것에 걸맞은 준비가 필요합니다. 작은 성취는 약간의 준비만으로도 이룰 수 있습니다. 하지만 큰 성취는 약간의 준비만으로는 부족합니다. 그것을 이루기 위한 충분한 정도의 노력과 준비가 필요합니다. 혹시 '1만 시간의 법칙'이라는 말을 들어보셨는지요? 이 이론은 말콤 글래드웰의 『아웃라이어』라는 책에서 소개되어 유명해진 말입니다. 1만 시간은 우리가 비상하기 위해 준비해야 할 시간을 뜻하기도 합니다. 내용은 이렇습니다.

1993년 미국 콜로라도대학의 심리학자 앤더스 에릭슨이 발표한 논문에서 처음 등장한 개념인 이 법칙은 어느 분야에서든 최고 수준의 전문가가 되려면 대략 1만 시간의 연습이 필요하다는 것입니다. 그는 어느 분야에서든 이보다 적은 시간을 연습해 세계 수준의 전문가가 탄생한 경우는 발견하지 못했다고 강조합니다. 1만 시간은 대략 하루 세 시간, 일주일에 스무 시간씩, 십 년간 연습한 것과 같다고 합니다. 말하자면, 1만 시간은 최고가 되기 위해 반드시 투자해야 하는 준비 기간인 셈입니다. 큰 배를 띄우기 위해 투자해야 할 시간이며 자유를 얻기 위해, 하늘을 날기 위해 필요한 시간이기도 합니다.

어떠신가요? 1만 시간의 투자로 최고가 될 수 있다면 도전해볼 만하지 않나요? 물론 '나는 최고가 되고 싶은 마음이 없다'고 생각하신 분이라면 굳이 이 정도의 준비를 할 필요는 없습니다. 세상살이가 반드시 최고가 되어야만 하는 것도 아니고, 현실적으로 모든 사람이 최고가 될 수도 없습니다. 그러니 인생의 가치나 목표가 최고가 되는 것이 아닌 분이라면 괜히 스트레스 받을 필요는 없을 듯합니다. 하지만 최고가 되기를 원하거나, 자유를 원하고 하늘을 날고 싶은 포부를 가졌다면 1만 시간의 법칙을 유념해두어야겠습니다. 장자님도 모두가 하늘을 날 준비를 해야 한다고 주장하지는 않으셨습니다. 그분은 무엇인가를 억지로 하는 걸 무척이나 싫어하셨습니다. 장자님은 각자 목표에 따라 준비하는 정도가 달라야 한다고 교훈하셨습니다.

> 가까운 숲으로 놀러가는 사람은 세 끼 먹을 것만 가지고 가도 돌아올 때까지 배고픈 줄 모르지만, 백 리 길을 가는 사람은 하룻밤 지낼 양식을 준비해야 하고, 천 리 길을 가는 사람은 석 달 먹을 양식

을 준비해야 합니다.

_「소요유逍遙遊」

장자님 말씀은 너무도 상식적인 이야기입니다. 여행의 길이에 따라 준비의 정도가 달라야 합니다. 인생이라는 여행도 마찬가지입니다. 자신이 지향하는 바가 어딘가에 따라 준비의 수준도 달라야 합니다. 하늘 높이 날기를 원한다면 그에 맞는 충분한 준비가 필요한 법입니다. 알다시피 대붕은 날개가 엄청나게 큰 새입니다. 그러다보니 마음대로 쉽게 날아오를 수가 없습니다. 날개 아래 바람이 충분히 쌓여야 날아오를 수 있습니다. 작은 새보다 날기가 더 어렵습니다. 단 한 번의 도약을 위해서도 더 큰 준비가 필요하기 때문입니다. 요컨대 구만리 장천을 날아가려는 대붕에게는 큰 준비가 필요합니다.

초월적 비상을 위해서는 준비 외에도 한 가지가 더 필요합니다. 바로 타이밍입니다. 대붕은 아무때나 날아오르지 않습니다. 장자님의 표현을 빌리면, "바다 기운이 움직여 파도가 크게 출렁일 때" 남쪽 바다로 날아갈 준비를 합니다. 대붕의 날개는 너무나 거대하기 때문에 쉽게 움직이기도, 혼자 힘으로 날아오르기도 어렵습니다. 해서, 때를 기다립니다. 세찬 바람이 불고 파도가 크게 출렁일 때가 오기 전까지는 날개 아래 차곡차곡 바람을 쌓아두기만 합니다. 힘을 비축하는 것입니다.

혹시 대붕의 큰 날개가 오히려 거추장스럽게 생각되지는 않습니까? 단편적으로만 보면, 작은 새보다는 불편한 점이 없진 않습니다. 아무때나 움직이기 어렵기 때문입니다. 하지만 그러한 생각은 매미나 비둘기 등 작은 새들의 관점일 뿐입니다. 대붕은 결코 자신의 큰 날개를 원망하지 않습니다. 초월적 비상을 위해서는 큰 날개가 반드시 필요하고, 머나먼 남쪽 바다로 날아가기 위해서 스스로 선택한 길이기 때문입니다. 이는 마치 봉황의 깊은 뜻을 뱁새가 모르는 것과 같습니다.

아무튼 대붕은 초월적 비상을 위해 준비를 하고 때를 기다립니다. 어느 순간 세찬 바람이 불고 파도가 크게 출렁이면 대붕은 비상을 시작합니다. 거대한 날개를 펼쳐서 구만리 상공으로 날아오릅니다. 이제 그의 앞에는 더이상 가로막는 것이 없습니다. 대붕은 그 상태로 거침없이 날아서 단번에 남쪽 바다로 날아갑니다.

장자님은 인생의 성공이 개인의 능력만으로 주어진다고 보지 않았습니다. 어느 정도의 운도 따라야 한다고 보았습니다. 이렇게 말할 수도 있겠네요. 인생의 성공에는 두 가지 요소가 필요합니다. 능력(실력)과 운(기회). 능력은 있는데 운이 따라주지 않거나 기회가 주어졌는데도 그것을 살릴 능력이 부족하다면 큰 성공은 이루기 힘듭니다. 이렇게 한번 질문해볼게요. 능력과 운 중에서 더 중요한 것은 무엇일까요? '운칠기삼運七技三'이라는 고사성어를 떠올리며 능력보다는 운이 더 중요하다고 생각하는 분이 있을지 모르겠습니다.

하지만 성공의 요소를 논할 때, 운칠기삼은 적절치 못한 표현입니다. 왜 그런가 하면, 우선 운은 개인이 통제할 수 없는 변수이기 때문입니다. 운은 내가 얻고 싶다고 주어지는 게 아닙니다. 이와 달리 능력은 내가 통제할 수 있습니다. 해서, 운보다는 능력이 더 중요합니다. 운보다 능력이 중요하다고 주장하는 이유는 능력에 따라 운의 결과도 달라지기 때문입니다. 능력이 없는 사람이라면 설령 운이 와도 그 기회를 살리지 못할 수도 있습니다. 이를테면 능력은 되지 않는 사람이 운좋게 임원으로 승진이 되었다고 칩시다. 그 사람에게 임원으로의 영전榮轉은 마냥 좋은 일일까요? 반드시 그렇지 않습니다. 오히려 일천한 밑천이 바닥나서 얼마 못 가 옷을 벗는 경우도 생길 수 있습니다. 이런 상황이라면 임원으로의 승진 기회는 행운이 아니라 오히려 불운일 수도 있습니다.

흔히 우리는 중요한 자리에 누군가를 선임할 때, 자격을 따집니다. 앞의 상황이라면 '그 사람은 임원이 될 자격이 있나' 하고 자격을 묻게 됩니다. 자격이란 일정한 신분이나 지위를 가지거나 일정한 일을 하는 데 필요한 조건이나 능력을 뜻하는 말입니다. 자격에서 자資는 능력을 뜻하고, 격格은 자리를 뜻합니다. 결국 자격을 따진다 함은 개인의 능력과 자리를 견주는 행위를 말합니다. 자리에 걸맞은 능력을 갖춘 사람이라면 자격 검증에서 별 무리 없이 통과할 것이고, 그 자리에 앉은 뒤에도 역할을 잘 수행할 것입니다.

그런데 만약 능력을 갖추지 못한 사람이 자신의 능력보다 높은 자리에 앉으면 어떻게 될까요? 그 사람에게는 좋지 않은 일이 생기게 됩니다. 자기 능력보다 높은 자리가 주는 압박감이 그 사람의 몸을 상하게 만듭니다. 앞에서 예를 든 사례, 능력이 부족한데 임원이 된 사람이 바로 그 경우입니다. 엄청난 중압감과 스트레스에 시달리다가 얼마 지나지 않아서 그 자리에서 내려오게 됩니다. 능력이 없는 사람, 준비가 되어 있지 않은 사람에게 주어진 행운은 오히려 불운이 되기도 합니다. 결국 성공을 위한 두 가지 요소, 즉 능력과 행운 중에서 능력을 갖추는 일이 더 중요합니다.

오늘은 대붕이 초월적 비상을 하기 위해 필요한 것에 대해 논의했습니다. 준비와 타이밍이 필요합니다. 여기서 준비란 하늘을 날기 위한 능력을 갖추는 일입니다. 그리고 적절한 때를 기다리는 타이밍도 필요합니다. 이를 위해서는 다소간의 운도 따라줘야 합니다. 능력과 운 중에서 더 중요한 것은 능력이라는 사실을 기억할 필요가 있겠습니다. 능력만 충분히 갖추면 머지않아 바람이 불고 파도가 일렁일 것입니다. 그때가 되면 큰 날개를 펼쳐서 구만리 상공으로 날아오르면 됩니다. 준비되셨나요?

4장

만남-3

—

진정한 자유란 무엇일까?

점심시간에 도심의 빌딩가를 지나면 식사를 마친 직장인들이 삼삼오오 짝을 지어 손에 커피를 들고 담소를 나누는 장면을 어렵지 않게 목격할 수 있습니다. 그들의 목에는 대부분 명찰이 걸려 있습니다. 특정 회사 직원임을 나타내는 신분증이면서 아무런 제지 없이 보안대를 지나갈 수 있는 출입증이기도 합니다. 목에 회사 명찰을 걸고 손에 커피를 든 채 동료들과 담소를 나누는 모습은 아주 흔한 일이지만, 멀리서 이를 지켜보는 취업 준비생의 눈에는 무척이나 부러운 광경입니다. 그 모습이 너무나도 여유가 넘치고 자유로워 보이기 때문입니다. 단적으로 말하면, 자신이 그토록 바라던 행복이 눈앞에서 펼쳐지고 있는 셈입니다. 이처럼 직장인의 사소한 일상조차 취업 준비생의 눈에는 마치 천국이나 유토피아처럼 보이기도 합니다.

그런데 이 상황은 무척이나 아이러니한 장면이기도 합니다. 취업 준비생의 눈에 여유롭고 자유로워 보이는 직장인의 모습이 실상은 정반대인 경우도 많습니다. 직장인들이 점심식사 후에 한가롭게 담소를 나누는 모습은 하루 일과 중에서 아주 잠깐 주어지는 특수한 상황입니다. 새벽같이 출근해서 쉼없이 일하다가 이제야 겨우 갖게 된 잠깐의 휴식시간에 불과합니다. 조금 과장해서 표현하면, 잠시 뒤면 또다시 감옥 같은 일터로 돌아가서 교도관 같은 상사의 눈치를 보며 강제노역을 해야 할지도 모릅니다. 그들이 나누는 대화도 겉으로는 유쾌해 보이지만, 실제로는 업무 때문에 스트레스 받았던 이야기, 상사 험담 등 직장생활의 고역에 대한 하소연인 경우도 많습니다. 이런 상황을 두고 희극배우였던 찰리 채플린이 다음과 같은 유명한 말을 남겼는지도 모르겠습니다. "인생은 멀리서 보면 희극인데, 가까이서 보면 비극이다."

직장인의 일상을 연극에 비유하면, 희극보다는 비극인 경우가 더 많습니다. 직장인은 대체로 자기가 하고 싶은 일이 아니라 자신에게 주어진 일을 해야 합니다. 본인이 원해서가 아니라 타인(주로 상사나 고객)의 의지대로 움직여야 하는 경우가 대부분입니다. 공식적으로는 출퇴근 시간이 정해져 있지만 제대로 지켜지지 않는 경우도 많습니다. 대부분 아침 일찍 출근해서 밤늦게 퇴근하는 경우도 허다합니다. 심지어 실제 퇴근시간은 상사가 정해준다는 불문율이 적용되는 곳도 있습니다(상사가 퇴근해야 부하도 퇴근할 수 있다는 불문율). 상황이 이렇다보니 대부분 직장인은 항상 바쁘고 사적으로 활용할 시간은 언제나 부족합니다. 요컨대 직장에는 자유가 없고 직장인에게는 자유시간이 없습니다.

인간은 누구나 자유를 갈망합니다. 자유를 추구하는 것은 인간의 본성이기 때문입니다. 하지만 직장은 기본적으로 자유가 제한된 공간입니다. 그래서 직장인은 항상 주말과 연휴와 휴가를 간절히 기다립니다. 그때가 되면 자유를 마음껏 누릴 수 있기 때문입니다. 그런데 가만히 보면, 자유를 간절히 바라는 직장인의 욕망에는 이중적인 면이 있습니다. 대개 직장인은 '약간의' 자유만 꿈꿀 뿐 '진정한' 자유를 원치 않기 때문입니다. 무슨 말인가 하면, 진정한 자유를 얻기 위해서는 직장에서 완전히 떠나야 합니다. 왜냐하면 직장은 기본적으로 자유를 제한하는 곳이기 때문입니다. 주말이나 연휴, 휴가는 기간이 한정되어 있기 때문에 제한적인 자유일 수밖에 없습니다.

그렇다면 자유를 갈망하는 직장인은 과감하게 사표를 내던지고 완전한 자유를 쟁취하려 할까요? 현실은 전혀 그렇지 않습니다. 평소 입으로는 완전한 자유를 외칠지 몰라도 실제로는 제한적인 자유만 원할 뿐입니다. 왜 완전한 자유를 원치 않을까요? 사람들이 완전한 자유를 선택하지 못하는 이유는 그것을 얻음으로써 지불해야 할 대가가 두렵기 때문입니다. 완전한 자유를 선택함으로써 포기해야 할 것들을 감당할 자신이 없기 때문입니다. 자유를 얻기 위해 직장에서 과감히 사표를 내던지고 나면 당장 매월 통장으로 입금되던 월급이 사라집니다. 그렇게 되면 앞으로 뭘 먹고 살지 막막해질 것이 뻔합니다. 해서, 진정한 자유를 원하지만 그러지 못하고 약간의 자유만을 선택하는 것입니다. 이러한 상태는 자유를 선택한 것이 아니라 포기하는 것에 가깝습니다. 이런 관점으로 보자면 직장인에게 월급이란 자유를 포기함으로써 얻게 된 반대급부인지도 모릅니다.

동물원에 가면 사자나 호랑이와 같은 맹수가 좁은 울타리 속에 갇혀 지내는 모습을 볼 수 있습니다. 울타리 안에 있는 사자나 호랑이에게서 백수의 제왕 같은 면모는 찾아보기 어렵습니다. 광활한 초원을 마음껏 누비며 자유롭게 살아야 모든 동물들이 우러러보는 제왕이 될 텐데, 울타리에 갇혀서 사육사가 던져주는 고기나 뜯어먹는 모습은 아무래도 제왕이라 부르기 민망합니다. 해서, 동물원의 맹수를 보면 측은한 느낌마저 듭니다. 동물원이라는 울타리 안에 있으면 굶어죽을 염려는 없겠지만, 그로 인해 자유를 잃어버렸기 때문입니다. 그런데 이러한 상황은 오늘날의 수많은 직장인의 모습과 비슷하지 않습니까? 직장이라는 울타리 안에서 자유를 잃어버린 채 매월 '던져주는' 월급을 받으며 살아가고 있으니까요.

이렇게 생각 한번 해보시죠. 만약 동물원에 있던 호랑이가 자유를 찾아 울타리를 뛰어넘고 탈출을 했다고 칩시다. 그다음은 어떻게 될까요? 일단 사람들을 피해서 산속으로 들어가야 되겠지요. 안 그러면 다시 잡힐 테니까요. 그다음은? 가장 먼저 때가 되면 사육사가 던져주던 먹이가 사라집니다. 이제부터는 스스로 찾아야 합니다. 탈출을 통해 자유는 얻었지만 생존을 위해 스스로 살아갈 준비를 해야 합니다. 결국 삶이란 밥과 자유를 둘 다 취할 수는 없는 양자택일의 게임인지도 모릅니다. 햄릿이라면 이렇게 말하지 않았을까요? '밥이냐 자유냐, 그것이 문제로다.' 장자님이라면 햄릿의 고민에서 무엇을 선택했을까요? 먼저 장자님의 이야기를 들어보죠.

늪가에 사는 꿩은 열 걸음을 가서 먹이를 한 번 쪼아먹고 백 걸음을 가서 물을 한 모금 마시지만, 새장 속에서 길러지기를 바라지 않습니다. 그렇게 살면 겉모습은 비록 번드르르해지겠지만 마음이 즐겁지 않기 때문입니다.

_「양생주養生主」

위대한 작가들은 대부분 그러하지만, 장자님도 뛰어난 관찰자였습니다. 세상에 존재하는 사소한 것들도 주의깊게 살펴보았거든요. 한번은 늪가에 앉은 꿩 한 마리를 눈여겨보았습니다. 꿩은 열 걸음을 걸어가서야 겨우 먹이를 한 번 쪼아먹었고, 또 백 걸음을 걸어가야 겨우 물 한 모금을 마십니다. 쉽게 말해, 꿩은 생존을 위해 고단한 삶을 살고 있습니다. 그런데 장자님은 그 모습을 측은하게 보지 않았습니다. 매일 수고롭게 움직여야 하는 고된 일상이지만, 그렇다고 해서 새장 속에 갇히기를 원치는 않을 것이기 때문입니다. 장자님 눈에는 꿩이 몸은 힘들지만 마음만은 즐겁다고 보았습니다. 한마디로 자유가 있는 삶입니다. 들판의 꿩은 '밥이냐 자유냐' 하는 고민 중에서 자유를 선택한 당당한 동물입니다.

이제 우리 이야기로 돌아와보죠. 직장인은 기본적으로 자유보다는 밥을 선택한 사람입니다. 하지만 그렇다고 해서 영원히 자유를 포기하고 살 수는 없습니다. 앞에서도 언급했듯이, 자유를 추구하는 일은 인간의 본성이기 때문입니다. 프랑스 실존주의 철학자 사르트르의 말을 빌리면, "인간은 자유롭도록 저주받은 존재"입니다. 인간은 태생적으로 아무것도 정해진 바 없이 자유롭게 살도록 되어 있다는 뜻입니다. 요컨대 인간은 원래 자유를 추구할 수밖에 없는(달리 말하면, 절대 자유를 포기할 수 없는) 존재입니다. 이것이 사물이나 동물과는 다른, 인간만의 고유한 특성입니다.

해서, 직장인도 자유를 결코 포기할 수 없습니다. 인간 존재의 본성상 '밥이냐 자유냐'의 기로에서 영원히 자유를 포기하고 밥만 선택할 수는 없습니다.

인간 실존에 대한 사르트르의 주장을 수용한다면, 인간이라면 언젠가는 자유를 쟁취해야 합니다. 그래야만 (사물이나 동물이 아닌) 인간으로 실존하는 것입니다. 그럼 지금 당장 사표를 내던지고 자유를 선택해야 할까요? 시험삼아 한번 시도해보실래요? 아마 지금 당장 사표를 던지고 자유를 취하면, 대부분은 머지않아 자신의 선택을 후회하게 될 것입니다. 완전한 자유를 누릴 준비가 되어 있지 않기 때문입니다. 자유는 원한다고 해서 아무에게나 주어지는 것이 아닙니다. 자유를 선택해도 충분히 그것을 누릴 능력을 갖춘 사람, 또 그럴 만한 준비가 된 사람에게만 주어지는 특별한 선물입니다. 결국 자유란 선택의 문제가 아니라 능력의 문제인 셈입니다. 자유의 무게를 감당할 수 있는 자, 진정으로 자유를 즐길 수 있는 준비가 된 사람만이 향유할 수 있는 신묘한 능력입니다.

장자님도 자유는 인간에게 필수적이라고 보았습니다. 장자님은 늪가의 꿩 이야기를 통해 자유는 결코 포기할 수 없는 소중한 가치라고 역설하고 있습니다. 들판의 꿩처럼 몸은 힘들지만 자유롭게 유유자적하며 사는 것이 더 행복한 삶이라고 주장하고 있습니다. 자유를 포기한 채 새장 속에서 남이 주는 것을 얻어먹기보다는 힘들지만 스스로 삶을 개척하는 편이 더 즐겁다는 뜻입니다. 들판에 사는 꿩 이야기는 동양고전 『장자』에서 가장 중요한 7개의 내편內篇 중 하나인 「양생주」에 들어 있습니다. 양생주란 '생명을 북돋는 데 중요한 일들'을 뜻합니다. 장자님이 꿩의 이야기를

「양생주」에 넣은 배경에는 자유롭게 사는 것이 양생, 생명을 북돋는 데 필수 요건이라는 뜻을 전하기 위함이 아닌가 싶습니다. 요컨대 장자님은 우리들에게 '자유롭게 살면서 생명을 북돋아야 한다'고 넌지시 교훈하고 있습니다.

솔직하게 말하면, 대부분 직장인은 새장 안에 갇혀서 자유를 억압받고 있는 존재입니다. 우선은 밥과 자유 중에서 밥을 선택한 사람들입니다. 하지만 그렇다고 해서 영원히 자유를 외면하며 살 수는 없습니다. 그랬다가는 진정한 삶도, 인간다운 삶도 포기하는 꼴이 되기 때문입니다. 우리는 모두 언젠가는 자유를 쟁취해야 합니다. 그러기 위해서는 준비가 필요합니다. 자유를 향유할 능력을 길러야 합니다. 어떻게, 무엇을 준비해야 할까요? 너무 급하게 서둘 필요는 없습니다. 장자님이 조금씩 도와줄 겁니다. 차근차근 한 걸음씩 앞으로 나아가보시죠.

5장

만남-4

자유에도 수준이 있다

사람이라면 누구나 자유를 원합니다. 반복하는 말이지만, 자유롭고 싶은 것은 인간의 본성에 속하는 욕망이기 때문입니다. 그런데 자유란 일정한 형태를 갖추고 있는 것이 아니고 모든 사람들이 동일하게 지각할 수 있는 것도 아닙니다. 기본적으로 자유는 추상적 개념이라서 현실에서는 사람마다 느끼는 자유의 감각이 사뭇 다릅니다. 군대에서 유격훈련중에 잠깐 주어지는 휴식시간의 자유는 꿀맛 같지만 백수생활에 지친 사람에게 주어진 주말의 자유시간은 지루하고 무료한 일상일 뿐입니다.

동일한 조건에서 개인이 느끼는 자유의 감각도 상이합니다. 학교생활을 예로 들어보죠. 학교도 알고 보면 자유가 제한된 공간입니다. 학생으로서 지켜야 할 의무와 규율이 있기 때문입니다. 하지만 동일한 조건에서도 모범생과 소위 날라리라 불리는 학생이 느끼는 감각은 전혀 다릅니다. 대체로 모범생은 학교가 정해놓은 규율이 그다지 개인의 자유를 억압한다고 생각하지 않습니다. 그 정도의 규율은 학생으로서 당연히 지켜야 한다고 생각합니다. 반면 날라리 학생은 평소 지켜야 할 규율이 너무 많고 까다롭다고 느낍니다. 학교 규율이 학생의 자유를 지나치게 억압한다고 느끼는 것입니다. 이처럼 동일한 상황에서도 개인이 느끼는 자유로움의 정도는 서로 다릅니다. 어디 학교만 그럴까요? 이런 현상은 가정에서도 발생하고, 직장에서도 흔히 일어나는 일입니다. 우리가 속해 있는 대부분의 공동체에서 구성원들이 느끼는 자유의 감각에는 개인차가 있습니다.

삶이나 세계에 대해 개인이 느끼는 감각이 유달리 예민한 사람이 있습니다. 주로 시인들이 그렇습니다. 특히 시인 김수영은 자유에 대한 감각이 탁월하기로 유명합니다. 그의 시 「의자가 많아서 걸린다」를 보면, 세상이 자꾸 자신의 자유를 건드린다(그는 걸린다고 표현했습니다)고 주장합니다. 우선 시 일부를 한번 살펴볼까요?

> 의자가 많아서 걸린다 테이블도 많으면/걸린다 테이블 밑에 가로질러 놓은/엮음대가 걸리고 테이블 위에 놓은/미제 자기磁器 스탠드가 울린다//마루에 가도 마찬가지다 피아노 옆에 놓은/찬장이 울린다 유리문이 울리고 그 속에/넣어둔 노리다케 반상 세트와 글라스가/울린다 이따금씩 강 건너 대포 소리가

이 시는 김수영이 1968년에 쓴 것입니다. 그가 유명을 달리하기 두 달 전이었습니다. 알다시피 당시는 서슬 푸른 군사독재 시절이었습니다. 군사독재 정권이 정한 온갖 금기가 민중의 자유를 억압하던 상황이었습니다.

곳곳에서 개인의 자유를 구속하는 체제의 권위가 시인의 눈에 너무도 선명하게 포착되었습니다. 김수영은 이를 불편하게 느꼈습니다. 그렇다면 누구의 간섭도 받지 않고 홀로 있는 집에서는 자유롭다고 느꼈을까요? 그렇지 않습니다. 시인은 자기 집에 들어박혀 있어도 무엇인가가 자꾸 자신을 '건드린다'고 느낍니다. 의자가 많아서 걸리고 테이블 모서리가 걸리고 테이블 밑 엮음대가 걸립니다. 그래서 시인은 항상 불편합니다. 집밖에서도, 집안에서도, 어디에서든 자유가 억압받고 있기 때문입니다.

당시에는 모든 사람이 자유가 억압받는다고 느꼈을까요? 그렇지 않습니다. 시인과 달리, 별로 불편하다고 생각하지 않는 사람도 많았습니다. 그들은 왜 불편함을 느끼지 못한 것일까요? 그들은 체제가 정한 규율이나 규칙에 저촉되는 행동을 스스로 억제하며 살았기 때문입니다. 의자와 모서리로 상징되는 억압 조건에 순응하며 사는 사람은 현실이 자신의 자유를 크게 제한한다고 생각하지 않습니다. 그래서 그다지 불편하다고 생각지도 않습니다. '이 정도면 충분히 자유롭게 사는 거야'라고 생각합니다.

동일한 현실 조건에서도 시인처럼 불편함을 느끼는 사람이 있는가 하면 그렇지 않은 사람도 있습니다. 둘 중 누가 더 잘사는 것일까요? 얼핏 보기에는 시인보다는 후자의 사람들이 더 슬기롭고 현명하게 세상을 살아가는 것 같습니다. 어쨌거나 시인보다는 현실에 더 만족하고 있기 때문입니다. 하지만 순수하게 자유의 관점으로만 보자면, 후자의 삶을 마냥 지지하기는 어렵습니다. 그 상태는 주어진 현실의 제약조건에 맞추어서 자유의 본능을 스스로 조절한 결과일 수도 있기 때문입니다. '이 정도면 충분히 자유로운거야'라며 최면을 걸고 있는지도 모릅니다. 마치 죄수가 교도소의 규칙을 잘 준수함으로써 얻게 된 약간의 자유라고 할까요. 모범수가 아무리 스스로 자유스럽다고 느껴도 본질은 자유가 억압된 수감자에 불과합니다.

장자님도 개개인이 느끼는 자유의 감각이 다르다고 보았습니다. 하늘 높이 솟아오른 붕새가 구만리를 날아 남쪽 깊은 바다로 갔다는 이야기를 기억하실 겁니다. 장자님은 이 이야기를 여러 번 언급하는데, 어딘가에서는 이러한 붕새의 비상을 지켜본 메추라기가 비웃는 장면이 나옵니다.

> 그 모습을 지켜본 메추라기가 비웃으면서 말했습니다. "저 새는 저렇게 날아서 도대체 어디로 가겠다는 것일까? 나는 힘껏 날아봤자 채 몇 길도 오르지 못하고 다시 내려앉아 덤불 사이를 날아다니는데, 저 새는 저렇게 날아서 도대체 어디를 가겠다는 것일까?"
>
> _「소요유逍遙遊」

원래 세상사가 그러하지만, 봉황의 깊은 뜻을 뱁새는 좇아가지 못하는 법입니다. 아무리 힘껏 뛰어올라도 겨우 몇 길밖에 오를 수 없는 메추라기에게는 하늘 높이 솟구쳐오르는 붕새의 비상은 이해되지 않는 일입니다. 왜 그러는지도 알 수 없거니와 쓸데없는 일처럼 보이기도 합니다. 이러한 행동은 메추라기에게 나쁜 의도가 있었기 때문이 아닙니다. 어쩔 수 없는 일입니다. 붕새의 비상은 메추라기의 인식범위를 넘어선 행동입니다. 뱁새가 봉황의 깊은 뜻을 알 수 없듯이, 메추라기도 붕새의 높은 비상을 이해하지 못합니다. 그런데 이러한 현상은 일상에서도 자주 일어나는 일입니다.

조나단 리빙스턴의 『갈매기의 꿈』을 읽어본 적이 있습니까? 읽어보지 않았더라도 워낙 유명해서 대략적인 내용은 알고 있을 것입니다. 주인공 조나단은 다른 갈매기들처럼 단지 먹이를 구하기 위해 하늘을 날지 않습니다. 그는 비행 그 자체를 사랑하는 갈매기입니다. 그가 멋지게 하늘을 나는 이유는 진정한 자유와 자아실현을 얻기 위함입니다. 이를 위해 조나단은 오늘도 힘든 비상을 마다하지 않습니다. 그런데 이러한 조나단의 행동은 갈매기 사회의 오랜 관습에 반하는 행동입니다. 다른 갈매기들은 조나단의 행동을 이해하지 못합니다. 그 결과, 조나단은 다른 갈매기에게 따돌림을 받고 급기야는 무리에서 추방당하고 맙니다. 만약 장자님이 이 소설을 본다며 누가 붕새며 누가 메추라기라고 말할까요? 당연히 진정한 자유를 찾아 비상하려는 조나단을 붕새라고 할 것입니다. 붕새의 깊은 뜻을 헤아리지 못하고 추방한 일단의 갈매기 무리들은 메추라기가 되겠지요.

니체도 『아침놀』에서 비슷한 말을 했습니다. "우리가 높이 올라가면 올라갈수록, 날 수 없는 사람들에게 우리는 더욱 작게 보인다." 위대한 사람들의 행동이 평범한 사람들의 눈에는 이상한 짓이나 비정상으로 보일 때가 많습니다. 코페르니쿠스의 이론을 지지하며 지동설을 주장했던 갈릴레이가 그랬고, 창조론을 부정하고 처음으로 진화론을 주장했던 찰스 다윈이 그랬습니다. "신은 죽었다"며 발칙한 주장을 했던 니체도 당시 사람들로부터 비정상으로 비춰졌습니다. 심한 경우, 그들은 신성모독으로 법정에 서는 위험도 감수해야 했습니다. 세월이 한참 지난 뒤 그들의 주장이 옳다는 사실이 밝혀졌지만 당시로서는 다른 사람들로부터 이해 받지 못하는 혁명적인 주장이었습니다. 사실 생각해보면 역사는 이처럼 비정상이면서 때로는 대중으로부터 따돌림을 받았던 붕새와 같은 혁명가에 의해 변천하고 발전해왔습니다. 즉 하늘 높이 솟구친 붕새의 비상과 구만리 먼 남쪽 바다로의 비행이 새로운 전환과 변혁을 가져온 것입니다.

앞에서 우리는 김수영의 시를 통해 현실에서 개인마다 느끼는 자유의 감각이 다르다는 점을 논의했습니다. 이 점에 대해서는 장자님도 동의할 것입니다. 그런데 장자님은 여기서 한 걸음 더 나아갔습니다. 장자님은 자유에도 단계가 있다면서 4가지 수준의 자유를 언급하셨습니다. 이어지는 이야기를 들어보시죠.

> 그러므로 그 지혜라고는 직책 하나를 감당할 뿐이고, 그 행위라고는 고을 하나를 돌볼 뿐이며, 그 덕이라고는 한 임금에게 신임을 받을 뿐이고, 그 능력이라고는 한 나라에서 쓰일 뿐인 사람은 그 기량器量이 저 메추라기만한 사람들입니다.
>
> 송영자宋榮子는 이런 사람들을 비웃었습니다. 그는 온 세상이 자신을 칭찬해도 우쭐하지 않고 비난해도 기죽지 않았습니다. 내실內實과 외식外飾을 구별할 줄 알았고 영광과 치욕을 구분할 줄 알았기 때문입니다. 그는 세상사에 안달복달하지 않았습니다. 그러나 그도 아직 이르지 못한 경지가 있었습니다.
>
> 열자列子는 바람을 타고 올라가 마음대로 노닐다가 열닷새가 지나서 돌아왔습니다. 세상의 행복에 연연해하지 않고 초연히 노닐었습

니다. 그러나 아직 아무것도 의지하지 않을 만큼 초연하지는 못했습니다.
어떤 사람이 천지의 기운과 하나가 되어 자연의 무궁한 변화를 따르면서 자유의 무한한 경지에서 노닐 수 있다고 생각해보십시오. 그 사람이 무엇을 더 바라겠습니까? 그러므로 지인至人은 자기를 의식하지 않으며, 신인神人은 성과를 의식하지 않으며, 성인聖人은 이름을 의식하지 않습니다.

_「소요유逍遙遊」

장자님은 인간의 경지를 네 단계로 구분하였습니다. 당연히 단계마다 자유에 대한 감각이 다릅니다. 첫째는 메추라기와 같은 사람입니다. 메추라기는 현실에 매여 있는 사람입니다. 이런 사람은 기껏해야 자신에게 주어진 역할을 잘 수행하려고 노력하는 사람입니다. 눈높이를 현실에 맞춰 열심히 산다고 볼 수도 있겠지만 정해진 한계를 벗어나지 못하고 눈앞의 현실에 매여 아등바등 사는 것입니다. 이 단계에 있는 사람은 메추라기처럼 시야가 좁기 때문에 자신의 잠재력을 믿지 못하고 미래에 대한 새로운 가능성도 닫아버립니다. 그 결과, 그런 가능성을 믿고 실현하려고 매진하는 사람들을 비웃기까지 합니다.

둘째는 송영자 같은 사람입니다. 송영자는 『맹자』나 『순자』에도 등장하는 송나라의 사상가로 평화주의자이면서 초월주의자입니다. 자신을 향한 칭찬이나 비난에도 육중한 바위처럼 들썩이지 않습니다. 이는 내실과 외식, 영광과 치욕을 분별할 수 있기에 가능한 일입니다. 웬만한 세상사에 안달복달하지 않기에 메추라기보다는 한 단계 높은 수준임에는 틀림없습니다. 헌데 그의 경지도 최고는 아닙니다. 아직 세상일에 분별이 있기 때문입니다.

송영자보다 높은 단계는 열자와 같은 사람입니다. 그는 세상사에 초연할 뿐 아니라 바람을 타고 아무데나 마음대로 다닙니다. 자유를 누리며 유유자적하다 열닷새 만에 돌아옵니다. 열자의 모습에서 근두운을 타고 마음대로 날아다니는 손오공이 연상되지 않습니까? 일반인으로서는 상상하기 힘든 경지입니다. 하지만 열자도 절대 자유의 경지는 아닙니다. 그는 왜 절대 자유의 경지에 이르지 못한 것일까요? 그가 바람을 타고 마음껏 날아다니다가 15일 만에 돌아왔다는 대목에 주목할 필요가 있습니다. 열자가 절대 자유의 경지에 이르지 못한 이유는 그 또한 바람이 불 때를 기다려야 하기 때문입니다. 그가 사는 곳에서는 15일마다 큰바람이 부는데, 그때가 되어야 비로소 하늘을 마음대로 날 수 있습니다. 겉으로 보기에 무한 자유를 누리는 것 같지만 그조차도 하늘을 날기 위해서는 어쩔 수 없이 바람이라는 외부요인에 의지할 수밖에 없습니다. 그래서 절대 자유의 경지는 아닌 것이지요.

장자님이 말하는 궁극적인 이상은 네번째 단계입니다. 절대 자유의 경지인데요, 이 단계는 우주의 원리에 따라 자연과 하나가 되고 무한한 경지에서 노니는 단계입니다. 아무것도 바라지 않고 아무것에도 기대지 않으며 완전한 자유를 만끽하는 무애無礙의 삶입니다. 이런 절대 자유의 경지에 이른 사람을 지인, 신인, 성인이라고 부릅니다. 장자님이 말하는 이들은 각각 무기無己, 무공無功, 무명無名한 사람입니다. 스스로에 대해서, 공이나 성과에 대해서 이름이나 명예에 대해서 집착하거나 연연해하지 않는 사람을 말합니다. 그렇기에 세상사에 얽매이지 않고 절대 자유를 누릴 수 있는 것입니다.

여러분은 장자님이 말한 네 단계 중에서 어디에 속하시나요? 혹시 가장 낮은 수준인 메추라기 단계에 머물러 있지는 않습니까? 그렇다고 실망하거나 낙담할 필요는 없습니다. 실은, 장자님의 말씀을 전하고 있는 저도 그 수준에서 크게 벗어나지 못했거든요. 지금 가장 낮은 단계에 있다더라도 우리에게는 희망이 있습니다. 우리에게는 더 떨어질 곳은 없고 올라갈 일만 남아 있습니다. 비상할 일만 남아 있는 것입니다. 게다가 우리 곁에는 비상을 도와줄 장자님도 있습니다. 해서, 희망을 품고 비상을 꿈꾸어도 좋을 것 같습니다. 메추라기인 우리가 붕새가 되는 그날을 꿈꾸며 계속 나아가보기로 하겠습니다.

6장

대화

그럼에도 자유와 비상을 꿈꾸고 준비하라

오상수_ 안녕하세요. 소장님. 저는 마케팅팀에 근무하는 오상수 과장이라고 합니다.

장주_ 어서 오세요. 반갑습니다.

오_ 매주 보내주시는 레터를 잘 보고 있습니다. 내용이 참 좋더군요. 근데 소장님은 생각보다 젊어 보이네요!

오_ 제가 나이가 많을 거라고 생각했나보죠?

오_ 레터를 읽다보니, 이런 글을 매주 쓸 정도면, 인생과 삶에 도통하신 도인이라고 생각했습니다. 그래서 당연히 연세도 많을 것이라고 예상했죠.

장_ 아, 그렇군요. 제가 아주 젊지는 않습니다만 그렇다고 도인도 아닙니다. 저 역시 일개 범부에 불과합니다. 다만 남들보다 인문 고전 읽기와 사색하기를 즐겨할 뿐입니다. 여하튼 오늘은 어떤 고민이 있어서 상담소를 찾아오셨나요?

오_ 소장님께서 매주 보내주신 레터를 잘 읽고 있습니다만, 내용 중에서 몇 가지 의문이 있어서 여쭙고자 이렇게 찾아왔습니다.

장_ 잘 찾아오셨습니다. 궁금한 게 있으면 직접 얼굴 보고 물어보는 것이 가장 좋은 방법입니다. 그럼 궁금한 것이 무엇인지 차근차근 말씀해 보시죠.

오_ 제가 이 회사에 입사한 지 올해로 10년이 되는데요. 저도 처음에는 '최소 임원은 해봐야지'라는 마음으로 직장생활을 시작했습니다. 하지만 요즘은 임원이 될 수 있을까에 대한 의구심이 들기도 합니다. 물론 장자님은 곤이라는 물고기도 변화와 변혁을 거치면 대붕이 될 수 있다고 말씀하셨지만 모든 사람이 정말 그렇게 될 수 있을지에 대해서는 의문이 드는 것도 사실입니다.

장_ 입사 당시에는 최소 임원은 해봐야겠다고 생각하셨는데, 지금은 의구심이 드는 이유는 무엇 때문일까요?

오_ 아마 현실을 너무 많이 알게 되어서 그런 것 아닐까요? 소장님도 말씀하셨듯이, 신입사원이 임원이 되는 비율이 채 1%가 되지 않는 상황에서 평범한 제가 그 안에 든다는 보장이 없지 않습니까?

장_ 그렇군요. 확률적으로는 임원이 될 가능성이 높지 않은 건 사실입니다. 하지만 확률이 낮다는 이유로 그것에 대한 가능성마저 포기하는 것은 결코 현명한 일이 아닙니다. 프랑스 철학자 사르트르는 "실존은 본질에 앞선다"고 주장했습니다. 여기서 본질이란 본래 가지고 있던 자체 성질을 말하고, 실존이란 실제 존재하는 모습을 뜻합니다. 실존이 본질을 앞선다는 말은 본질(임원이 될 만한 자질)보다 실존(임원이 되는 것)이 더 중요하다는 뜻입니다. 다시 말해, 임원이 될 만한 자질보다 실제 임원이 되는 것이 더 중요하다는 말입니다. 사실 어느 누구도 임원이 될 만한 자질을 타고나지 않았습니다. 역으로 말하면, 이 말은 누구에게나 임원이 될 만한 자질을 가지고 있다는 뜻입니다. 중요한 것은 실존입니다. 실제로 임원이 되는 것입니다. 임원이 된 사람에게는 본질에 대한 논의, 본래부터 임원이 될 자질이 있는가 없는가에 대한 논의는 무의미해지고 맙니다. 이런 이유 때문에 오 과장께서 임원이 될 수 있을까에 대해 의구심을 가질 이유가 없습니다. 이미 자질은 갖고 있다고 보아도 전혀 이상할 것이 없습니다. 장자님도 대붕의 우화를 통해 '모든 인간에게는 실존적 한계를 뛰어넘을 무한한 가능성을 가지고 있다. 누구나 대붕이 될 수 있다'는 말씀을 전하고 있는 것입니다. 아마 장자님이라면, 오늘도 고군분투하고 있을 수많은 직장인들에게 이런 말씀을 해주지 않았을까요? "현실이 힘들고 미래가 불안하겠지만, 그럼에도 자유와 비상을 꿈꾸고 준비하시오"라고 말입니다.

오_ 말씀을 듣고 보니 약간 자신감이 생기는데요. 저도 대붕처럼 자유와 비상을 꿈꾸어야겠네요. 그런데 물고기가 대붕이 되기 위해서는 준비와 타이밍이 필요하다고 말씀하셨습니다. 구체적으로 무엇을 준비해야 하나요?

장_ 레터를 꼼꼼히 읽으셨군요. 좋은 질문입니다. 대붕은 초월과 비상을 상징합니다. 물고기의 한계를 넘어선 곤은 대붕으로 변했습니다. 초월을 이룬 것입니다. 대붕은 하늘 높이 날아올라 구만리 장천을 날아갑니다. 비상을 이루었습니다. 결국 대붕이 되기 위한 준비는 크게 두 가지입니다. 초월을 위한 준비와 비상을 위한 준비입니다. 초월이란 자신을 가두고 있는 울타리와 한계를 넘어서는 일입니다. 자신의 인식과 가능성의 한계를 뛰어넘어서 무한한 잠재력의 단계로 자신을 내던지는 일을 과감하게 시도하는 것을 말합니다. 비상이란 하늘 높이 날아오르는 일을 말합니다.

오_ 인간의 몸으로 어떻게 하늘을 날 수 있나요? 그것이 가능하기는 한 일인가요?

장_ 물론 쉽지는 않습니다. 하지만 불가능하지도 않습니다. 니체가 이런 말을 했습니다. "언젠가 나는 법을 배우고자 한다면 먼저 서는 법, 걷는 법, 달리는 법, 기어오르는 법, 춤추는 법부터 배워야 한다. 처음부터 날 수는 없기 때문이다." 사실 니체의 주장은 지극히 상식적인 이야기입니다. 서지도 못하는 자가 어떻게 걸을 수 있으며, 걷지도 못하는 자가 어떻게 달릴 수 있겠습니까. 높은 수준의 무엇인가를 하려면 그 아래 단계를 모두 마스터해야 하는 것은 당연지사입니다. 기초부터 차근차근 꾸준히 쌓아가라는 말입니다. 꾸준히 쌓아가다보면 어느 순간 하늘을 날 수 있는 힘이 생깁니다. 결국 대붕이 되기 위한 준비란 자신의 한계를 넘어서는 초월의 노력과 기초부터 차근차근 단계를 밟아가는 과정을 통해 비상할 힘을 기르는 것을 말합니다.

오_ 쉬운 일만은 아니겠군요. 좋습니다. 열심히 준비를 했다고 칩시다. 그런데 아무리 기다려도 바람이 불지 않아서 비상할 타이밍이 찾아오지 않으면 어떻게 되나요?

장_ 물론 열심히 노력하여 준비를 마쳤는데 기회가 찾아오지 않을 수도 있습니다. 이는 매우 불운한 일입니다. 하지만 이것은 어쩔 수 없는 상황이기도 합니다. 열심히 노력했지만 운이 따르지 않는 것을 어떡하겠습니까. 그냥 그렇게 살 수밖에……

오_ 갑자기 무책임하다는 느낌이 살짝 드는데요. 노력을 했는데도 운이 따르지 않아 비상할 수 없다면, 굳이 처음부터 노력조차 할 필요가 없는 것 아닐까요?

장_ 오 과장이 억울해하는 심정이 이해되지 않는 바는 아닙니다. 하지만 그럼에도 어쩔 수 없는 것은 마찬가지입니다. 억울한 심정에 조금이나마 도움이 될까 하여 다른 이야기를 잠시 해드리겠습니다. 혹시 '진인사대천명盡人事待天命'이란 말을 들어보셨나요? 이 말은 남송 유학자 호인이란 분이 『독사관견』에서 처음 사용한 말인데, '사람이 자신의 일을 다하고(진인사), 하늘의 명을 기다린다(대천명)'는 의미입니다. 진인사대천명의 핵심은 대천명이 아니라 진인사에 있습니다. 즉 진인사, 자신의 일을 다한 사람만이 대천명, 하늘의 명을 기다릴 수 있다는 뜻입니다. 이 말은 진인사하지 않은 사람은 대천명할 자격도 없다는 뜻이기도 합니다. 결국 하늘의 명을 기다릴 자격은 자신의 일을 다한 사람, 진인사한 사람에게만 주어집니다. 대붕이 되기 위한 준비와 노력을 다한 사람은 진인사한 셈입니다. 그 사람은 이제 대천명, 하늘의 명을 기다려야 합니다. 비상을 위한 타이밍을 기다려야 합니다.

오_ 뜻은 좋습니다만, 하늘의 명을 기다리는 것은 너무 수동적인 자세 아닌가요?

장_ 얼핏 보면 그렇게 느껴질 수도 있습니다. 하지만 진인사대천명이라는 말 속에는 그것보다 훨씬 심오한 뜻이 들어 있습니다. 진인사한 사람, 다시 말해 자신이 할 수 있는 노력을 다한 사람은 두 가지를 알 수 있습니다. 자신이 '할 수 있는 부분'과 아무리 노력해도 '할 수 없는 부분'입니다. 전자가 자신의 본성이라면, 후자는 자신의 한계입니다. 즉 진인사한 사람만이 자신의 본성과 한계를 알 수 있는 법입니다. 그런 사람만이 자신이 진짜 하늘을 날 수 있는지 없는지를 알 수 있습니다. 반면 진인사하지 않는 사람은 자신의 본성도 한계도 알 수가 없습니다. 해서, 천명을 운운할 자격이 없습니다. 핵심은 먼저 진인사하는 것입니다. 그런 사람은 하늘의 뜻을 묵묵히 기다릴 수 있습니다. 때를 기다릴 수 있는 것입니다.

오_ 그래도 기회가 오지 않으면 어떡하죠?

장_ 할 수 없죠. 자신이 할 수 있는 노력을 다했는데, 그럼에도 천명이 따라주지 않는다면 그건 어쩔 수 없습니다. 현실을 담담히 받아들일 수 밖에. 역사를 돌이켜보면, 큰 뜻을 품었던 위인들이 최선의 노력을 다했음에도 결국 뜻을 이루지 못하는 경우는 수없이 많았습니다. 심지어 그들 중에는 자신의 뜻을 굽히지 않아서 죽음을 맞이하기도 했습니다. 하지만 그들은 죽음 앞에서도 당당하고 초연했습니다. 왜냐? 자신이 할 수 있는 모든 것을 다했기 때문입니다. 해서, 억울하게 죽임을 당하더라도 하늘의 명령이므로 담담하게 받아들일 수 있었던 것입니다. 저와 과장님을 포함하여 모든 인간은 신이 아닙니다. 온갖 노력을 다해도 뜻대로 되지 않는 경우도 있습니다. 결국 우리가 할 수 있는 일은 자신이 할 수 있는 최선의 노력을 다하는 일, 진인사 뿐입니다. 그런 다음에는 대천명해야 합니다.

오_ '진인사대천명'이라는 말에 그런 심오한 뜻이 들어 있었군요. 잘 알겠습니다. 한편 직장이란 곳은 자유가 없는 공간이라고 말씀하신 부분에 저도 많이 공감이 됩니다. 그럼 저 같은 직장인이 진정한 자유를 얻기 위해서는 맹수가 동물원 울타리를 탈출하듯 직장을 때려치워야 가능한 것인가요?

장_ 글쎄요. 우리가 고전을 읽고 적용할 때 저자의 주장을 있는 그대로 따를 필요는 없습니다. 저자가 살았던 시대와 지금 우리가 사는 시대는 서로 다르니까요. 장자님은 직장보다는 자유를 선택했던 분입니다. 초나라 임금이 사람을 보내와 나랏일을 맡아달라고 부탁했는데도 일언지하에 거절하기도 했거든요. 하지만 장자님이 살았던 시대는 굳이 취직을 하지 않아도 먹고사는 것이 가능했습니다. 당시 사람들은 대부분 자연과 더불어 자급자족하며 살았습니다. 하지만 오늘날 우리의 사정은 그때와는 많이 다릅니다. 18세기 프랑스 사상가 장자크 루소가 "자연으로 돌아가라"고 외쳤다지만, 우리는 이미 자연에서 너무 멀리 떠나온 것 같습니다. 돌아가려 해도 돌아갈 자연이 없습니다. 대다수 현대인에게는 선택지가 많지 않습니다. 대부분은 자연이 아니라 직장에서 답을 찾아야 합니다. 그럼 기본적으로 자유가 없는 직장이라는 공간에서 진정한 자유를 얻기 위해서는 어떻게 해야 할까요? 이는 쉽게 답하기 어려운 질문입니다. '직장에서의 자유'라는 화두는 돈오頓悟는 없고 점수漸修만이 가능하지 않을까 싶습니다. 한 번의 깨달음으로 답을 구하기보다는 점진적인 수행을 통해 원하는 바를 조금씩 이루어가야 할 과제입니다. 해서, 지금 당장 답을 찾지 못하더라도 차근차근 풀어가보기로 합시다.

오_ 자유라는 주제에 대해서는 소장님도 곧바로 답하기 어렵나보군요. 좋습니다. 레터에서 '자유의 4단계'를 말씀하신 적이 있는데요. 저의 짧은 소견으로는, 거기서 3단계인 열자의 수준으로도 충분한 것 같은데, "그것으로 충분하지 않다. 4단계인 절대 자유의 단계가 있다"고 말씀하셨습니다. 그런데 4단계인 절대 자유의 단계는 현실에서는 실현되기 힘든 단계인 것 같기도 하고, 하여간 구체적인 실체가 잡히지 않습니다.

장_ 자유의 단계에 있어서 대다수 사람들은 1단계와 2단계에 머물러 있습니다. 그래서 3단계인 열자의 단계만 해도 대단해 보이기 마련입니다. 생각해보세요. 매일 직장에 매여 있는 직장인의 눈에는 바람을 타고 하늘로 올라가 노닐다가 15일 만에 돌아오는 열자가 얼마나 대단해 보이겠습니까? 여름휴가 일주일을 제대로 사용하지 못하는 직장인도 많은데 말이죠. 하지만 장자님은 그러한 열자도 절대 자유라고 보진 않았습니다. 어찌됐든 속세의 삶으로 돌아와야 신세인 것은 마찬가지니까요. 질문한 것처럼 4단계인 절대 자유는 겨우 1~2단계에 머무는 범인들에게는 상상조차 하기 힘든 모습입니다. 좀 거칠게 구분하면, 1~3단계가 인간의 영역이라면, 4단계는 신의 경지라고 볼 수 있습니다. 장자님도 4단계에 이른 사람을 '신인神人'이라고 표현하기도 했거든요. 이것 역시 돈오로 이해하기는 어려울 듯합니다. 점수, 그러니까 차근차근 쌓아가다보면 문득 깨닫는 날이 올 것입니다.

오_ 아직 저의 식견이 부족하기 때문에 그렇다는 말씀으로 이해하고, 조금씩 자유를 얻기 위해 노력하도록 하겠습니다. 아무튼 오늘 소장님을 처음 뵙습니다만, 대화를 주고받는 것만으로도 다소간 위로가 되기도 하네요. 특히 저에게도 대붕이 될 가능성이 있다는 말씀을 깊이 새기도록 하겠습니다. 오늘 좋은 말씀 감사드립니다. 앞으로 종종 찾아와도 실례가 되지 않을까요?

장_ 오 과장님 같은 분들을 상담해주기 위해 '직장고민상담소'가 존재하는 것입니다. 또 그것 때문에 제가 월급을 받는 이유이기도 합니다. 그러니 부담 갖지 마시고 언제든지 찾아오시기 바랍니다.

2부
자아 篇

도대체, 나는 누구인가?

참된 자아를 찾아서 행복에 도달하라!

7장

열기

나는 누구이며, 어디로 가고 있는가?

오전 6시 기상, 콩나물시루 같은 지하철에서의 출근 전쟁, 아침부터 퇴근까지 이어지는 재미없는 노동, 이따금 생기는 여유 시간에는 인터넷 검색과 스마트폰 만지작거리기, 또다시 퇴근 전쟁, 의미 없는 TV시청, 그리고 수면

특별한 일이 없는 날, 오상수 과장의 하루 일과다. 이러한 리듬은 월·화·수·목·금 반복된다. 매일매일을 똑같이, 그리고 무의미하게 보내는 모습을 보면서 문득 자신이 시시포스의 형벌을 받는 게 아닌가 하는 의구심이 들기도 한다. 남들이 부러워하는 직장에 당당히 취직할 때만 하더라도 어깨에 힘이 들어가고 화려한 미래를 꿈꾸기도 했었다. 그런데 겨우 십 년도 지나지 않아 이처럼 무기력하게 변해버린 자신의 모습을 보면서 격세지감이 들 정도다.

월요병. 처음에는 '먼 나라 이웃나라' 이야기인 줄 알았다. 하지만 지금은 매주 겪어야 하는 고질병이 되었다. 게다가 연차를 더할수록 증상은 악화되고 있다. 목요일만 되어도 주말이 기다려진다. 토요일에는 잠시 행복감을 느끼지만 일요일 오후만 되면 슬슬 증상이 시작된다. 만사가 귀찮아지고 온몸에 힘이 빠지고 피로가 물밀듯 몰려든다. 그러다보니 생산적인 활동은 고사하고 멍하니 TV를 보다가 시간만 죽인다. 이렇듯 만성피로와 함께 무기력한 주말을 보내고 나면 월요일 아침이 더욱 힘겨워진다.

오상수 과장은 월요병이 생긴 이유에 대해 스스로 진단을 내렸다. 가장 큰 문제는 지금 하고 있는 일에 재미를 느끼지 못한다는 점이다. 왜 일이 재미없는가? 그 이유는 오 과장이 '원했던' 일이 아니라 '주어진' 일을 하고 있기 때문이다. 경영학과를 나온 오 과장은 원래 기획 업무를 하고 싶었다. 그런데 생각지 않게 마케팅팀에 발령이 나서 본의 아니게 마케팅 업무를 맡게 되었다. 혹자는 마케팅 업무가 기업의 꽃이라 불릴 정도로 중요한 직무이며 경력관리에 필수적 코스라고 말한다. 하지만 대한그룹에서 마케팅이란 밖에서는 주요 고객사 담당을 만나서 영업활동도 해야 하고 안으로는 공장과 연구소 직원들을 설득하여 제품의 사양과 납기를 맞춰야 하는 등 쉴새없이 바쁘게 뛰어다녀야 하는 직무다. 항상 실적 압박에 시달리면서도 급한 오더가 발생하면 내부 직원에게 아쉬운 소리를 해야 하는 힘든 자리이기도 하다.

처음에는 마케팅 업무를 이삼년 정도 배운 뒤, 자신이 바라던 기획 업무 부서로 이동할 계획이었다. 하지만 상황이 여의치 않아서 벌써 10년째 마케팅 업무만 하고 있다. 그러는 사이 업무는 익숙해졌지만 반복되는 일상으로 인해 일에 대한 의욕이 사라졌고 권태까지 느낄 정도가 되었다. 삶의 의미도 업무에 대한 의욕도 느끼지 못한 채 재미없는 일상을 보내고 있다.

도대체 어디서부터 잘못된 것일까? 직장생활이 원래 이런 것일까? 나는 누구이며, 내 인생은 어디로 가고 있는 것일까? 지금처럼 하면 언젠가는 내가 원하는 일을 할 수 있을까? 이렇게 살다보면 어느 날 갑자기 행복이 찾아올까? 먹고살기 위해서는 이렇게라도 직장생활을 계속해야 할까? 수많은 생각과 의문이 머릿속을 맴돌았다. 오 과장은 '직장고민상담소'의 장주 소장을 한번 더 찾아가야겠다고 마음먹었다.

8장

만남-5

자유를 위한 날개는 거저 주어지지 않는다

일전에 우리는 붕새의 비상을 통해 자유에 대해 이야기했습니다. 기억하시겠지만 이를 위해서는 변혁의 과정을 거쳐야 합니다. 곤이라는 물고기가 붕이라는 새로 변해야 비로소 하늘 높이 뛰어올라 큰 날개를 펼치고 자유를 향한 비행을 할 수 있습니다. 그럼 이번에는 이러한 변혁을 위한 구체적인 방법론에 대해서 논해보겠습니다.

물고기에서 새로 변한다는 것은 말처럼 쉽지 않습니다. 환골탈태의 과정을 거쳐야 합니다. 환골탈태란 '뼈를 바꾸고 태를 빼낸다'는 말로, 완전히 다른 사람이 된다는 뜻입니다. 생각해보세요. 뼈를 바꾸고 태를 빼내는 일이 얼마나 어려울지. 그래서 아무나 할 수 있는 과정이 아닙니다. 보통 사람은 시작조차 하기 힘듭니다. 그냥 단순히 '한번 해볼까' 하는 마음으로는 감히 엄두조차 낼 수 없습니다. 이러한 변혁을 위해서는 큰 깨달음이 있어야 합니다. '이 상태로는 안 된다'는 각성이 있어야 합니다. 정신이 맑아야 한다는 소리입니다. 흐릿한 정신 상태로는 자신이 원하는 변화를 만들어내기 어렵습니다. 말하자면 미몽迷夢에서 벗어나야 합니다. 장자님이 보기에 우리가 사는 세계는 꿈과 현실이 뒤섞인 모호한 세상입니다. 장자님은 변화를 이야기하기 위해 '나비의 꿈'을 소개하고 있습니다. 먼저 장자님의 이야기를 들어보시죠.

> 어느 날 장주莊周는 자신이 나비가 된 꿈을 꾸었습니다. 나비가 되어 유유자적 날아다니면서도 자신이 장주임을 알지 못했습니다. 그러다 문득 깨어보니 놀랍게도 자신이 장주가 되어 있었습니다. 장주가 꿈을 꾸어 나비가 되었는지, 나비가 꿈을 꾸어 장주가 되었는지 모르겠습니다. 하지만 장주와 나비 사이에 무슨 구별이 있기는 있을 것입니다. 이것을 일러 '사물의 변화物化'라 합니다.
>
> _「제물론齊物論」

어느 날 장자님이 잠을 자다가 꿈을 꾸었는데, 자신이 나비가 되어 하늘을 날아다니고 있었습니다. 꿈에서는 자신이 장자인지 '꿈에도' 몰랐습니다. 그냥 나비인 줄 알았습니다. 그러다가 문뜩 잠에서 깼는데 이제 자기가 장자가 된 걸 보고 깜짝 놀랐습니다. 그리고는 문득 이런 의문이 들었습니다. 어느 쪽이 진짜 내 모습일까? 나비 꿈이 현실이고 지금 이 순간이 꿈은 아닐까? 꿈과 현실이 모호해진 것입니다. 어느 쪽이 진짜일까요? 우리로서는 알 수가 없습니다.

이런 일은 장자님에게만 생기는 것은 아닙니다. 누구에게나 일어날 수 있습니다. 예를 들어보겠습니다. 당신은 지금 책을 읽고 있습니다. 그런데 '현실에서' 책을 읽고 있습니까? 혹시 '꿈속에서' 책을 읽고 있는 것은 아닐까요? 지금 당신이 처한 상황이 꿈이 아니라 현실이라고 단언할 수 있나요? 아마도 당신의 이성은 지금의 모습이 현실이라고 믿을 것입니다. 하지만 반드시 그렇다고 장담할 수는 없습니다. 만약 지금이 꿈이라고 해도 당신은 현상황을 꿈으로 인식하지는 않을 테니까요. 그렇지 않나요?

꿈이 '꿈이었구나!' 하고 자각하는 순간은 언제일까요? 그것은 그 꿈에서 깨어났을 때입니다. 장주가 나비였던 것이 꿈이라고 알아챘다는 것은 그 꿈에서 깨어났다는 것을 뜻합니다. 한 번의 깨어남이 일어난 것입니다. 그런데 장자님은 여기서 다시 '혹시 지금 상태도 꿈은 아닐까?' 하고 의문을 가집니다. 깨어남의 기회를 한번 더 가진 것입니다. 횟수로 말하면 두 번째 '깨어남'이 일어났습니다. 이처럼 어떤 깨어남에서 또다시 깨어나는 것을 큰 깨어남, '대각大覺'이라고 부릅니다. 장자님은 큰 깨어남을 경험한, 말하자면 대각한 분입니다.

'나비의 꿈' 이야기를 통해 장자님이 궁극적으로 하고 싶었던 말씀은 사물의 변화, '물화物化' 입니다. 이야기 속에서 장주는 나비로 변하였고 나비는 장주로 변했습니다. 또다시 꿈을 꾼다면 장주는 무엇인가로 변화할 것입니다. 이렇게 모든 사물은 고정된 불변의 실체가 아니라 끊임없이 변화하는 과정으로만 존재합니다. 그리스 철학자 헤라클레이토스가 이런 말을 했습니다. "우리는 같은 강물에 두 번 발을 담글 수 없다." 그의 주장은 단지 수사적 표현이 아닙니다. 과학적 표현입니다. 이를테면 내가 지금 강물에 발을 넣었다 뺐습니다. 잠시 후 같은 장소에서 다시 발을 넣었습니다. 두번째로 담근 곳은 첫번째와 같은 강물일까요? 절대 그렇지 않습니다. 첫번째로 발을 넣었을 당시의 강물은 한참이나 하류 쪽으로 흘러가 버렸습니다. 두번째로 담은 곳은 처음 넣었던 당시에는 훨씬 상류 쪽에 있었던 강물입니다. 이런 이유 때문에 우리는 같은 강물에 두 번 발을 담글 수 없습니다.

사물이나 인간도 마찬가지입니다. 사물이나 사람도 끊임없이 변화합니다. 저는 매일 아침 자가용으로 출퇴근을 합니다. 이때 저는 매번 같은 차를 탄다고 생각합니다. 그런데 실제로는 한 번도 같은 자동차를 탈 수가 없습니다. 제가 타는 자동차는 매일매일 다른 차입니다. 오늘 탄 차는 어제와는 어딘가 조금이라도 달라져 있기 때문입니다. 자동차 외부에 조금이라도 먼지가 더 쌓였을 것이고 엔진의 마모도 어제보다는 좀더 진행된 상태입니다. 말하자면 어제보다는 좀더 노후화된 차를 타고 있는 것입니다. 다만 제가 그러한 사실을 인식하거나 느끼지 못했을 뿐입니다.

사람도 마찬가지입니다. 집이나 직장에서 우리는 매일 같은 사람을 만난다고 생각하지만, 내가 오늘 만난 사람은 어제 만났던 사람이 아닙니다. 같은 강물에 두 번 발을 담글 수 없듯이, 우리는 같은 사람과도 두 번 만날 수 없습니다. 오늘 만난 직장 동료도 사실은 어제 만났던 그 사람이 아닙니다. 이런 의미에서 보자면, 흔히 오래된 연인끼리 하는 말 중에서 "사랑이 어떻게 변하니?"라며 하소연하는 것은 순진한 생각입니다. 사람이 변하니까 당연히 사랑도 변할 수밖에 없습니다. 이야기가 다소 옆길로 샌 느낌이 없지는 않습니다만, 장자님 말씀의 요지는 모든 사물이나 사람은 변화하는 주체라는 것입니다. 우리는 변화하는 과정으로만 사물이나 사람을 만날 수 있습니다.

모든 사물이나 사람이 변화하는 과정에 있으니까 만물들이 모여서 이루어진 세상도 고정된 것이 아닙니다. 서로가 얽히고설킨 관계, 서로가 서로에게 영향을 주는 관계로 존재하고 있습니다. 이때 개개인은 각자 주체로서 존재합니다. 하지만 상대방의 관점에서는 객체입니다. 이처럼 모두가 주체와 객체를 넘나들며 변화할 수 있는 관계 속에 존재합니다. 장주가 주체이며 나비가 객체가 아닙니다. 경우에 따라서는 꿈속의 나비가 주체가 되고 장주가 객체가 될 수도 있습니다. 물론 장주와 나비는 엄연히 다른 존재입니다. 장자님의 표현을 빌리면, "장주와 나비 사이에 무슨 구별이 있기는 있을 것"이지만, 그러면서도 장주가 나비가 되고 나비가 장주가 될 수도 있는 세계입니다. 이처럼 우리가 사는 세계는 만물이 서로 연관되어 있으면서 서로 의존하고 함께 변화합니다. 어쩌면 요지경瑤池鏡 같은 세계라고 불러야 할지도 모릅니다.

요지경이라고 하면, 너무 만화 같아서 실제적인 느낌이 들지 않을 수도 있습니다. 그런 분들을 위해 예시를 들어보겠습니다. 지금 당신의 눈앞에는 책이 펼쳐져 있습니다. 지금 보고 있는 책 속에 구름이 들어 있습니까? 뜬금없이 무슨 소린가 하고 의아해하시는 분이 있겠지만, 이 질문에 대한 정답은 'Yes'입니다. 구름이 없다면 비가 있을 수 없고, 비가 없다면 식물이 자랄 수 없고, 식물이 자랄 수 없으면 종이가 없고, 종이가 없다면 책이 있을 수 없기 때문입니다. 따라서 당신의 책 속에는 분명 구름이 들어 있습니다. 구름만이 아니라 해와 비, 공기와 바람, 나비와 인간도 들어 있습니다. 삼라만상森羅萬象이 다 들어 있습니다. 이런 논리로 보면 책은 단지 종이로만 만들어진 것이 아닙니다. 구름과 비, 나무와 종이, 인간이 한데 어우러져 있으며 서로가 넘나들고 있습니다. 이것이 바로 장자님이 말하는 물화입니다.

장자님의 나비의 꿈을 제대로 이해한 분이라면, 이제 세상은 고정되어 있지 않다고 느낄 것입니다. 굳이 장자님의 말씀을 빌리지 않더라도 세상을 조금만 주의깊게 들여다보면, 모든 사물은 고정되어 있지 않고 서로 어울리며 서로에게 영향을 주고받는다는 사실을 알 수 있습니다. 불교에서도 세상은 사물이 독자적으로 존재하는 것이 아니라 서로 영향을 주고받은 결과라고 봅니다. 이를 두고 연기법緣起法 또는 인연법因緣法이라고 부릅니다. 이 세상의 존재는 반드시 그것이 생겨날 '직접적인 원인(因)'과 '간접적인 조건(緣)'에 의해서 생겨난다는 뜻입니다. 이를테면 책이 존재하는 것도 직접 원인으로는 나무에서 종이를 뽑아냈기에 생겨난 것이고, 더불어 간접 조건으로 나무를 성장하게 도와준 태양과 비와 흙이 있었기에 가능한 것입니다. 따라서 연기나 인연의 관점으로 보면, 아무리 잘난 존재라도 혼자 저절로 생겨난 것은 없습니다. 다 누군가의 도움으로 존재하는 것입니다.

장자님은 꿈 이야기를 통해 사물의 변화를 강조하였는데, 왜 하필 나비를 예시로 들었을까요? 단지 물화를 말하고자 했다면, 백수의 왕 호랑이나 하늘의 제왕 독수리를 예로 들면 더 '폼'나 보였을 텐데 말이죠. 아마도 나비가 갖는 상징성 때문이지 싶습니다. 나비는 성장단계에서 극적인 변화를 겪는 동물입니다. 그래서 사물의 변화를 말하고자 하는 이야기의 주인공으로는 제격입니다.

알다시피 나비는 처음부터 하늘을 날 수 있게 태어나지는 않습니다. 중간에 비약적인 변화를 거쳤기에 하늘을 날 수 있게 된 것입니다. 나비는 알에서 태어나면 애벌레로 세상에 나옵니다. 애벌레 시절에는 날개가 없어서 바닥을 기어다닙니다. 그러다가 중요한 변혁의 과정을 거칩니다. 바로 날개를 갖기 위한 번데기 과정을 말합니다. 이 과정을 무사히 거친 애벌레에게는 아름다운 날개가 선물로 주어집니다. 그날 이후 애벌레는 자유롭게 하늘을 날아다니는 나비로서의 삶을 살게 됩니다. 사실 애벌레와 나비는 동일한 존재입니다. 하지만 둘 사이에는 엄청난 질적 차이가 존재합니다. 이러한 차이는 고통스러운 번데기 과정을 거쳤는가, 힘든 변혁의 과정을 완수했는가의 여부로 결정됩니다. 이런 의미로 보면 나비에게 있어 날개란 한때 힘겨운 번데기의 고통을 잘 견뎌내었다는 훈장과도 같습니다.

무릇 세상살이가 다 그렇지만, 곤충의 세계에서도 아무에게나 자유가 주어지지는 않습니다. 곤충은 크게 두 종류로 구분됩니다. 유시형有翅形 곤충과 무시형無翅形 곤충입니다. 날개가 있으면 유시형 곤충이고 날개가 없으면 무시형 곤충입니다. 하지만 둘은 태어날 때부터 그렇게 구분되지는 않습니다. 모든 곤충은 처음에는 무시형으로 태어납니다. 모두 날개가 없는 애벌레 상태로 세상에 나옵니다. 그러다가 그중 일부는 날개를 갖기 위한 준비에 착수합니다. 번데기가 되어 시련의 시간을 거칩니다. 좁은 고치 안에서 움직이지도 못하고 일정 기간을 견뎌야 합니다. 말하자면 날개를 얻기 위해 환골탈태하는 과정입니다. 매우 힘든 과정이죠. 하지만 이 과정을 무사히 마치면 멋진 날개를 얻을 수 있습니다. 만약 날개를 갖는 것이 너무 힘들어서 이 과정을 생략하면 어떻게 될까요? 대가를 지불해야 합니다. 무슨 대가일까요? 평생 동안 밑바닥을 기어다녀야만 합니다. 안타깝지만 날개가 없으니 어쩔 수 없는 일입니다.

애벌레와 나비의 가장 큰 차이는 무엇일까요? 그것은 바로 '자유의 유무'입니다. 날개가 없는 애벌레에게는 자유가 없습니다. 하늘을 날 수도 없고 마음대로 이동하기도 어렵습니다. 단지 먹고살기 위해 밑바닥을 기어다닐 뿐입니다. 나비는 기어다니는 애벌레와는 차원이 다른 생명체입니다. 그들은 아주 소량의 먹이만으로도 충분히 살아갈 수 있습니다. 나비가 되면 먹고사는 문제에 크게 연연하지 않아도 된다는 소립니다. 그렇기에 대부분의 시간을 유유자적하게 노닙니다. 장자님이 좋아하는 표현으로는 '소요유逍遙遊'하고 있는 셈이죠. 한마디로 자유로운 존재입니다. 결국 자유는 아무에게나 주어지지 않습니다. 번데기 과정, 변혁의 과정을 거친 자에게만 주어지는 선물입니다.

자유를 찾아 구만리 장천을 날아가던 붕새도 한때는 한 마리의 작은 물고기였다는 사실을 기억하실 것입니다. 붕은 어떻게 지금과 같은 자유를 얻게 되었을까요? 그도 날개를 얻기 위한 험난한 과정을 거쳤습니다. 그래서 지금은 붕새가 되어 자유롭게 세상을 노닐게 된 것입니다. 한번 물어보겠습니다. 만약 당신이 곤충으로 환생한다면 무시형과 유시형 중에서 어떤 삶을 살고 싶습니까? 이렇게 물어볼 수도 있겠네요. 당신은 물고기 곤으로 살고 싶습니까, 붕이 되어 하늘을 날고 싶습니까? 나비나 붕새처럼 자유롭게 살기를 원한다면, 비약적인 변화의 단계를 반드시 거쳐야 합니다. 무한한 자유를 얻기 위한 환골탈태의 과정을 거쳐야 합니다. 자유를 상징하는 날개는 거저 주어지지 않기 때문입니다.

9장

만남-6

오상아,
나를 잃어버린 후
진정한 나를 찾아라!

환골탈태의 변혁을 시작하려면 어떻게 해야 할까요? 장자님은 먼저 큰 깨달음이 있어야 한다고 주장하셨습니다. 무엇을 깨달아야 한다는 것일까요? 여기에 대한 힌트는 『장자』의 「제물론」에 잘 나와 있습니다. 이 편의 주제는 우리가 실존적 한계를 초월하여 궁극적인 변혁을 이루기 위해서는 지금 우리가 살고 있는 세계를 정확히 꿰뚫어보아야 한다는 것입니다. 그럼 우리가 사는 세계는 어떤 세계일까요? 앞서 말한 바와 같이 우리는 각 주체가 독립적으로 존재하고, 제 잘난 맛에 사는 세계 속에 존재하는 것이 아닙니다. 서로가 영향을 주고받는 세계에 살고 있습니다. 각 주체가 독립적이고 대립하는 것이 아니라 각자가 전체 속에서 상호작용을 하면서 하나로 어우러진 세계 속에 자리하고 있습니다. 이러한 세계에서는 사물끼리 우열優劣이나 상하上下도 없습니다. 대소大小도 없고 시비是非도 없습니다. 하나로 어우러진 세계란 각기 다른 사물을 획일화한다는 뜻이 아닙니다. 각 주체의 다양함 속에서 조화와 일치를 찾는 것을 의미합니다.

제물론은 '사물을 고르게 한다'는 뜻으로, 이는 시비를 넘어서 '양극의 조화'가 이루어진 세계, 대립을 초월한 세계에서 사물을 보는 것을 말합니다. 그럼 사물을 고르게 보기 위해서는 어떻게 해야 할까요? 장자님은 무엇보다도 자기 자신을 정확히 보아야 한다고 주장합니다. 먼저 장자님의 말씀부터 들어보시죠.

남곽자기南郭子綦가 책상에 기대어 앉아서 하늘을 향해 긴 한숨을 내쉬고 있는데, 멍하니 앉아 있는 모습이 마치 자기 몸과 마음을 다 잃어버린 것 같았습니다. 앞에서 시중을 들던 제자 안성자유顔成子遊가 물었습니다. "어찌된 일입니까? 어떻게 몸도 마치 마른나무 같아질 수 있고, 마음도 식은 재와 같이 할 수 있습니까? 지금 책상에 기대어 있는 분은 예전에 책상에 기대어 있던 분이 아닌 것 같습니다."
남곽자기가 말했다. "자유야, 참 잘 보았구나. 지금 나는 나를 잃어버렸다. 그런데 네가 그 뜻을 알 수 있을까? 너는 '사람의 소리(人籟)'는 들어보았겠지만, '땅의 소리(地籟)'는 들어보지 못했겠지. 설령 땅의 소리는 들어보았을지 모르지만, '하늘의 소리(天籟)는 들어보지 못했을 것이다."

_「제물론齊物論」

장자님이 무슨 말을 하려고 하는지 단번에 이해가 가시나요? 무슨 말인지 알 듯 모를 듯한 사람도 있을 것입니다. 남곽자기는 성곽의 남쪽에 사는 '자기'라는 분입니다. 자기는 지금 책상에 기대어, 하늘을 멍하니 바라보며 긴 한숨을 내쉬고 있습니다. 이를 옆에서 지켜본 제자가 "몸은 마른나무 같고 마음은 식은 재 같다"며 그 이유를 묻습니다. 이에 스승은 "나는 나를 잃어버렸다(吾喪我)"라고 말합니다. 스승이 지금 '나를 잃음(喪我)'의 상태에 들어갔다는 말입니다.

나는 나를 잃어버렸다는 스승의 말은 무슨 뜻일까요? 자기가 누군지 모를 정도로 정신을 잃어버렸다는 뜻일까요? 그렇지 않습니다. 이 말은 정신을 잃어버린 실신失神 상태가 아니라 '마음을 비웠다'는 의미로 해석해야 옳습니다. 스승인 남곽자기가 말한 '나는 나를 잃어버렸다', 즉 오상아吾喪我는 『장자』에서 핵심 개념에 속하는 말입니다. 내가 나를 잃어버린 끝에 비로소 진정한 자기를 찾았다는 의미입니다. 단순히 실신 상태에 빠진 것이 아니라 진정한 자기를 찾은 상태, 즉 성인의 경지에 이르렀다는 뜻입니다.

이 이야기는 『장자』 제2편인 「제물론」의 첫머리에 나오는 내용입니다. 제1편 「소요유」에서는 북쪽 바다에 사는 물고기 곤의 이야기로 시작했는데, 2편에서는 남곽南郭에 사는 자기라는 사람의 오상아라는 표현으로 말문을 열었습니다. 두 편의 이야기를 꼼꼼히 비교해보면, 뛰어난 이야기꾼으로서 장자님의 면모가 잘 드러납니다. 혹시 발견하셨나요? 1편에서는 북쪽의 물고기가 주인공이라면, 2편에서는 남쪽의 사람이 주인공입니다. 북쪽과 남쪽이 대조를 이루고, 물고기와 사람이 대비되고 있습니다. 재미있지 않나요? 둘은 전혀 다른 이야기 같지만, 변화를 이야기한다는 점에서는 동일합니다. 다만 1편에서는 물고기가 붕새가 되는 '외형적 변화'를 상징했다면, 2편에서는 스승인 자기가 나를 잃어버렸다고 하는 '내면적 변혁'을 이야기하고 있다는 점이 다를 뿐입니다.

1편과 2편의 시작에서 이처럼 다른 듯 같은 이야기를 배치한 이유는 무엇일까요? 그 이유는 아마도 외형적 변화를 이루기 위해서는 내면적 변혁이 선행되어야 한다는 가르침을 주기 위함이라 추정됩니다. 『장자』 제2편인 「제물론」에서는 외형적 변화를 위한 전제조건으로서 내면적 변혁에 대한 방법론을 다루고 있는 셈입니다. 그럼 내면적 변혁을 이루기 위해서는 무엇부터 시작해야 할까요? 스승인 자기가 말한 '내가 나를 잃어버림', 즉 오상아가 그 핵심입니다.

오상아라는 말에서는 둘 다 나를 의미하는 오吾와 아我가 함께 나오는데, 그 둘은 어떻게 다를까요? 여기에 대해서는 주석가들의 의견이 분분합니다만, '아'가 '비본래적인' 자기의 모습이라면, '오'는 '본래적인' 나의 모습입니다. 결국 오상아란 비본래적인 자아에서 벗어나 본래적인 '나'가 되는 것을 의미합니다. 이것이 나를 잃어버림으로써 비로소 진정한 내가 되었다는 오상아의 뜻입니다.

불교에서도 이와 유사한 개념이 있습니다. 바로 무아설無我說인데요. 무아설은 말 그대로 '내가 없다(無我)'라는 뜻으로, 고정된 실체인 자아는 존재하지 않는다고 보는 사상입니다. 사람들은 흔히 자기를 구성하는 본체로서 '아'가 존재한다고 생각합니다. 이를테면 "우리 자녀는 착한 아이야"라든가 "우리 남편은 일밖에 모르는 사람이야"라고 말하는 경우가 여기에 해당합니다. 이때 '착하다, 일밖에 모른다'고 하는 성질이 자녀와 남편을 구성하는 본래적 특성이라고 전제하고 있는 셈입니다. 이처럼 우리는 개인마다 변하지 않는 본질적 특성이 있다고 믿습니다. 불교식으로 말하면, 불변하는 자성自性이 있다고 믿는 것입니다.

하지만 이러한 생각은 합리적 사유가 아닙니다. 앞서도 언급한 적이 있습니다만, 불교에서는 모든 존재나 사건들이 인연의 마주침에 의해서 발생한다고 봅니다. 이를 연기緣起라고 부르는데, 이러한 관점은 세상사 모든 일이 자성에 의해 발생하는 것이 아니라 연기, 즉 다른 것에 '의존하여(緣) 일어난다(起)'고 보는 것입니다. 예컨대 자녀가 착하게 행동하는 것도 무엇인가 원인이 있기 때문이고, 남편이 일밖에 모르는 것도 그럴 만한 이유가 있기 때문입니다. 만약 그들이 무엇인가 다른 인연과 만난다면 그러한 특성은 언제든지 변할 수도 있습니다. 이런 관점으로 세상이나 사물을 보면 '나는 이러이러한 사람이다'고 주장할 만한 고정된 성질이나 불변하는 특성이 없어집니다. 한마디로 무아無我인 셈이죠. 이를 장자님은 오상아라고 표현하셨습니다.

스스로에 대해 불변하는 자성이 없다고 생각하거나 나를 잃어버린 상태가 되면 어떤 점이 좋을까요? 무아나 오상아가 됨으로써 자신을 비우게 되면 자기를 중심으로 세계를 바라보는 시각에서 빠져나올 수 있습니다. 말하자면 자기중심주의에서 벗어날 수 있습니다. 그렇게 되면 열린 마음으로 세상과 마주할 수 있습니다. 꽉 막힌 자의식自意識에서 벗어나 탁 트인 우주의식宇宙意識으로 의식의 수준과 관점이 바뀌게 됩니다. 불교에서는 무아의 경지에 도달해야 집착이 없어져서 고통에서 벗어날 수 있고, 궁극적으로는 열반에 이를 수 있다고 말합니다. 요컨대 먼저 나를 비워야 세상을 '있는 그대로' 바라볼 수 있게 됩니다.

이어지는 '자기'의 이야기를 풀이해보기로 하겠습니다. 자기는 제자에게 "너는 사람의 소리는 들어보았겠지만, 땅의 소리는 들어보지 못했겠지. 설령 땅의 소리는 들어보았을지 모르지만, 하늘의 소리는 들어보지 못했을 것이다"라면서 다시 한번 이해하기 힘든 소리를 늘어놓습니다. 자기는 지금 세 종류의 소리를 이야기하고 있습니다. 인간의 소리, 땅의 소리, 하늘의 소리가 그것입니다. 이러한 소리(籟)와 자기를 잃어버림(吾喪我) 사이에는 무슨 관계가 있을까요? 인간의 소리와 땅의 소리, 하늘의 소리는 각각 무엇일까요? 이어지는 장자님의 말씀을 들어보시면 다소간 이해가 되지 싶습니다. 자기는 안성자유가 소리에 대해 묻는 질문에 다음과 같이 대답했습니다.

> "땅덩어리가 뿜어내는 숨결을 바람이라고 하지. 그것이 불지 않으면 별일 없이 고요하지만, 한번 불면 온갖 구멍에서 소리가 나지. 너도 그 윙윙거리는 소리를 들어보았을 것이다. 산의 숲이 심하게 움직이면 큰 아름드리나무의 구멍들, 어떤 것은 코처럼, 어떤 것은 입처럼, 어떤 것은 귀처럼, 어떤 것은 목이 긴 병처럼, 어떤 것은 술잔처럼, 어떤 것은 절구처럼, 어떤 것은 깊은 웅덩이처럼, 어떤 것은 좁은 웅덩이처럼 제각기 생긴 대로 소리를 내지. 이것들은 때로는 물이 콸콸 흐르듯, 화살이 쌩쌩 날 듯, 심하게 나무라듯, 나직이 숨쉬듯, 절규하듯, 울부짖듯, 깊은 동굴에서 울리듯, 작은 새가 지저귀듯 그렇게 소리를 낸다. 앞에 있는 것이 우우 소리를 내면 뒤에

있는 것이 웅웅 따라서 소리를 낸다. 산들바람에는 가볍게 응답하고 거센 바람에는 크게 화답하지. 그러다 바람이 멈추면 뭇 구멍들이 모두 고요해지지. 너도 나무들이 크게 흔들리다 어느새 작게 흔들리는 모습을 보았을 것이다."

_「제물론齊物論」

바람이 내는 소리를 들어본 적이 있습니까? 시끄러운 사무실에 앉아 있으면 바람의 소리를 들을 수가 없습니다. 인간의 소리만 들리죠. 바람 소리를 듣기 위해서는 한적한 곳으로 가야 합니다. 초록이 무성한 초여름 오후, 홀로 산속을 거닐고 있다고 상상해보시기 바랍니다. 인적이 없는 산속은 고요하고 한적합니다. 당신은 숲속에 길게 놓인 오솔길을 걷고 있습니다. 공기는 맑고 산들산들 바람은 기분좋게 불어옵니다. 시원한 바람이 당신의 피부를 스치며 지나갑니다. 바람이 느껴지시나요? 어딘가에서 여러 가지 땅의 소리가 들려옵니다. 나뭇잎이 스치는 소리, 졸졸 흐르는 개울물 소리, 작은 새가 퍼덕거리는 소리 등등. 그런데 바람소리는 들리시나요?

사실 바람은 그 자체로는 소리가 없습니다. 바람은 다른 사물과 마주칠 때 비로소 소리를 내기 때문입니다. 그러나 그 소리는 정해져 있지 않습니다. 마주치는 사물에 따라 내는 소리가 달라집니다. 바람이 나무 구멍과 마주치면 웅웅거리고, 나뭇잎과 만나면 쓱쓱 거립니다. 시냇물과 부딪히면 졸졸거립니다. 같은 것을 만나더라도 바람의 세기나 방향에 따라서 제각기 다른 소리를 냅니다. 바람이 내는 소리는 본래 바람 안에 들어 있던 것일까요, 아니면 땅의 구멍에 있던 것일까요? 본디 바람소리는 어디에도 없습니다. 공기 중에 이는 바람과 땅의 구멍 사이의 우연한 마주침이 소리의 원천입니다. 바람은 땅의 구멍을 만남으로써 비로소 자신의 소리를 드러낼 수 있었고, 구멍은 바람을 만남으로써 자신의 존재를 확인할 수 있었습니다. 결국 바람소리는 그 어디에도 없지만 한편으로는 어디에나 존재하고 있습니다.

그럼 하늘의 소리는 무엇일까요? 스승 자기는 제자 자유에게 "설령 땅의 소리는 들어보았을지 모르지만, 하늘의 소리는 들어보지 못했을 것이다"고 장담하였습니다. 왜 그랬을까요? 하늘의 소리는 인간의 소리나 땅의 소리와는 근본적으로 성질이 다르기 때문입니다. 하늘의 소리는 그 자체로 독립된 소리가 아니라 인간과 땅이 다양한 소리를 낼 수 있도록 해주는 '근원적인 무엇'입니다. 그 자체로는 형체도 소리도 없지만 모든 소리의 근원이 되는 바람과 기氣, 혹은 바람과 기의 근본이 되는 힘을 뜻합니다. 장자님은 이러한 근본적인 힘을 '도道'라 불렀습니다. 하늘의 소리는 세상만사에 존재하는 여러 소리를 있게 만드는 근본이 되는 힘입니다. 소리를 존재하게 만드는 소리인 셈입니다.

인간의 소리, 땅의 소리, 하늘의 소리가 이루는 관계를 이해한다면 우리는 다음과 같은 통찰에 이르게 됩니다. 우리는 모두 자기가 스스로 소리를 낸다고 생각하지만, 사실은 우리도 모르는 하늘의 소리가 있었기에 가능한 일입니다. 다시 말해, 우리는 자기가 잘나서 지금처럼 살고 있는 줄 알지만 실은 자신도 모르는 하늘의 힘이 작용한 결과라는 점을 잊어서는 안 되겠습니다. 불교식으로 말하면, 지금의 나는 우연한 마주침의 결과입니다. 여기서 말하는 우연이란 하늘의 힘이나 도의 힘이 작용한 결과입니다. 따라서 하늘의 소리를 들을 줄 아는 사람은 저 잘났다고 나대는 법이 없습니다.

한편 하늘의 소리는 혼자서 모습을 드러내지 않습니다. 인간과 땅의 소리를 통해서만 자신을 드러냅니다. 이를 좀 현학적으로 말하면, 하늘의 소리는 초월하면서 동시에 내재하는 것입니다. 그렇기에 현명한 사람이라면 사람의 소리와 땅의 소리를 들을 때 그 속에 내재하고 있는 하늘의 소리를 들을 줄 알아야 합니다. 이러한 능력이야말로 통찰력洞察力이라고 할 수 있습니다. 현상을 보고 그것을 만들어내는 근원이나 본질을 꿰뚫어보는 능력이 있어야 비로소 하늘의 소리를 들을 수 있습니다.

하늘의 소리, 도가 만들어내는 소리는 우리 몸에 달려 있는 귀만으로는 들을 수 없습니다. 신체적 귀가 아닌 영적인 귀가 필요합니다. 남곽자기처럼 나를 잃어버린 상태에서 새롭게 열리는 영적인 귀를 통해야만 비로소 하늘의 소리를 들을 수 있습니다. 그래서 장자님은 우리에게 먼저 자신을 잃어버리라고 조언하고 있는 것입니다. 자기 자신을 먼저 잃어버려야 비로소 하늘의 소리를 들을 수 있고, 그래야만 다시 진정한 나를 찾을 수 있기 때문입니다.

10장

만남-7

심재, 먼저 마음을 굶겨야 참된 변혁이 일어난다

오지랖이라는 말을 들어보셨습니까? 오지랖이란 '웃옷이나 윗도리에 입는 겉옷의 앞자락'을 뜻하는 말입니다. 이 말을 관용적으로 쓸 때는 '오지랖이 넓다'는 표현으로 자주 사용합니다. 어떤 사람에게 오지랖이 넓다거나 오지랖이 넓은 사람이라고 말하면, 이는 좋은 뜻으로 사용하는 것이 아닙니다. 겉옷의 앞자락이 너무 넓으면 그것으로 다른 옷을 넓게 감싸게 되는데, 이것은 오히려 옷맵시를 망치는 일이 됩니다. 해서, 오지랖이 넓어봐야 그다지 쓸모가 없습니다. 이처럼 오지랖이라는 표현을 사람에 빗대어 말하는 경우는 간섭할 필요도 없는 일에 주제넘게 참견하는 사람을 비꼬는 말입니다.

살다보면 간혹 오지랖이 넓은 사람을 만나게 됩니다. 이런 사람은 남의 일에 감 놔라 배 놔라 하면서 관여하거나 훈수 두기를 좋아합니다. 특히나 제 앞가림도 못하는 사람을 보면 그냥 지나칠 수가 없습니다. 자기랑 별 관계도 없는데 끼어들어 이래라저래라 온갖 조언을 늘어놓습니다. 마치 자기가 아니면 세상이 멈출 것 같은 착각 속에 사는 사람이라고 할 수 있습니다. 어찌 보면 재미있고 착한 구석도 있습니다. 그런데 한번 생각해 보시죠. 오지랖이 넓은 사람은 정작 자기 앞가림은 잘하는 것일까요? 제 앞가림은 하고 나서 오지랖 넓게 다른 사람의 삶에 이런저런 참견을 하는 것일까요? 물론 사람마다 다르겠지만, 오지랖 넓은 사람 중에는 제 앞가림도 못하는 사람이 의외로 많습니다. 왜 그럴까요? 바로 답변을 드리기보다 힌트를 드릴 테니 한번 맞춰보시죠. 힌트는 퀴즈로 드리겠습니다.

두 사람의 굴뚝 청소부가 청소를 마치고 내려왔습니다. 한 사람은 얼굴이 더러웠고, 다른 한 사람은 얼굴이 깨끗했습니다. 두 사람 중 누가 세수를 하게 될까요? 정답은 얼굴이 깨끗한 사람입니다. 왜 그럴까요? 얼굴이 깨끗한 사람은 상대방의 얼굴을 본 후, 자기도 얼굴이 더러울 것이라고 생각하기 때문입니다. 반면 얼굴이 더러운 사람은 상대의 깨끗한 얼굴을 보고 자기도 그럴 것이라고 생각해서 세수를 하지 않습니다. 굴뚝 청소부 이야기를 통해 우리는 자신의 얼굴을 객관적으로 보는 것이 의외로 쉽지 않다는 사실을 알 수 있습니다. 이제 처음 질문으로 돌아가보죠. 오지랖이 넓은 사람이 제 앞가림도 못하는 이유는 무엇 때문일까요? 자기 눈에 남의 허물은 잘 보이지만 자신의 허물은 잘 보이지 않기 때문입니다. 더구나 오지랖 넓은 사람은 시선이 온통 타인에게만 향해 있기 때문에 스스로를 바라보고 성찰할 겨를조차 없는 경우가 많습니다. 그러니 제 앞가림도 제대로 못하는 것입니다. 옛 속담에 똥 묻은 개가 겨 묻은 개를 나무란다는 말이 있는데, 오지랖 넓은 사람을 두고 하는 말이기도 합니다.

장자님은 오지랖이 넓은 사람을 경계하였습니다. 제4편인 「인간세」에 이런 대목이 나옵니다. 공자가 제자인 안회와 대화하는 장면입니다. 안회는 공자의 제자 중에서 가장 똑똑한 친구라 스승이 가장 아끼는 제자이기도 합니다. 배경은 이렇습니다. 안회가 공자에게 위나라로 가는 것을 허락해달라고 요청합니다. 위나라 임금이 젊은 혈기에 권력을 남용하고 제 허물을 모른다기에 그 병을 고쳐줄 목적으로 가려는 것입니다. 이에 공자는 다음과 같이 말합니다.

"아서라, 네가 거기 가면 결국 처벌이나 받을 것이다. 무릇 도를 뒤섞어서는 안 된다. 뒤섞으면 갈래가 많아져서 헷갈리고, 헷갈리면 근심, 걱정이 생긴다. 근심, 걱정이 있으면 남을 도울 수가 없다. 옛 지인至人들은 먼저 스스로 도를 굳힌 뒤에 남을 도왔다. 자기 하나 확실히 갖추지 못하고서는 어떻게 포악한 자의 행위에 간여할 수 있겠느냐?"

_「인간세人間世」

『장자』에서 공자가 제자와 대화하는 장면이 자주 나오는데, 이때 공자님 말씀을 장자님 말씀으로 이해하고 들으면 되는 경우가 많습니다. 이 대목도 바로 그런 경우인데, 공자님의 입을 빌려 장자님이 하고 싶은 말을 전하고 있습니다. 아무튼 안회는 지금 위나라로 가서 임금의 허물을 고쳐주겠다고 마음먹고 있습니다. 안회는 입신양명에 목을 매는 인물은 아닙니다. 안회의 목적은 좀더 순수하고 거창합니다. 요즘으로 말하면 그는 사회정의를 실현하고 인권을 보호하기 위해 자기가 나서보려는 것입니다. 이런 안회의 결심에 스승이 만류하고 나섰습니다. 왜 그랬을까요? 스승이 보기에, 결과가 좋지 않을 게 뻔하기 때문입니다. 스승은 무슨 근거로 그런 판단을 내렸을까요? 제자인 안회가 아직 그 정도 수준에 이르지 못했다고 판단한 듯 보입니다.

스승이 제자를 만류한 이유는 크게 두 가지입니다. 첫째는 "근심, 걱정이 있으면 남을 도울 수가 없"기 때문이고, 둘째는 "먼저 스스로 도를 굳힌 뒤에 남을 도울 수 있"기 때문입니다. 이 둘은 겉으로 보기에 다른 말 같지만 실은 한 뿌리에서 생겨난 것입니다. 스승이 제자의 행동을 막아선 가장 큰 이유는 안회의 도가 아직 제대로 정립되지 않았기 때문입니다. 자신의 도가 제대로 서지 않은 상태라 위나라 임금과 뒤섞이면 헷갈리게 되고, 그로 인해 근심, 걱정이 생겨서 결국에는 임금을 돕지 못하는 결과를 낳게 된다는 것입니다. 그렇게 되면 그것에 그치지 않고 포악한 임금의 손에 처벌을 받거나 죽임을 당할 수도 있습니다. 따라서 섣불리 나서기보다 먼저 도를 굳건하게 만드는 일이 우선이라고 본 것입니다. 먼저 스스로 도를 굳힌 뒤라야 비로소 남을 도울 수 있기 때문입니다.

결국 스승이 보기에 안회의 도는 아직 확립이 덜 된 상태입니다. 이 단계에서 남의 나라 임금에게 한 수 가르치겠다고 나서면 그야말로 오지랖 넓은 사람이 되고 맙니다. 제 앞가림도 못하면서 누가 누구에게 훈수를 둘 수 있겠습니까. 유가儒家에서는 군자의 두 가지 기본 과업으로 수기修己와 치인治人을 말합니다. 수기란 자기 자신을 수양하는 일을 말하고, 치인이란 다른 사람을 다스리는 일입니다. 둘 중에서 수기가 먼저고 치인이

나중입니다. 해서, 군자는 먼저 인격적 완성을 위한 학문에 힘쓰고, 그런 다음 세상을 다스리는 일로 나아가야 합니다.

『논어』를 읽어보면, 안회는 공자의 제자 중에서도 가장 학문이 뛰어난 사람입니다. 수기는 충분히 완성한 상태입니다. 따라서 치인을 하겠다고 말하는 안회의 주장은 매우 합당한 요청입니다. 유가적 관점에서 안회는 치인을 할 만한 능력과 조건을 충분히 갖춘 인물입니다. 하지만 그런 안회조차 정치판으로 나아가려는데, 스승이 그를 제지하고 나섰습니다. 안회로서는 그 까닭을 알 수 없습니다. 주변을 둘러봐도 스승을 제외하고는 자기보다 박식한 사람도 없고, 게다가 당대 최고의 스승으로부터 총애를 받을 정도로 수기를 해온 터라 더 그랬을 것입니다. 학식만이 아닙니다. 안회는 인의仁義를 갖추었기에 청렴성에다 도덕성까지 겸비하였다고 자부하는 상태였습니다.

하지만 장자님의 생각은 달랐습니다. 장자님이 보기에 그런 안회조차 아직 때가 아니다고 판단하였습니다. 제아무리 학식이 깊다 한들 현실 정치 경험이 전혀 없는 서생書生이 세상을 자기 마음대로 좌지우지하는 권력자를 설득하는 것은 쉬운 일이 아니며, 이상적인 이론이나 사상으로 군주에게 간언했다간 자칫 목숨을 잃을 수도 있다고 본 것입니다. 장자님은 이상과 현실에 차이가 있으니 그 점까지 충분히 고려한 후 정치판으로 나아가야 한다고 조언하고 있는 셈입니다.

스승의 깊은 뜻에 동의한다 할지라도 제자인 안회의 입장에서는 답답함이 가시지 않습니다. 안회에게는 '그렇다면 언제까지 기다려야 하는가', '정치판으로 나아가기 위해서는 무슨 준비가 필요한가' 등의 의문이 남습니다. 그리하여 스승과 제자의 이야기는 계속 이어집니다. 안회는 스승에게 "이러면 어떻겠습니까, 저러면 어떻겠습니까?" 하며 계속 물어봅니다. 이에 스승은 "이러면 이래서 안 되고, 저러면 저래서 안 된다"며 계속 안 되는 이유만을 들 뿐, 어떻게 하면 되는지에 대해서는 구체적으로 알려주지 않습니다. 지켜보던 사람조차 안회가 안쓰러울 정도입니다. 결국 안회는 더이상 물어볼 말이 없을 정도가 되었습니다. 안회는 자포자기한 듯 마지막 질문을 던졌습니다.

안회가 말했습니다. "저는 더이상 모르겠습니다. 부디 그 방법을 알려주십시오."
공자가 말했습니다. "내가 너에게 말하노니, 재齋하라! 의도적인 마음을 품고 행하면 쉽게 이루어지겠느냐? 쉽게 된다고 하는 자는 하늘도 마땅히 여기지 않을 것이다."
안회가 말했습니다. "저는 가난하여 여러 달 동안 술이나 양념한 음식도 못 먹었습니다. 이 경우 재齋라 할 수 있지 않겠습니까?"
공자가 말했습니다. "그것은 제사 때의 재(祭祀之齋)지 마음의 재(心齋)가 아니다."
안회가 물었습니다. "부디 마음의 재가 무엇인지 말씀해주십시오."
공자가 대답했습니다. "먼저 마음을 하나로 모으라. 귀로 듣지 말고 마음으로 들어라. 다음에 마음으로 듣지 말고 기氣로 들어라. 귀는 고작 소리를 들을 뿐이고, 마음은 고작 사물을 인식할 뿐이지만 기氣는 텅 비어서 무엇이든 받아들이려 기다린다. 도道는 오로지 빈 곳에만 있는 것. 이렇게 비움이 곧 마음의 재(心齋)니라."

_「인간세人間世」

제자의 거듭된 물음에 스승이 마지막으로 알려준 말은 "재齋하라"였습니다. 여기서 재란 굶기다, 비우다의 의미입니다. 흔히 목욕재계沐浴齋戒한다는 말이 있잖습니까? 목욕재계란 부정을 타지 않도록 몸과 마음을 깨끗이 하는 행위를 말합니다. 제사와 같은 의식을 행하는 경우에 사람들은 목욕재계한 상태로 참가하게 됩니다. 안회도 처음에는 재하라는 스승의 말을 단순히 몸과 마음을 청결히 하는 목욕재계 정도로 이해했습니다. 그래서 자신은 여러 달 동안 고기나 술, 자극적인 음식을 먹지 않았으니 이미 재한 상태이지 않느냐고 반문한 것입니다. 그러나 스승은 그것은 제사 지낼 때나 하는 재이며, 자신이 말하는 재는 '마음의 재(心齋)'라고 확인시켜 줍니다. 장자님이 말하는 마음의 재, 즉 심재心齋란 육체적인 혹은 의식적인 재계가 아니라 마음의 재입니다. 마음을 비워야 무엇이든 받아들일 수 있다는 것입니다.

결국 장자님이 말하는 심재의 요체는 허虛, 즉 비움과 관련이 있습니다. 감각적 욕망을 비우고, 분별심을 없애고, 마음을 비워서 텅 빈 상태로 만드는 것을 뜻합니다. 이렇게 모든 것을 비운 상태라야 기氣로 사물을 대하게 되고, 그 빈 곳에 도道가 들어올 수 있게 되는 것입니다. 이렇게 도가 들어올 수 있도록 마음을 비우는 것, 마음을 굶기는 것이 장자님이 말하는 심재입니다. 자신의 내면의 상태를 텅 비게 만드는 심재는 「제물론」에서 내가 나를 잃어버렸다고 하는 오상아와 궤를 같이하는 개념입니다. 자신이든 마음이든 일단 텅 비게 만들어야 그곳에 무언가 새로운 것을 채울 수 있는 법입니다. 우리가 흔히 '수양을 한다', '도를 닦는다'고 할 때 그 행위의 핵심은 무엇인가를 얻거나 채우는 것이 아니라 비우는 것입니다. 일단 비워야 몸이 가벼워져서 비상할 수 있고 비워야 더 좋은 무언가로 채울 수 있습니다. 장자님은 심재, 먼저 마음을 굶기는 일이 참된 변혁의 출발점이라고 조언하고 계십니다. 이를 위해서는 지난번에 말씀하셨던 오상아, 나를 잃어버린 후 진정한 나를 찾는 일도 전제함은 두말할 나위도 없습니다.

11장

만남-8

—

좌망, 앉아서 잊으라!

장자님은 공자님의 입을 빌려 위나라로 나아가려는 안회에게 먼저 '마음을 비워라', 즉 심재할 것을 조언했습니다. 기억나시죠? 그럼 심재를 실천하기 위해서는 어떻게 해야 할까요? 이어지는 안회와 공자의 대화에서 그 힌트를 얻을 수 있습니다.

안회가 말했습니다. "제가 스승님의 가르침을 받기 전에는 제 자신이 실제로 존재하는 것으로 알았습니다. 그런데 가르침을 받고 나니 저라는 존재는 아예 없어졌습니다. 이런 것을 '비움(虛)'이라고 하는 것입니까?"
공자가 말했습니다. "바로 그렇다. 내가 너에게 말하고 싶은 것은 네가 위나라에 들어가 그 울타리 안에서 노닐되 명성 따위에 신경 써서는 안 될 것이다. 위나라 임금이 네 말을 들어주거든 말을 하고, 네 말이 통하지 않거든 말을 그만두어라. 문을 세우지도 말고 담을 쌓지도 말라. 그저 마음을 한결같이 하고 부득이한 때에만 말하면 괜찮을 것이다. 걷지 않기란 쉽지만 걸으면서 흔적을 남기지 않기란 어렵다. 인간사에 끌려다니면 거짓을 저지르기 쉽고, 자연의 이치에 따라 살면 거짓을 저지르기 어렵다. (…) 저 빈 것을 보아라. 텅 빈 방이 홀연히 빛나고 상서로움이 고요함 속에 머무른다. 그런데 마음이 한곳에 머물지 못하면 이를 일러 앉아서 내달림(坐馳)이라 한다."

_「인간세人間世」

무릇 모든 일이 그러하지만, 말도 끝까지 들어봐야 진정한 의도를 알 수 있는 법인가봅니다. 스승은 안회가 위나라로 가는 것을 무작정 만류하려는 것이 아니었습니다. 위나라에서 어떻게 행동해야 좋을지를 알려주기 위해 우선 반대의 말씀을 전한 것입니다. 처음에 스승이 조언한 핵심은 '심재하라'였습니다. 이에 제자가 심재의 진정한 의미를 깨달았다고 생각되자, 비로소 당신이 하고 싶었던 진짜 속내를 슬며시 꺼냅니다.

스승의 논지는 이렇습니다. 제자가 위나라에 가더라도 명성에 연연하지 말고 순리를 따르도록 노력해야 하는데, 이를 위해서는 가만히 앉아 몸과 마음을 고요히 하는 것이 필요하다는 것입니다. 결국 심재의 핵심은 가만히 앉아서 마음을 모으는 일입니다. 만약 몸은 가만히 앉아 있는데, 마음이 함께 앉아 있지 못하고 사방을 쏘다니면 잘못이나 거짓을 저지르게 된다는 것입니다. 텍스트를 꼼꼼히 읽다보면 스승이 꽤나 현실적인 분이라는 사실을 알 수 있습니다. '걷지 않기란 쉽지만, 걸으면서 흔적을 남기지 않기란 어렵다'는 말을 통해, 자기가 보기에도 마음을 고요하게 만드는 일이 쉽지 않다고 말합니다. 세상사와 무관하게 사는 사람이라면 몰라도 사회, 특히 정치에 참여하면서 마음을 비우고 살기란 몹시 어렵다는 점을 스승도 잘 알고 있었습니다. 하지만 그럼에도 마음을 비우고 고요하게 하지 않으면 자칫 잘못을 범할 수도 있다고 우려하였습니다. 결국 정치판에 나아가기 위해서는 먼저 심재의 도를 터득하여 몸과 마음을 차분하게 만드는 일이 선행되어야 한다는 것이 핵심입니다.

몸은 가만히 앉아 있는데, 마음은 가만있지 못하고 이곳저곳을 쏘다니면 어떻게 될까요? 장자님은 이를 매우 재미있게 표현했습니다. 뭐라고 했는가 하면, 좌치坐馳라 불렀습니다. 좌치란 앉아서 내달린다는 뜻입니다. 재미있는 표현 아닌가요? 한번 생각해보세요. 어떤 사람이 지금 방안에 눈을 감고 조용히 양반다리한 채 앉아 있습니다. 그런데 마음은 방밖에 있는 무엇인가에 끌립니다. 가만히 있으려고 하는데 자꾸만 신경이 쓰입니다. 벌떡 일어나서 밖으로 나가지도 못하고, 진득하게 앉아 있지도 못한 채 안절부절하고 있습니다. 좌불안석의 상태입니다. 그래서 앉은 상태로 방문이 있는 쪽을 향해 조금씩 나아가고 있습니다. 어떤 모습인지 머릿속에 이미지가 그려지나요? 이런 우스꽝스러운 상태를 장자님은 좌치, 즉 앉아서 내달린다고 표현했습니다.

좌치란 몸은 앉아 있으나 마음이 평정심을 잃고 이곳저곳을 쏘다니는 상태를 말합니다. 왜 이런 일이 발생하는 것일까요? 그것은 바로 마음을 비우지 못했기 때문입니다. 즉 심재하지 못했기 때문에 마음을 가만히 모으지 못하는 것입니다. 결국 장자님은 심재하는 구체적인 방법으로 고요히 앉아서 마음을 모으는 명상법을 이야기하고 있는 것입니다. 좌치하지 말라는 것입니다. 그렇다면 앉아서 마음을 모으는 상태는 무엇일까요? 장자님은 이를 좌망坐忘이라고 불렀습니다. 좌망은 앉아서 잊는다는 뜻으로, 『장자』 제6편인 「대종사」에 나오는 이야기입니다. 좌망은 「제물론」에 나오는 오상아, 「인간세」에 나오는 심재와 더불어 『장자』의 핵심 개념 중 하나입니다. 그 대목을 한번 살펴볼까요?

안회가 말했습니다. "저는 나아졌습니다."
공자가 물었습니다. "어떻게 나아졌느냐?"
안회가 말했습니다. "저는 예악禮樂을 잊었습니다."
공자가 말했습니다. "좋다. 그러나 아직 멀었다."
얼마 후 안회가 다시 공자를 뵙고 말했습니다. "저는 나아졌습니다."
공자가 물었습니다. "어떻게 나아졌느냐?"
안회가 말했습니다. "저는 인의仁義를 잊었습니다."
공자가 말했습니다. "좋다. 그러나 아직 멀었다."
얼마 후 안회가 다시 공자를 뵙고 말했습니다. "저는 나아졌습니다."
공자가 물었습니다. "어떻게 나아졌느냐?"
안회가 말했습니다. "저는 좌망을 하게 되었습니다."
공자가 깜짝 놀라 물었습니다. "좌망이라니 그것이 무엇이냐?"
안회가 대답했습니다. "손발이나 몸을 잊어버리고 귀와 눈의 작용을 쉬게 합니다. 몸을 떠나고 앎을 몰아내는 것, 그리하여 자연과 크게 하나가 되는 것(大桶), 이것이 좌망입니다."
공자가 말했습니다. "자연과 하나가 되면 좋다 싫다가 없어진다. 변화를 따르게 되니 집착할 것도 없다. 너야말로 과연 어진 사람이다. 나도 너의 뒤를 따라야겠다."

_「대종사大宗師」

여기서도 공자와 안회가 이야기를 나누는 장면입니다. 그런데 「인간세」에서 심재의 가르침을 이야기할 때는 공자가 안회를 깨우쳐주는데, 여기서는 반대로 스승이 제자에게 가르침을 받고 있는 상황입니다. 혹시 이 점이 이상하다고 생각되지 않으십니까? 장자님의 관점에서는 스승과 제자의 구분도 항상 고정된 것이 아닙니다. 사물을 고르게 한다는 제물의 관점에서는 스승과 제자의 역할이 뒤바뀌는 것은 매우 자연스러운 일입니다. 기억나시죠? 오상아를 말할 때 고정된 자아가 없다고 했던 말. 스승과 제자라는 관념도 인간의 좁은 의식이 만들어낸 구분일 뿐입니다. 인간사를 초월한 큰 의식, 우주 의식으로 보면 스승과 제자의 자리는 고정된 것이 아닙니다. 때로는 스승도 제자에게서 배울 수도 있습니다.

16세기 명나라 사상가 중에 이탁오란 분이 계십니다. 그는 유교적 권위에 맹종하기를 거부하고 자유사상을 노래했습니다. 이탁오가 남긴 말 중에 이런 표현이 있습니다. "스승이면서 친구가 될 수 없다면 진정한 스승이 아니다. 친구이면서 배울 것이 없다면 진정한 친구가 아니다." 이탁오 선생도 스승과 제자의 위치는 고정되어서는 안 된다고 보았습니다. 처음에야 당연히 제자가 스승에게 일방적으로 가르침을 받아야겠지만, 어느 정도 시간이 지나면 스승이 제자에게 배울 수도 있어야 한다는 논리입니다. 유교적 관점으로 보자면, 이탁오의 주장은 지극히 반유교적입니다. 하지만 제물의 관점에서 보면, 이는 지극히 당연한 귀결이기도 합니다. 생각해보시죠. 제자가 스승에게 가르침을 받으면 제자의 학식이 조금씩 쌓이게 됩니다. 시간이 흘러 제자의 학식이 높아져서 스승도 배울 게 생긴다면, 이는 스승이 제자에게 제대로 된 가르침을 베풀었음을 의미합니다. 아무리 시간이 흘러도 제자에게 배울 점이 없다는 것은 스승의 가르침에 한계가 있었다고 볼 수도 있습니다. 해서, 스승이 제자에게 배울 점이 생겼다는 것은 매우 바람직한 현상입니다. 일방적인 사제관계에서 서로 배움을 주고받는 관계로 나아가야 진정한 스승과 제자 사이가 되는 것입니다. 이탁오는 이런 상태를 친구가 된다고 표현을 한 것입니다.

이야기가 잠시 옆으로 샌 감이 없진 않습니다만, 다시 본문의 내용으로 돌아가보죠. 스승으로부터 심재하고 좌치하지 말며 마음을 비우라는 가르침을 받은 안회는 물러나서 수양을 쌓았습니다. 수양을 통해 무엇인가 비움을 실천하려고 노력했습니다. 먼저 예악을 잊는 단계에 이르렀습니다. 그랬더니 스승은 "좋다. 그러나 아직 멀었다"고 말합니다. 다시 물러나 수양을 통해 이제 인의를 잊는 단계에까지 이르렀습니다. 이에 스승은 아직 멀었다고 말합니다. 착하고 성실한 안회는 또다시 수양에 들었습니다. 이제 드디어 좌망의 단계에 이르렀습니다. 그랬더니 스승은 깜짝 놀라며 그것이 무엇이냐고 되묻습니다. 알고 보니 스승도 아직 좌망의 단계까지는 이르지 못한 것입니다. 좌망에 대한 제자의 설명을 들은 스승은 이제 제자를 인정하게 되었고, 자신도 제자를 뒤따르겠다고 선언하기까지 합니다. 제자에게 가르침을 주기도 하고, 때로는 찬사를 보내고, 경우에 따라서는 제자로부터 가르침을 청하기도 하는 스승의 모습이 멋집니다. 그렇지 않나요?

스승과 제자 사이에 이어진 이야기에서 핵심은 좌망입니다. 좌망의 의미는 문자 그대로 앉아서 잊는다는 뜻인데, 앉아서 내달린다는 좌치坐馳와는 반대 개념입니다. 심재를 제대로 수양하게 되면 마음을 비우게 되는데, 이 상태가 바로 좌망인 것이죠. 결국 심재와 좌망을 서로 이어주는 개념인데, 심재가 마음의 상태라면 좌망은 그 마음이 겉으로 드러난 모습이라고 보아도 무방하겠습니다. 이 이야기에서 우리가 눈여겨봐야 할 점은 좌망에 이르는 단계입니다. 좌망의 단계는 그냥 마음만 비운다고 도달되지 않습니다. 무엇이 필요할까요? 장자님은 예악과 인의를 잊으라고 요구합니다. 아시다시피, 인의예악은 유가의 핵심적인 가르침입니다. 바로 이 때문에 장자님이 유가 사상가들로부터 이단으로 배척되기도 했습니다.

인의예악은 유교에서 강조하는 육덕六德에 해당하는 것으로 인의가 도덕 윤리에 관한 개인적 규범이며, 예법과 음악을 뜻하는 예악은 사회규범에 해당됩니다. 유교적 관점에서 인의예악은 군자라면 반드시 가져야 될 기본 정신으로, 인의로서 도덕규범을 지키고 예악으로 사회를 다스려야 한다는 논리입니다. 그러나 장자님은 인의예악을 부정합니다. 왜 그럴까요? 그것이 지나치게 강조되면 자연과 하나되지 못하기 때문입니다. 장자님이 보기에 인의와 예악은 그 자체로 자연스럽게 생겨난 것이 아니라 누군가에 의해서 대상화되고 형식화된 도덕규범에 불과합니다. 해서, 이러한 도덕규범을 따르다보면 그것들에 마음을 빼앗겨서 마음을 비우는 데

방해가 됩니다. 장자님이 보기에 인의예악의 도덕 가치는 추구해야 할 대상이 아니라 극복해야 할 대상, 잊어버려야 할 대상인 것입니다. 따라서 마음의 수양을 통해 예악을 잊고, 인의를 잊고 나면 좌망의 단계에 이를 수 있게 됩니다.

지금까지의 논의를 보면, 장자님은 무엇인가를 가지려고 하거나 취하려고 하는 것을 바람직하게 보지 않습니다. 이와는 반대로 이미 가진 것을 버리고 비우고 잊는 것이 도로 나아가는 지름길입니다. 『장자』에 나오는 핵심 개념인 오상아, 심재, 좌망 등은 모두 이와 같은 비움이나 잊음과 관련이 있습니다. 비울수록 더 채울 수 있고, 잊을수록 더 분명해지는 것이 도의 이치이자 하늘의 법칙입니다. 어떻게 하면 비우고 잊을 수 있을지를 각자 고민해보시기 바랍니다.

12장

대화

비본래적 자아를 버리고 참된 자아를 찾아라!

오상수_ 안녕하세요. 소장님. 저 기억하시나요?

장주_ 어서 오세요. 오상수 과장님. 다른 건 몰라도 제가 한 번 본 사람은 귀신같이 기억하는 재주가 있거든요. 그동안 상담소를 다녀간 사람이 많지 않은 탓도 있고요, 하하

오_ 보내주신 레터는 애독하고 있습니다. 저를 꼭 집어 말씀하시는 것 같다는 생각이 들더군요. 혹시 높은 곳에서 저의 일상을 지켜보고 계신 건 아니지요?

장_ 그럴 리가 있겠습니까? 제가 신도 아니고, 하하. 아마 직장인이라면 오 과장님과 비슷한 고민을 하시는 분이 많아서 그런 것이겠지요. 그래, 오늘은 무슨 고민 때문에 찾아오셨나요?

오_ 요즘 일상이 너무 재미가 없고 의욕이 생기지 않습니다. 어떻게 해야 삶의 활력을 되찾을 수 있을까요?

장_ 글쎄요. 직장인 중에서 "일상이 너무 재미있어요!"라고 말하는 사람이 몇이나 있을까요? 아마 거의 없을 것 같은데요. 또, 재미를 위해 직장을 다니는 것도 아니고…….

오_ 그 점에 대해서는 저도 인정하지만, 지금 직장에서 하는 일은 제가 원했던 일이 아니거든요. 저는 경영학과를 나왔기 때문에 기획 업무를 맡고 싶었는데, 당시에는 기획 부서에 자리가 없어서 차선책으로 마케팅 업무를 맡게 되었거든요. 기획 부서에 자리가 나면 옮길 계획이었죠. 그런데 마케팅 업무만 벌써 10년째 하고 있으니 재미가 없을 수밖에요.

장_ 그런데 기획 업무는 왜 하려고 하시죠?

오_ 제가 경영학과를 나온데다 제 적성에도 맞는 것 같고…….

장_ 그렇군요. 그런데 기획 업무가 오 과장님 적성에 맞는다는 것은 어떻게 알게 되었나요?

오_ 제가 하고 싶다는 마음이 들었다는 것은 적성에 맞는다고 봐도 되지 않을까요?

장_ 그럴 수도 있겠군요. 그럼, 이렇게 한번 물어볼게요. 어릴 적 꿈은 무엇이었나요?

오_ 어릴 적 꿈이라……. 시점에 따라 조금씩 바뀌었던 것 같은데요. 과학자가 되고 싶은 적도 있고, 군인이 되고 싶은 적도 있었습니다. 하지만 너무 어린 나이라 세상 물정 잘 모를 때 가졌던 꿈이죠.

장_ 그럼 지금은 세상 물정을 잘 아는 나이가 된 셈인가요?

오_ 모든 것을 안다고 말할 수는 없겠지만, 어릴 때보다는 더 많이 알게 되었죠.

장_ 맞습니다. 아동기나 청소년기보다는 많이 알게 된 것 사실이지만, 그렇다고 해서 세상을 전부 안다고 말하기도 어렵죠. 솔직히 말하면, 세상 물정을 전부 알 수 있는 나이란 존재하지 않습니다. 인간이 신이 아닌 이상, 세상일을 모두 다 아는 것은 불가능합니다. 심지어 세상이 아니라 자기 자신을 제대로 아는 것도 무척이나 힘든 일입니다. 저를 포함해서 자신의 본성과 한계, 가능성과 잠재력을 제대로 아는 사람이 얼마나 있을까요? 제 생각으로는 그런 사람은 거의 없지 않을까 싶습니다. 오죽하면 실존주의 철학자인 키르케고르가 이런 말을 했겠습니까. "자신을 아는 것은 신을 아는 것이다." 그만큼 자기 자신을 아는 것이 힘들다는 뜻입니다.

오_ 소장님 말씀은 아직 제가 저의 본성이나 잠재력을 제대로 알지 못하는 상태라는 뜻이군요.

장_ 그렇습니다. 제 말은 오 과장님이 그만큼 미숙하다는 뜻이 아닙니다. 오 과장님의 잠재력과 가능성이 무궁무진하다는 뜻입니다. 해서, '내 적성에는 기획 업무가 맞다'는 식으로 자신을 한정 짓지 말았으면 합니다. 그리스 철학자인 헤라클레이토스가 이런 말을 했잖아요. "우리는 같은 강물에 두 번 발을 담글 수 없다." 인간은 고정된 존재가 아니라 세월의 흐름에 따라 끊임없이 변천하는 존재입니다. 어릴 적 꿈이 지금은 조금 우스워 보이는 것도 나라는 존재가 그사이에 변했기 때문입니다. 마찬가지로 입사 당시의 오상수와 지금의 오 과장님은 같은 사람이 아니라 전혀 다른 사람입니다. 그사이에 수많은 인연의 마주침으로 인해 변화에 변화를 거듭했습니다. 혹시 장자님이 보낸 편지 중에서 나비의 꿈에 대한 이야기 기억나시나요?

오_ 꿈에 나비가 되어 날아다닌 이야기 말하는 거죠?

장_ 맞습니다. 바로 호접지몽胡蝶之夢과 관련된 이야기인데요. 장자님은 이 이야기를 통해 궁극적으로 말씀하시고자 했던 것이 바로 사물의 변화입니다. 사물이나 사람은 고정된 존재가 아니라 끊임없이 변화하는 존재입니다. 기억나시죠? 지난번 만남에서 물고기였던 곤이 변화하여 붕새가 되어 구만리 장천을 날아간 이야기. 거기서도 붕새는 원래부터 존재했던 것이 아니라 작은 물고기가 변하여 생성된 존재입니다. 장자님이 물화를 이야기하면서 나비를 예로 든 데는 이유가 있습니다. 나비가 바로 붕새처럼 변화의 결과이기 때문입니다. 아시겠지만 나비는 처음부터 나비로 태어나는 것은 아닙니다. 처음에는 날개가 없는 애벌레 상태로 태어나죠. 그러다가 날개를 얻는 변혁의 과정을 거칩니다. 그다음부터 날개를 통해 자유롭게 날아다니게 됩니다. 여기서 중요한 점은 자유를 상징하는 날개는 거저 주어지지 않는다는 사실입니다. 날개는 그것을 얻기 위한 인고의 과정을 견딘 자에게만 주어지는 환골탈태의 선물입니다. 우리 인간도 마찬가지입니다. 자신이 원하는 삶, 자유로운 삶을 위해서는 어떤 업무가 주어지는지보다는 현재의 상태에서 얼마나 변혁의 과정을 잘 거쳤는지, 얼마나 환골탈태했는지가 중요합니다.

오_ 장자님이 저에게 적성에 맞는 업무만 찾지 말고, 현재 업무에서 얼마나 변혁의 과정을 거쳤는지를 돌아보라고 꾸짖는 것 같군요. 좋은 말씀이니 그 점에 대해 한번 생각해보기로 하겠습니다. 그렇지만 환골탈태가 말처럼 쉽지는 않잖아요?

장_ 당연합니다. 사실 변화란 매우 힘든 일입니다. 특히 환골탈태처럼 극적인 변화를 이루어낸다는 것은 쉬운 일이 아닙니다. 생각해보세요. 애벌레가 날개를 갖기 위해 고치 속에서 가만히 고통을 감내하는 일이 얼마나 힘들겠습니까? 하지만 그 과정이 없다면 날개도 얻을 수 없습니다. 장자님은 환골탈태의 변화를 위해서는 먼저 큰 깨달음이 있어야 된다고 말씀하십니다. 어떤 깨달음이냐? 이 이야기는 「제물론」에 잘 나오는데, 결론부터 말하면 인간이 가진 실존적 한계를 초월하여 우리가 사는 세계를 정확히 꿰뚫어 보아야 한다는 것입니다. 제물론은 사물을 고르게 한다는 의미로 옳고 그름, 높고 낮음, 크고 작음과 같은 대립을 초월하여 고르게 세상을 본다는 뜻입니다.

오_ 그럼 세상을 고르게 보려면 어떻게 해야 할까요?

장_ 「제물론」의 핵심 개념은 오상아입니다. 오상아란 내가 나를 잃어버렸다는 뜻인데, 여기서 앞에 나오는 오는 본래적 자기를 말하고, 뒤에 나오는 아는 비본래적 자기를 말합니다. 결국 오상아란 비본래적 자기에서 벗어나 본래적 자기를 찾는다는 뜻입니다. 오 과장님이 '나는 기획 업무가 적성에 맞는 사람'이라고 규정하는 것은 비본래적 자기, 아에 해당합니다. 오 과장님의 본래적 자기 오가 무엇인지는 아직 모르겠습니다. 중요한 점은 먼저 비본래적 자기의 모습인 아를 잃어버려야 한다는 것입니다. 그것이 진정한 나를 찾기 위한 출발이고, 그것이 큰 깨달음을 얻는 과정이기도 합니다.

오_ 불변하는 고정된 실체는 없다, 뭐 이런 말씀이네요.

장_ 그렇습니다. 「소요유」에서는 물고기 곤이 변화하여 붕새가 되는 외형적 변화를 다루었다면, 「제물론」에서는 외형적 변모를 이루기 위한 전제조건으로 내면적 변화를 다루고 있습니다. 외형적인 변화를 위해서는 내면적 변화가 먼저 일어나야 하는데, 그 출발이 비본래적 자기를 잃어버리고 본래적 자기를 찾는 오상아라는 뜻입니다.

오_ 진정한 나를 찾기 위해서는 비본래적 나, 나의 허상에서 벗어나야 하는 것이군요. 그런데 비본래적 나와 본래적 나를 구분하는 일은 쉬운 일이 아닌 것 같은데요…….

장_ 좋은 질문입니다. 장자님은 「인간세」에서 「제물론」의 오상아와 궤를 같이하는 이야기를 하십니다. 장자님은 여기서 '마음을 굶기다'는 뜻의 심재를 말하는데, 이는 마음을 비워야 무엇이든 받아들일 수 있다는 뜻입니다. 결국 심재의 요체는 허虛, 비움과 관련이 있습니다. 욕망을 비우고 분별심을 없애고 마음을 텅 빈 상태로 만드는 것을 의미합니다. 이런 상태라야 비로소 사물을 고르게 대할 수 있고, 그 빈 곳에 도道가 들어올 수 있기 때문입니다. 결국 장자님은 외형적 변혁을 위한 출발점으로 자신을 잊고(吾喪我) 마음을 굶기라(心齋)고 조언하고 있는 것입니다.

오_ 말씀을 듣고 보니 지금까지 저는 저 자신을 너무 모르고 지낸 것 같습니다. 비본래적 자기를 마치 불변하는 속성으로 믿고 그것을 채우기 위해 안달복달하지 않았나 싶네요. 오상아와 심재를 실천하기 위해 조금씩 노력해야겠습니다. 이번에도 소장님과의 대화는 항상 무엇인가를 생각하게 만들어주네요. 오늘도 유익한 말씀을 많이 해주셔서 고맙습니다.

장_ 대화가 유익했다니 저도 기쁩니다. 앞으로도 고민이 생기면 언제든 방문해주십시오.

3부
쓸모
篇

나는 왜 여기에 있는가?

나의 참 쓸모는 무엇인가?

13장

열기

—

나는 쓸모가 없는 사람일까?

드디어 오상수 과장에게도 다른 업무를 할 기회가 찾아왔다. 회사에서 신규사업 추진을 위한 새로운 프로젝트팀이 발족되었는데 멤버로 참여하게 된 것이다. 새로운 팀에서는 기존에 해왔던 마케팅 업무보다는 그가 평소 하고 싶었던 기획 업무가 많을 것으로 판단해 과감히 지원을 하게 되었다.

오 과장이 새로 참여한 조직은 대한그룹의 미래 성장동력을 확보하기 위한 전략사업의 일환이며, 신규 시장에 대한 사업 타당성 검토 및 핵심 경쟁력 확보를 위한 프로젝트팀으로 회사 내에서 내로라하는 정예 멤버로 구성되었다. 회사의 미래 먹거리 창출을 책임지는 팀인 만큼 최고 경영층의 기대와 관심이 컸다. 여기서 좋은 결과를 만들어낸다면 오 과장뿐 아니라 팀 멤버 전원에게 좋은 기회가 될 것이다.

하지만 기대와는 달리 프로젝트 시작부터 여러 난관에 부딪혔다. 우선 새로 시작하려는 전혀 다른 분야라서 해당 영역에 대한 팀원들의 경험과 전문성이 부족했다. 또 여러 사업부에서 차출된 멤버들로 급조된 팀이라 역할이나 업무 분장이 명확하지 않았고, 개인 간의 소통과 협력도 매끄럽게 이루어지지 않았다.

프로젝트 초반에는 해당 산업의 특성을 연구하고 전략적 차별화를 도모하기 위한 방안을 연구해야 했는데, 이러한 과업은 특히 오 과장에게 생소한 업무였다. 오 과장도 자신의 부족함을 인식하고 이를 극복하기 위해 노력했다. 관련 분야의 책도 읽고 인터넷을 통해 자료를 검색했으며 모르는 것이 있으면 전문가에게 물어보기도 했다. 하지만 업무가 빠듯하게 돌아가는 경우가 다반사였고 긴급하게 업무를 처리해야 하는 상황이 많다보니 자연스럽게 오 과장에게는 중요한 업무를 할 기회가 주어지지 않았다.

새로운 프로젝트팀에는 오 과장의 대학 후배인 최고수 대리도 지원을 했다. 최대리는 경영컨설팅 회사에서 컨설턴트로 활동하다가 작년부터 대한그룹의 전략을 수립하는 부서에 입사한 인재로 담당 임원의 적극적인 추천으로 이번 프로젝트에 합류하게 되었다. 나이는 어리지만 사업 전략 수립에 대한 경험도 많고, 지금까지 전략 관련 업무만 해왔기 때문에 직급에 비해 돋보이는 능력을 발휘하였다. 게다가 프로젝트팀을 총괄하고 있는 팀장이 최대리를 총애하였고, 그 결과 직급이나 연차와 무관하게 그에게 중책을 맡기는 경우가 많았다. 이로 인해 오 과장은 중요 업무에서 배제되는 듯한 느낌을 받았고 후배와 비교가 되어 위축감이 들었다.

예전 부서에서는 그래도 나름 능력자라는 소리를 들어왔던 오 과장이었기에 현재 상황이 무척이나 당황스러웠다. 아무리 새로운 업무라지만 자신이 조직의 중심이 아니라 주변으로 밀려났다는 느낌은 충격이었다. 더구나 대학 후배에게 뒤처졌다는 것에 자존심이 상하기도 했다. 그로 인해 급기야는 자신의 처지를 비관하게 되었고, 부서를 옮긴 것에 대해 후회가 되기 시작했다.

그동안 나름 능력 있는 사람이라고 자부했는데 여기서는 왜 소외감을 느끼는 것일까? 나는 원래부터 쓸모없는 사람이었을까? 자신의 쓸모나 존재 이유에 대해서 회의감이 든 오 과장의 머릿속에 불현듯 떠오르는 사람이 있었다. 그길로 오 과장은 장주 소장이 있는 '직장고민상담소'로 발길을 돌렸다.

14장

만남-9

사물(사람)의 쓸모는 정해진 바가 없다

"저 녀석은 커서 뭐가 되려고 저러지?"

아버지가 공부는 하지 않고 놀기만 좋아하는 아들을 두고 한 말입니다. 아마도 아들의 행동이 아버지의 성에 차지 않나 봅니다. 학생인 아들 녀석이 하라는 공부는 하지 않고 딴짓만 열심이기 때문입니다. 저렇게 해서는 커서 뭐가 될지 걱정입니다. 아무짝에도 쓸모가 없어서 빈둥거리지나 않을까 하는 불안감이 앞섭니다. 이런 예는 주변에서 심심치 않게 볼 수 있습니다. 아버지는 지금 아들의 현재 모습을 보고 미래를 예측하고 있습니다. 아들이 지금 하는 꼬락서니(?)를 보아하니 커서도 별 쓸모가 없을 것 같습니다. 그래서 걱정입니다.

학생이 공부는 하지 않고 딴짓만 하는 걸 보고, 저 상태로는 어디에도 쓸모가 없는 인간이 될 것이라고 예측한 아버지의 판단은 올바른 것일까요? 결론부터 말씀드리면 절대 그렇지 않습니다. 인간이나 사물의 쓸모는 그렇게 단편적으로만 평가할 성질이 아니기 때문입니다. 무슨 말인가 하고 의아할 수도 있겠습니다. 이 말은 누군가(또는 무엇인가)의 쓸모에 대한 평가가 고정되어 있지 않다는 뜻입니다. 이 주제는 장자님도 무척이나 강조하는 부분이기 때문에 먼저 관련된 말씀을 들어보고 논의를 이어가기로 하겠습니다.

혜자가 장자에게 말했습니다. "위나라 임금이 준 박씨를 심었더니 거기서 다섯 섬이나 담을 만큼 커다란 박이 열리더군. 그 박에 물을 채웠더니 너무 무거워 들 수가 없고, 쪼개서 바가지를 만들었더니 깊이가 납작해서 아무것도 담을 수가 없더군. 크기만 하고 달리 쓸모가 없어서 그것을 부숴버렸다네."

그 말을 듣고 장자가 말했습니다. "자네는 큰 것을 쓸 줄 모르는군. 송나라에 손이 트지 않게 하는 약을 만드는 사람이 있었는데, 그 약을 손에 바르고 무명을 빠는 일을 대대로 하였다네. 어느 날 지나가던 나그네가 그 소문을 듣고, 금 백 냥을 줄 테니 약 만드는 비법을 팔라고 했다네. 그 사람은 가족을 모아놓고 의논하기를 "우리가 대대로 무명을 빨아왔어도 기껏 금 몇 냥밖에 만져보지 못했는데, 이제 이 약의 비법을 금 백 냥에 사겠다는 사람이 있으니 팝시다" 하였다네. 나그네는 오나라 왕을 찾아가서 그 약을 바치고는 전투시 이용하라고 설명했네. 그때 마침 월나라 왕이 싸움을 걸어오자, 오나라 왕은 그를 장수로 삼았다네. 그는 겨울철에 그 약을 사용하여 월나라 군사들과 수전水戰을 펼친 끝에 큰 승리를 거두었고, 오나라 왕은 그에게 땅을 떼어주고 그를 영주로 삼았다네.

손 트는 것을 막는 약은 한 가지인데, 한쪽은 그것으로 영주가 되고 다른 쪽은 무명 빠는 일밖에 못했으니 똑같은 것을 가지고도 쓰기에 따라 이렇게 달라지는 것 아닌가? 어찌하여 자네는 박으로 큰 술통을 만들어 강이나 호수에 띄워놓고 즐길 생각은 못하고, 깊이가 너무 얕아서 아무것도 담을 수 없다고 투덜대기만 한단 말인가. 자네는 생각이 꽉 막힌 사람일세."

_「소요유逍遙遊」

혜자는 춘추전국시대 제자백가의 한 유파인 명가名家를 대표하는 사상가로, 『장자』에서는 장자의 친구이자 호적수로 등장하는 인물입니다. 명가는 명名과 실實의 문제에 깊이 고민했던 유파인데, 요즘으로 치면 실용주의에 가깝다고 할 수 있습니다. 그런 혜자가 박씨를 심었는데 너무 큰 박이 열려서 아무짝에도 쓸모가 없어 깨버렸다고 푸념을 합니다. 이 말을 들은 장자가 생각이 꽉 막힌 사람이라며 핀잔을 줍니다.

이야기꾼 장자는 혜자의 말을 반박하면서 손 트는 것을 막는 약에 대한 이야기로 말을 시작합니다. 똑같은 약을 가지고도 그것을 어디에 사용하는가에 따라서 결과가 엄청나게 달라진다는 것이죠. 어떤 이는 그것으로 고작 금 백 냥에 만족하지만, 다른 이는 그것을 활용하여 영주가 되기도 했습니다. 이것은 사물의 쓸모를 어떻게 바라보는가에 따라서 유용성이나 가치평가가 달라지기 때문에 생기는 일입니다. 결국 어떤 사물의 쓸모는 그 사물 자체에 정해져 있는 것이 아니라, 그것을 사용하는 사람이 어떤 목적으로 사용하는가에 따라 결정되는 것입니다. 이는 어떤 사물의 쓸모가 고정된 것이 아니라 관점에 따라 변할 수 있다는 것을 의미하기도 합니다. 요컨대 어떤 것에 대한 쓸모는 그것을 바라보는 사람의 관점에 따라 달라집니다.

어떤 사물의 쓸모, 즉 유용성에 대한 시비에 있어서 혜자와 장자의 관점은 서로 다릅니다. 혜자는 사물의 쓸모가 본래부터 정해져 있다고 보았습니다. 그에게 있어 박이란 '물을 담는 데 쓰는 것'이라는 용도가 정해져 있습니다. 그렇기에 위나라 임금이 준 씨에서 열린 박은 너무 커서 그 용도로는 적합하지 않습니다. 한편 사물의 쓸모에 대한 장자의 관점은 혜자와는 달랐습니다. 장자는 모든 사물의 쓸모는 애초부터 정해진 바가 없다고 보았습니다. 박은 물을 담는 데 쓸 수도 있고, 강에 띄워놓는 배가 될 수도 있다는 입장입니다. 쓸모가 고정되어 있는 것이 아니라 다양하게 변할 수 있다는 것입니다.

철학에서는 혜자와 같은 시각을 '본질주의'라 하고, 장자의 시각을 '관점주의'라 부릅니다. 전자는 사물의 용도가 본래부터 정해져 있다고 보는 반면, 후자는 관찰자의 시각에 따라서 달라집니다. 혜자와 장자의 시각 중에서 어떤 쪽이 맞는 것일까요? 여기에 대해서는 정답이 없습니다. 철학사를 살펴보면 모든 사상이나 이론은 끊임없이 논박의 과정을 거치기 때문에 딱 잘라서 어느 것이 맞고 틀린지 단정지어 말할 수 없습니다. 어떤 관점이 세상을 살아가는 데 유용할까요? 혜자와 장자의 관점 중에서 어느 쪽이 삶을 사는 데 더 도움이 될까요? 대부분 눈치챘겠지만, 실생활에서는 장자의 관점이 더 유용합니다. 엄청나게 큰 박을 두고 물을 담는 용도에 부적합하다고 부숴버린 혜자보다는 그것을 새로운 용도로 활용하려는 장자가 훨씬 지혜롭다고 볼 수 있으니까요.

혜자처럼 본질론적 관점으로 세상을 바라보면 고정관념이 많아집니다. 박은 박이고, 배는 배여야 합니다. 위의 이야기에서 장자가 친구인 혜자에게 핀잔을 주면서 마지막에 '꽉 막힌 사람'이라고 표현하죠. 어떤 사물을 고정된 관념으로만 바라보면 꽉 막힌 사람이 되기 쉽습니다. 어떤 사물이나 사태에 대해 새로운 관점을 부정하고, 자기와 관점이 다른 생각을 거부하기 때문입니다. 이런 사람들은 박이 배가 될 수도 있다는 생각 자체를 부정합니다. 생각이 경직되고 융통성이 없어서 다른 사람과 어울리기도 힘들고 문제가 생겼을 때 해결하는 능력도 떨어집니다.

80~90년대 인기 있었던 미국 드라마 중에서 〈맥가이버〉라는 프로그램이 있었습니다. 한국에서도 인기리에 방영된 적이 있습니다. 주인공 맥가이버는 피닉스 재단 소속의 첩보원인데, 특수무기로 중무장한 다른 첩보원인 영화 〈007〉의 제임스 본드와는 달리 무기가 거의 없습니다. 겨우 다용도 칼 한 자루만 휴대할 뿐입니다. 그럼에도 맥가이버는 주변에서 흔히 볼 수 있는 사물이나 도구를 효과적으로 활용해서 매번 위기를 벗어납니다. 그 모습을 지켜본 사람들은 주인공의 뛰어난 임기응변에 감탄하며 박수를 보냅니다. 맥가이버는 혜자와 장자 중에서 어느 쪽에 가까울까요? 당연히 장자입니다. 생각이 열려 있기에 다양한 임기응변이 가능합니다. 만약 그가 혜자와 같은 생각을 가졌다면 첩보원으로서도 낙제점을 받았을 것이고, 위기를 벗어나지 못하고 죽음을 맞았을 것입니다. 쓸모에 대한 장자의 주장은 여러 번 반복됩니다. 이어지는 장자와 혜자의 이야기

를 들어보시죠.

혜자가 장자에게 말했습니다. "우리집에 큰 나무 한 그루가 있는데, 사람들이 가죽나무라 하네. 그 나무의 큰 줄기는 뒤틀리고 옹이가 가득해서 먹줄을 칠 수 없고, 작은 가지들은 오그라지고 꼬여서 자를 댈 수 없을 정도라네. 그래서 길가에 있어도 목수들은 거들떠보지도 않더군. 지금 자네의 말은 이처럼 크기만 하고 쓸모가 없어서 사람들이 거들떠보지도 않는 걸세."
장자가 대꾸했다. "자네는 너구리나 살쾡이를 본 적이 없는가? 몸을 낮추고 엎드려 먹이를 노리다가 이리 뛰고 저리 뛰고 높이 뛰고 낮게 뛰다 결국 그물이나 덫에 걸려 죽기도 하지. 이제 들소를 보게. 그 크기가 하늘에 떠 있는 구름만큼이나 크지만, 쥐 한 마리도 못 잡는다네. 그런데 자네는 큰 나무를 가지고 있으면서 쓸모없다고 탓하고만 있네. 왜 그것을 아무것도 없는 마을의 넓은 들판에 심어놓고, 그 주위를 '하는 일 없이(無爲)' 배회하거나 그 아래 누워 한가로이 낮잠을 자지 않는가? 그렇게 하면 도끼에 찍힐 일도 없고, 아무도 해를 끼치려 하지 않을 텐데 말이야. 어찌 쓸모없음을 괴로워한단 말인가!"

_「소요유逍遙遊」

이번에는 나무에 관한 논의입니다. 혜자는 자기 집에 있는 큰 나무를 두고 쓸모없다고 푸념합니다. 줄기와 가지가 울퉁불퉁하고 굽어 있어서

목재로는 가치가 없다고 주장합니다. 이 역시 사물의 쓸모가 고정되어 있다는 본질론자로서의 시각이 엿보입니다. 그는 지금 나무를 볼 때 '목재로서 가치가 있는지'로만 바라보고 있습니다. 자신의 머릿속에 이미 형성된 쓸모로만 사물을 보는 것입니다. 그런 점이 장자가 보기엔 안타깝습니다. 다른 관점으로 본다면, 평가가 달라질 수도 있을 텐데 말이죠. 구부러진 나무가 집을 짓는 용도로는 적합하지 않을 수 있겠지만 다른 용도, 이를테면 장식품으로 사용하는 경우에는 더 좋을 수도 있습니다. 장자는 큰 나무가 휴식공간을 제공하는 데 유용하다고 말하고 있습니다. 결국 장자는 사물의 쓸모는 고정된 것이 아니라 사람의 관점에 따라 정해진다고 보았습니다. 쓸모는 사물이 아니라 그것을 이용하는 사람에 달렸다는 것입니다.

한편 장자는 사물의 유용성을 어느 한 차원으로만 보고 판단해서는 안 된다고 주장하였습니다. 사물은 보기에 따라 쓸모가 있기도 하고 없기도 합니다. 따라서 어떤 사물에 대해 쓸모의 관점을 다양하게 열어두어야 합니다. 자신의 머릿속에 이미 형성된 쓸모로 사물을 바라보는 것이 아니라 사물 자체에서 쓸모를 찾아내야 한다는 것입니다. 집에 구부러진 큰 나무가 있다면 쓸모없다고 베어버릴 것이 아니라 그것을 어떻게 활용하면 좋을지를 생각해야 한다는 뜻입니다.

다시 처음 이야기로 돌아가보죠. "저 녀석은 커서 뭐가 되려고 저러지?" 하고 아들을 부정적으로 평가하는 아버지는 왜 그렇게 말하는 것일까요? 아들에 대한 쓸모를 아버지의 고정된 관념으로만 바라보고 있기 때문입니다. 아버지는 학생은 공부를 해야 한다는 생각으로만 자녀를 평가하고 있습니다. 아버지는 지금 '공부를 잘하는 학생 = 쓸모 있는 인간'이라는 공식을 머릿속에 넣어두고 아들을 평가하고 있습니다. 이러한 아버지의 시각은 올바른 것일까요? 그렇지 않습니다. 물론 자식이 공부를 잘하길 바라는 부모의 마음이야 이해 못할 바 아니지만, 그렇다고 해서 공부를 잘해야 쓸모가 있다는 생각이 타당한 것은 아닙니다. 장자님이라면 공부를 못하는 아들을 둔 아버지에게 이렇게 조언하지 않을까요? "공부 외에 다른 쓸모를 찾아보시오. 틀림없이 아들에게는 나름의 쓸모가 있을 것이오!"

장자님의 조언에 동의가 되시나요? 아무튼 장자님은 거듭해서 우리에게 강조하고 있습니다. "사물이나 사람의 쓸모는 정해진 바가 없다. 쓸모는 사람이나 사물 그 자체에 따라 미리 결정되어 있는 것이 아니라 그것을 바라보는 사람에 의해 정해진다. 세상에는 버려야 할 것, 쓸모없는 것은 하나도 없다. 쓸모없다고 생각되는 것이 있으면 무작정 없애버리지 말고 새로운 쓸모를 찾아야 한다." 쓸모에 대한 장자님의 이야기를 듣다보면, 비슷한 주장을 펼친 서양 철학자 한 분이 생각납니다. 누군가 하면 니체인데요, 그는 자서전 『이 사람을 보라』에서 이런 말을 남겼습니다. "존재하는 것에서 빼버릴 것은 하나도 없으며, 없어도 되는 것은 없다." 세상 만물은 모두 나름의 쓸모를 가졌다는 뜻입니다. 각자 자신의 쓸모는 무엇일지 깊이 생각해보시기 바랍니다.

15장

만남-10

—

때로는 '쓸모없음'도 가치가 있다

우스갯소리 하나 할까요? 아마 들어본 적이 있으실 겁니다. 옛날에 다섯 손가락이 모여 각자 자기가 최고라며 뽐내고 있습니다. 엄지는 "난 우리 중에 힘이 제일 세!"라며 자랑했습니다. 그러자 검지는 "내가 없으면 방향을 가르쳐줄 수 없어"라고 말했습니다. 이에 질세라, 중지는 "나는 키가 가장 커"라며 우쭐했고, 약지는 "나는 우리 중에서 제일 부자야. 반지를 끼거든" 하면서 으스댔습니다. 이들의 이야기를 가만히 듣고 있던 새끼손가락이 이렇게 말했습니다. "다들 조용히 하고 있어. 니들이 아무리 잘났어도, 내가 없으면 병신이잖아!"

아무것도 내세울 것 없어 보이던 새끼손가락의 통쾌한 승리입니다. 생각해보면 새끼손가락의 논리가 전혀 틀리지 않습니다. 손가락들이 각자 제 잘났다고 우쭐거리지만 실은 모두가 모여서 하나의 손을 이루고 있는 것입니다. 따라서 서로 간의 우열을 논하는 일이 부질없기도 합니다. 아무리 사소한 부분이라도 그것이 없으면 전체를 이룰 수 없기 때문입니다. 거듭 말하는 바이지만, 세상에 존재하는 것 중에서 가치가 없는 것은 하나도 없습니다. 길거리에 굴러다니는 돌멩이 하나, 길가에 핀 이름 모를 꽃 한 송이도 모두 의미가 있고 쓸모가 있는 법입니다. 장자님도 세상만사를 쓸모 있음과 없음으로 구분하는 것을 좋게 보지 않았습니다. 때로는 쓸모없다고 생각한 것이 오히려 더 중요하게 쓰일 때도 있기 때문입니다.

『장자』의 제4편은 「인간세」입니다. 인간세란 글자 그대로 '사람 사는 세상'이란 뜻입니다. 이 편에서 장자님은 우리가 사는 세상에서 벌어지는 구체적 삶의 현실 속에서 어떻게 사는 것이 올바른지에 대해 말씀을 전하고 있습니다. 여기서는 세상 사람들이 특정한 기준으로 사물이나 사람의 쓸모를 구분하는 어리석음을 질타하는 이야기가 많이 나옵니다. 우선 장자님의 이야기부터 하나 들어보시죠.

석石이라는 목수가 제齊나라로 가다가 곡원曲轅이라는 곳에서 사당에 심어진 상수리나무를 보았습니다. 나무의 크기는 수천 마리의 소를 덮을 만했고, 둘레는 백 아름이 넘었으며, 높이는 산을 굽어볼 정도였습니다. 바닥에서 열 길쯤 위에 가지들이 뻗어 있었는데, 그중 배를 만들 수 있는 것만 해도 열 개가 넘었습니다. 그 나무를 쳐다보는 구경꾼이 모여 장터를 이루었는데, 목수 석石은 거들떠보지도 않고 가버렸습니다.

제자가 한동안 이 나무를 구경하다가 급히 석을 쫓아가 물었습니다. "제가 그동안 도끼를 들고 선생님을 따라다녔지만 재목감으로 이처럼 훌륭한 나무를 아직 본 적이 없습니다. 그런데 선생님은 거들떠보지도 않고 지나치시니 어쩐 일이십니까?"

석이 말했습니다. "됐다. 거기에 대해서는 더 말을 말거라. 쓸모없는 나무다. 그것으로 배를 만들면 가라앉고 관을 짜면 금방 썩을 것이다. 그릇을 만들면 쉽게 부서지고 문짝을 만들면 진액이 흐르고 기둥을 만들면 좀이 슬 것이다. 재목감이 아니다. 그러니까 저렇게 오래 살 수 있었던 것이다."

_「인간세人間世」

사물을 바라보는 스승과 제자의 내공 차이가 느껴지지 않나요? 제자의 눈에는 사당에 있는 상수리나무가 지금껏 본 것 중에서 가장 훌륭한 나무였습니다. 그런데 스승은 단번에 '쓸모없는 나무'라고 단정지어 말합니다. 진짜 훌륭한 재목이었다면 지금까지 살아남을 수가 없었을 것이라는 이유를 제시하면서 말입니다. 스승에게는 오랜 목수 경험을 통해 쌓은 연륜이 있었기에 그러한 판단을 내릴 수 있었습니다. 이 대목에서 질문 하나 하겠습니다. 상수리나무를 보고 한눈에 "쓸모없는 나무다"라고 단정 지은 스승의 판단은 올바른 것일까요? 결론부터 말씀드리면, 반드시 옳다고 말할 수 없습니다. 스승의 판단이 오히려 잘못된 것일 수도 있습니다.

사람들은 흔히 한 분야에서 오랜 경험을 가진 사람을 고수高手나 명인名人이라 부르며 그들의 식견을 높게 평가합니다. 자기 분야에 대해서는 그들의 경험과 판단을 존중합니다. 아무래도 다른 사람보다는 자기 분야에서 오랜 경험과 전문성을 갖추었기 때문입니다. 하지만 한 분야에서 오랜 경험을 통해 전문성을 쌓은 사람에게도 약점이 있습니다. 그것은 바로 '고정관념'입니다. 그들은 자기 분야에 대한 생각만 깊이 한 탓에 다른 시각으로 바라보는 능력이 부족한 경우도 있습니다. 특정 분야의 전문가란 그 분야만 죽어라 깊게 파고들어간 사람을 의미합니다. 그래서 그쪽으로는 깊은 식견이 생겼습니다. 하지만 이것을 달리 말하면 다른 분야에는 전혀 관심을 두지 않았다는 뜻이기도 합니다. 당연히 자기 분야를 파헤치느라 다른 곳에 신경을 둘 시간도 여유도 없었던 것입니다. 해서, 전문가 중에는 자기 전공에는 고수인데 다른 분야에는 문외한인 사람이 의외로 많습니다. 소위 '전문성'만을 추구하는 사람들이 빠지기 쉬운 함정이기도 합니다.

이런 이유 때문에 연륜이 쌓이거나 전문성이 높아질수록 주의해야 할 점이 있습니다. 바로 도그마dogma에 빠질 위험입니다. 영국의 역사학자이자 문명비평가인 아놀드 토인비는 이를 두고 '휴브리스hubris'라고 명명했습니다. 휴브리스란 과거에 성공을 경험한 창조적 소수가 자신의 능력과 방법을 우상화함으로써 오류에 빠지는 현상을 뜻합니다. 역사학자인 그가 보기에, 역사를 바꾼 창조적 소수는 자신을 성공으로 이끈 그 능력과 방법을 지나치게 믿어서 나중에는 오류에 빠지는 경우가 많았습니다. 과거의 성공한 경험이 고정관념이 되어서 실패의 원인이 된다는 뜻입니다. 이처럼 한 분야의 전문성만 고집할 경우 그로 인해 독단에 빠질 위험도 함께 커질 수 있습니다.

이런 유형의 사람들이 저지르는 가장 큰 실수는 단순히 독단적인 생각이나 신념을 갖는 것에만 그치는 것이 아닙니다. 그들은 사물이나 타인을 평가할 때도 자기 기준만을 고집하기 쉽습니다. 자기 기준으로 상대를 평가하여 쓸모 있고 없음을 판단하는 것이지요. 물론 이런 것도 매우 통찰력 있는 판단일 때도 있습니다. 하지만 매번 그런 것은 아닙니다. 때로는 독단과 편견으로 흐를 때도 있습니다. 상수리나무에 대한 목수 석의 판단은 어느 쪽에 가까울까요? 목수로서의 연륜이 묻어나는 통찰력 있는 판단일까요, 아니면 도그마에 빠진 휴브리스에 불과한 것일까요? 현재로서는 알 도리가 없습니다. 이어지는 장자님의 말씀을 조금 더 들어보기로 하겠습니다.

> 목수 석이 집에 돌아와 잠을 자는데, 사당의 상수리나무가 꿈에 나타나서 말했습니다. "너는 나를 무엇과 비교하느냐? 사람들이 좋다는 나무들과 비교하느냐? 아가위나무, 배나무, 귤나무, 유자나무 따위는 열매가 익으면 뜯기고 수난을 당하지. 큰 가지는 잘리고, 작은 가지는 꺾인다. 그런 나무들은 자기들의 재능 때문에 삶이 힘들어지는 것이네. 그래서 타고난 수명을 다하지 못하고 중도에 요절하니, 스스로 세상의 공격을 자초한 셈이지. 만물 중에 그렇지 않은 것이 없다네."
>
> "나는 오래전부터 내가 쓸모없기를 바랐네. 몇 번이나 죽을 고비를 넘기고 이제 겨우 쓸모없게 되었는데, 이것이 내 자신에게는 큰 쓸모가 되는 것이지. 만약 내가 쓸모가 있었더라면 이처럼 큰 나무가 될 수 있었겠는가? 그대나 나나 한낱 사물에 지나지 않는데 어찌 그대는 상대방만을 하찮다고 한단 말인가? 그대처럼 죽을 날이 가

까운 '쓸모없는 인간'이 어찌 '쓸모없는 나무'를 운운한단 말인가?"

_「인간세人間世」

장자님은 목수 석의 생각이 잘못되었다고 보았습니다. 통찰력이 아니라 단편적인 견해라는 것이지요. 석은 그 나무를 오로지 목수의 판단 기준인 '재목으로서의 가치'로만 따졌는데, 꿈에 상수리나무가 나타나서 그를 꾸짖고 있습니다. 그 내용을 요약하면 대략 이렇습니다.

먼저 쓸모 있고 없고의 평가는 누구와 비교하는지에 따라 판단이 달라지는데, 흔히 사람들이 좋다고 말하는 쓸모가 꼭 자신에게는 좋은 것이 아니라는 지적입니다. 예컨대 사람들이 좋아하는 과실나무들은 그 쓸모(과일을 맺는 것) 때문에 제 수명을 다하지 못합니다. 현실에서도 이러한 경우를 종종 목격하게 됩니다. 개인이 가진 재능이 오히려 자신의 경력 개발에 해가 되는 경우인데요. 예를 들어보겠습니다. 여기 글씨를 예쁘게 쓰는 재능을 보유한 학생이 있었습니다. 그 학생의 재능은 여러모로 유용했습니다. 학교나 교실에 부착하는 각종 공고문, 안내문 등의 글씨는 모두 그 친구가 도맡아서 만들었습니다. 당연히 그 학생은 선생님으로부터 사랑을 독차지했습니다. 학생의 재능이 소문이 나자, 이제는 다른 반의 선생님도 그에게 도움을 요청하기에 이르렀습니다. 그래서 매일 이리저리로 불려다니게 되었습니다. 결국 그 학생은 어떻게 되었을까요? 학교 성적이 좋지 못해 낙제를 하게 되었습니다. 이리저리로 불려다니느라고 정작 자기 공부를 소홀히 했기 때문입니다.

여기서 우리가 생각해야 하는 것은 쓸모가 있느냐 없느냐가 아닙니다.

중요한 것은 그 쓸모가 누구를 위한 쓸모인가 하는 것입니다. 나무에게 있어서 '목재로서의 쓸모'는 자신을 위한 것이 아닙니다. 목수를 위한 것이죠. 나무 자신의 관점에서 보면, 진정한 쓸모란 하늘이 준 타고난 수명을 다하는 것입니다. 이를 위해서는 세상 사람이나 목수의 공격으로부터 자신을 지켜내야 합니다. 어떻게? 그들의 쓸모에서 벗어나야 합니다. 그래야만 천수를 누릴 수 있습니다. 이런 이유 때문에 사당의 상수리나무도 지금껏 쓸모없기를 바라다가 이제 겨우 그것을 이루었습니다. 그 결과, 목수 석으로부터 쓸모없다는 판정을 받게 되어 이제야 비로소 마음놓고 살 수 있게 되었습니다. 따라서 그 쓸모없음이야말로 얼마나 쓸모 있는 것입니까. 타인에게 무용無用함이 자신에게는 더없는 유용有用함이 된 셈입니다.

한편 상수리나무는 목수 석도 자신도 모두 한낱 사물에 불과한데 누가 누구에게 지적을 하는가 하고 꾸짖었습니다. 너나 나나 서로 잘났다고 우기지만 하늘이나 대자연의 관점에서 보면 둘 다 미물微物일 뿐인데 어찌 자기 기준으로 남을 평가하려 드는가 하면서 따져 묻습니다. 게다가 이제는 아무도 거들떠보지도 않는 덕택에 천수天壽를 제대로 누리게 될 상수리나무가 보기에는 얼마 못 가 죽을 사람이 자기를 운운하는 것 자체가 우스운 일이라는 것이지요. 자신이야말로 쓸모없는 인간이면서 누구의 쓸모를 논하냐는 것입니다. 한마디로 번데기 앞에서 주름잡지 말란 소립니다.

장자님이 목수 석과 상수리나무의 이야기를 통해 궁극적으로 하고 싶은 말은 세상 만물을 대할 때 함부로 쓸모 있고 없음을 속단하지 말라는 것입니다. 쓸모에 대한 판단 자체가 평가하는 사람의 편견이나 독단에 의한 때가 많기 때문입니다. 이런 이유 때문에 나의 쓸모에 대한 타인의 평가에 너무 연연해하지 말라고도 조언합니다. 때로는 쓸모 있음 때문에 해가 되는 경우도 있고, 쓸모없음이 오히려 진정한 쓸모가 되기도 합니다. 야구선수 중에는 고교시절 뛰어난 재능으로 주목받았던 투수가 그 재능 때문에 혹사를 당해 정작 프로에 가서는 힘을 못 쓰는 경우가 바로 이런 케이스입니다. 과실수가 열매 때문에 수난을 당한 경우와 비슷합니다. 반면 고교시절에는 후보선수에 불과했는데, 나중에 세계적인 선수가 되어 이름을 날리는 경우도 있습니다(미국메이저리그 투수였던 박찬호 선수가 여기에 해당합니다). 고교시절에는 재능이 부각되지 않아 별 쓸모가 없는 것처럼 보였고, 그 결과 혹사를 피할 수 있었기 때문입니다. 세상 사람들이 상수리나무를 쓸모없다고 평가한 덕분에 천수를 누릴 수 있게 된 것과 같은 이치입니다.

결국 삶에서 중요한 것은 쓸모 있고 없음이 아니라 그 쓸모로 인해 자신의 궁극적인 삶을 해치지 않는 것입니다. 일단 쓸모없음을 통해 자신을 보존하고 더 큰 쓸모로 나아가는 것이 중요하다는 뜻입니다. 오늘의 요점은 '나는 쓸모 있는 사람인가'가 아닙니다. '나의 궁극적인 쓸모, 큰 쓸모는 무엇인가' 하는 것이 핵심 질문입니다. 스스로에게 한번 물어보시죠. 나 자신의 궁극적인 쓸모, 진정한 쓸모는 무엇입니까? 나의 쓸모는 누구를 위한 쓸모입니까?

16장

만남-11

—

타인을 위한 쓸모가 아니라 나를 위한 쓸모가 중요하다

누구나 느끼는 것이겠지만, 요즘은 취업이 매우 어렵습니다. 취업을 원하는 사람은 넘쳐나는데 좋은 일자리는 많지 않기 때문입니다. 경제학 용어를 사용하면, 수요는 과잉인데 공급은 한정적인 상태입니다. 그렇다보니 경쟁이 심합니다. 취업을 준비하는 사람은 자신을 뽑아줄 기업이 원하는 인재 요건을 맞추기 위해 노력합니다. 말하자면 스펙 쌓기에 열중하게 됩니다. 아무래도 수요자의 입맛에 맞는 스펙을 쌓을수록 매력도가 증가해서 취업에 성공할 확률이 높기 때문입니다.

그런데 취업시장에는 특이한 점이 있습니다. 이론적으로만 놓고 보면, 취업시장은 기본적으로 상호계약에 의해 움직이는 곳입니다. 수요자인 기업과 공급자인 취업 준비생이 서로 조건을 교환하고 상호 합의에 도달하면, 최종적으로 공식적인 근로계약을 맺게 됩니다. 취업시장의 본질이 근로와 보수에 관한 '서로 간의 계약'이다보니 어느 일방의 요구로만은 합의에 이를 수가 없습니다. 수요자는 계약을 바라는데 공급자가 시큰둥하거나 반대로 공급자는 원하는데 수요자가 싫어하면 계약은 아예 이루어지지 않습니다. 해서, 얼핏 보기엔 매우 공정한 게임 같아 보입니다. 하지만 자세히 들여다보면 현실은 전혀 그렇지 않습니다. 매우 일방적인 관계입니다. 수요자(구직자)는 조건을 내세우기보다는 그저 '저를 뽑아만 주세요'라며 선택을 기다리는 경우가 대부분입니다. 마치 마트의 진열대에 놓인 상품이 고객의 선택을 기다리듯 말이죠. 그렇지 않나요? 취업시장은 '상호계약'을 맺는 자리가 아니라 '매매'를 위한 장소라고 보는 편이 좀더 솔직한 표현입니다.

취업 준비생이 구매자인 기업에게 자신을 잘 판매하기 위해 멋지게 꾸미는 과정을 요즘 말로는 '스펙을 쌓는다'고 부릅니다. 스펙을 쌓는 일은 구매자의 쓸모에 맞게 자신의 역량을 화장하는 또는 치장하는 과정이라고 볼 수 있습니다. 사람들은 흔히 얼굴을 곱게 꾸미는 행위를 화장한다고 말하는데, 영어로는 메이크업makeup이라고 부릅니다. 메이크업은 자신의 약점은 숨기고 장점을 돋보이도록 꾸미는 기술을 뜻합니다. 화장을 잘하면 평범한 얼굴도 돋보일 수가 있습니다. 아무래도 요즘은 취업이 어렵다보니 구직자의 입장에서는 보다 많은 스펙에 매달리게 됩니다. 이를 두고 '스펙쌓기 열풍'이라고 부르기도 합니다. 이러한 스펙쌓기 열풍은 작금의 취업 환경이 얼마나 어려운지를 보여주는 징표이기도 합니다.

그런데 취업 활동의 어려움은 요즘에만 국한된 현상은 아닙니다. 우리가 잘 아는 공자님도 구직을 위해 노력한 적이 있습니다. 춘추전국시대에는 이런 행위를 '유세遊說한다'고 표현했습니다. 요즘이야 유세라고 하면,

정치인이 유권자들에게 선전하러 다니는 행위를 말하지만, 춘추전국시대에 유세란 사상가가 왕이나 군주를 찾아가서 자신의 사상을 설명하여 이를 국가의 통치 철학으로 채택할 것을 설득하는 과정을 말합니다. "이러저러한 방법으로 국가를 다스리면 부국강병을 이룰 수 있습니다"라며 말이죠. 이러한 유세가 성공적으로 끝나면 어떻게 될까요? 당연히 그 사상가는 해당 국가에 취입이 됩니다. 말단 공무원으로 취직하는 게 아니라, 곧바로 재상宰相정도의 고위직으로 임명이 됩니다. 요즘으로 말하면, 국무총리 정도의 높은 자리에 오르게 됩니다.

공자님도 말년에 노나라를 떠나 무려 14년 동안 유세를 다녔습니다. 오십대 중반에 구직활동을 14년이나 한 셈입니다. 결과가 어찌되었을까요? 당연히 좋지 못했습니다. 만약 결과가 좋았다면 14년이나 유세를 다닐 이유가 없었겠죠. 나름 이름이 났음에도 가는 곳마다 고객이 호응을 해주지는 않았습니다. 한번은 위나라 위령공이 퇴짜를 놓자, 공자는 "누가 나를 써주기만 하면 1년만 되어도 좋고 3년이면 성과를 낼 텐데"라며 탄식을 했다고 합니다. 지금이야 성인으로 추앙을 받는 공자도 알고 보면 취업에는 여러 차례 실패했던 사람입니다. 이처럼 취업을 위해 노력한 공자를 장자님은 좋게 보지는 않은 듯합니다. 「인간세」에는 접여接輿라는 사람을 등장시켜 이런 공자를 비웃는 장면이 나옵니다. 한번 들어보시죠.

> 공자가 초나라에 갔을 때, 접여接輿라는 미친 사람이 그의 문 앞에서 노닐며 흥얼거렸습니다. "봉황이여, 봉황이여, 어찌 그리 덕이 쇠했나요. 오는 세상은 기다릴 수 없고, 가버린 세상은 되잡을 수

없다오. (…) 그만두시오. 그만두시오. 덕으로 남을 대하는 일. 위험하오. 위험하오. 편을 갈라놓고 달려가는 것. (…) 산의 나무는 스스로 화를 불러들이고 등불은 자기를 태웁니다. 계수나무는 먹을 수 있어 베어지고, 옻나무는 쓸모가 있어 잘립니다. 사람들은 모두 쓸모 있는 것의 쓰임새는 알면서도, '쓸모없는 것의 쓰임새無用之用'는 알지 못한다."

_「인간세人間世」

장자님은 지금 접여를 통해 공자에게 뭐라고 일침을 가합니다. 봉황과도 같은 공자가 덕이 쇠했다고 말하면서 말이죠. 접여의 입을 통해 "그만두시오. 그만두시오. 덕으로 남을 대하는 일"이라고 하는 것은 구직활동, 즉 '덕을 베풀겠다고 하는 유세 활동'을 그만두라는 뜻으로 읽힙니다. 괜히 그 나이에 남의 일에 뛰어들어서 '니 편 내 편' 하는 일은 참여하지 말라는 것입니다. 산에 있는 나무가 보기 좋게 자라서 재목이 되면 사람들을 불러들여서 화禍를 자초하듯, 그러한 행동은 자신의 쓸모 때문에 스스로를 해치는 위험한 일이기 때문입니다.

장자님은 대부분의 쓸모 있는 것들은 그 쓸모 때문에 오히려 자신을 해치는 결과를 가져온다고 보았습니다. 등불이 자신을 태우면서 불을 밝히고 옻나무는 자신의 쓸모 때문에 베어져나간다는 것입니다. 사람들은 '쓸모 있는 것의 쓰임새'만 알지 '쓸모없는 것'의 가치는 모른다고도 말합니다. 타인의 눈에 쓸모가 없어야 잘려나가지 않고 천수를 누릴 텐데 말이죠. 이런 이유 때문에 장자님은 공자가 그 나이에 "나는 아직도 쓸모가 있는 사람입니다"라며 유세를 하고 다니는 모습이 안타깝게 느껴진 것입니다. 장자님의 눈에는 공자도 군주에게 선택받기 위해 억지로 쓸모를 만들어내려는, 요즘 식으로 말하면 스펙을 쌓기 위해 노력하는 사람처럼 보였는지도 모릅니다.

스펙을 쌓는 일은 기본적으로 '타인의 쓸모'에 자신을 맞추는 행위입니다. 말하자면 '작은 쓸모'를 위해 몰두하는 행위에 불과합니다. 물론 요즘처럼 극심한 취업난을 감안했을 때 취업 준비생이 어느 정도 스펙을 쌓는 일은 전략적으로 반드시 필요합니다. 하지만 인생의 대부분을 스펙을 쌓는 일에만 몰두해서는 안 됩니다. 그렇게 되면 자신이 원하는 모습으로 자기를 가꾸는 데 실패할 가능성이 높습니다. 장기적으로는 결코 현명한 행동이 아닙니다. 타인의 입맛에 맞추기 위한 작은 쓸모 때문에 스스로를 위한 '큰 쓸모'를 놓쳐서는 곤란합니다. 해서, 어느 순간(이를테면 취업이 되고 난 이후)부터는 타인의 쓸모가 아니라 자신을 위한 쓸모에 집중해야 합니다.

이렇게 반문하고 싶은 사람이 있을지 모르겠습니다. '직장인이라면 월급을 받는 대가로 조직의 쓸모를 위해 자신을 희생하는 것이 당연하지 않나' 하고 말입니다. 이 주장도 일리가 전혀 없지는 않습니다. 하지만 엄밀하게 말하면 월급이란 자신이 제공하는 노동의 대가로 받는 반대급부이므로 상식적인 수준에서 정당한 노동을 제공하면 충분합니다. 굳이 자신의 쓸모까지 조직의 입맛에 맞추어야 하는 것은 아닙니다. 여기서 잊지 말아야 할 사실은 자신보다 타인의 기대나 입장을 먼저 생각하게 되면 자신이 원하는 삶을 살기 어렵다는 점입니다. 독일 철학자 쇼펜하우어가 이런 말을 했습니다. "타인의 머리는 진정한 행복이 자리잡기에는 너무 초라한 곳이다." 타인을 위한 삶, 타인의 쓸모를 위한 삶을 사는 사람에게는 진정한 행복이 찾아오기 힘들다는 뜻입니다. 타인의 기대나 쓸모에 맞춘 삶이 아니라 자기 자신의 쓸모에 맞추는 것이 더욱 중요합니다.

니체도 타인보다는 자신을 먼저 생각하라고 주장했습니다. "이웃을 항상 자신처럼 사랑하라. 그러나 그에 앞서 자기 자신을 사랑하는 자들이 되어야 한다." 타인보다는 자신의 삶이 우선이라는 의미입니다. 프랑스 철학자 미셸 푸코는 말년에 한 인터뷰에서 비슷한 이야기를 한 적이 있습니다. "우리는 타인에 대한 배려가 자신에 대한 배려에 우선하도록 해서는 안 된다. 자신에 대한 배려가 도덕적으로 우선하는 것이다. 왜냐하면 자신에 대한 관계에 존재론적 우선권이 있기 때문이다." 이들 철학자들은 공통적으로 타인보다는 자신을 먼저 생각하라고 강조했습니다. 타인의 쓰임새에 자신을 맞추려고 노력하는 공자를 질타하는 장자님의 생각과 비슷하지 않나요?

그런데 장자님은 '쓸모없음의 쓸모'만을 주장하지는 않았습니다. 다음의 이야기를 한번 들어보시죠.

> 장자가 숲속을 걷다가 잎이 무성한 큰 나무를 보았습니다. 나무 옆에 나무꾼이 있었지만 베지 않고 가만히 있었습니다. 장자가 그 까닭을 물으니 그는 "아무짝에도 쓸모가 없기 때문"이라고 말했습니다. 장자가 말했습니다. "이 나무는 재목감이 아니어서 천수를 누리는구나."

장자가 산을 내려와 옛 벗의 집에 머물렀습니다. 벗은 반가워하며 머슴에게 거위를 잡아 요리해 오라고 일렀습니다. 머슴이 물었습니다. "한 마리는 잘 울고, 다른 한 마리는 잘 울지 못합니다. 어느 것을 잡을까요?" 주인이 대답했습니다. "울지 못하는 것을 잡아라." 다음날 제자들이 장자에게 물었습니다. "어제 산속의 나무는 쓸모가 없어서 천수를 다할 수 있었고, 지금 이 주인집 거위는 쓸모가 없어서 죽었습니다. 선생님은 어느 쪽을 택하시렵니까?" 장자는 미소를 지었다.

_「산목山木」

제자가 지금 장자님께 따져 묻고 있는 상황입니다. 어제 산속의 나무는 쓸모가 없어서 살아남았는데, 거위는 쓸모가 없어서 죽었으니 도대체 어찌 된 것이냐는 질문입니다. 이에 장자님은 왜 답을 하지 않고 웃기만 했을까요? 장자님은 지금까지 여러 이야기를 통해 쓸모없음의 쓸모를 강조하셨고, 더 나아가 타인의 쓸모에 맞추는 것보다는 자신의 쓸모에 집중하는 것이 필요하다는 말씀도 하셨습니다. 하지만 이번 이야기에서는 한 단계 높은 차원의 말씀을 하고 있습니다. 제자의 질문에 웃음으로 답하신 장자님의 속내를 제가 대신 말하면 이렇게 말할 수 있을 것입니다. "쓸모없음의 쓸모도 알아야 한다. 그러나 그렇다고 해서 쓸모없음이 반드시 좋은 것만은 아니다. 궁극적으로는 쓸모 있음과 없음, 어느 한쪽에 매여서는 안 된다. 쓸모의 차원을 넘어선 무심의 경지, 절대 자유의 경지에 도달하는 것이 더 중요하다."

결국 자신이 쓸모 있고 없음에 집착하는 차원을 넘어서라는 뜻입니다. 지향점이 어디가 되었던 누군가의 쓸모에 맞추려고 자신을 수단화하지 말고 자신이 지향하는 삶의 목적에 충실하라는 의미입니다. 중세의 신학자인 마이스터 에크하르트 수사가 이런 말을 했습니다. “인간이 깊이 생각해야 할 것은 내가 무엇을 행해야 할 것인가보다는 나는 과연 어떤 존재인가이다.” 삶에서 중요한 것은 수단이 아니라 목적이란 뜻입니다. 자신이 ‘쓸모 있는 사람인가’보다는 나는 ‘내가 원하는 삶을 살고 있는가’ 하고 묻는 것이 훨씬 중요하다는 뜻입니다. 그러기 위해서는 타인의 쓸모가 아니라 자신의 쓸모에 초점을 맞춘 삶의 자세가 반드시 필요합니다. 기억하고 계시죠? 타인의 머릿속에는 나의 행복이 자리잡기 힘들다는 쇼펜하우어의 주장을…….

17장

만남-12

자신의 진정한 쓸모를 찾아라!

속담에 '개똥도 약에 쓰려면 없다'는 말이 있습니다. 평소에는 별 쓸모없는 것이 정작 쓸모가 생겼을 때는 구하기 힘들다는 말입니다. 이 속담에서도 알 수 있듯이, 특정 물건의 쓸모 여부는 이미 정해져 있는 것이 아니라 상황에 따라 달라집니다. 다시 말해 쓸모에 대한 평가에는 불가피하게 가치판단이 따를 수밖에 없다는 뜻입니다. 사람도 이와 마찬가지입니다. 누군가가 쓸모 있는 사람인지의 여부는 가치판단에 따라 그 결과가 달라질 수도 있습니다.

흔히 사람들은 특정인을 두고 '아무짝에도 쓸모없는 인간'이라며 야박한 평가를 하기도 합니다. 영화 〈포레스트 검프〉에서 톰 행크스가 연기한 주인공 포레스트 검프의 어린 시절이 바로 그랬습니다. 어릴 적 포레스트는 남들보다 지능이 낮고 불편한 다리 때문에 보조기를 찼다는 이유로 친구들로부터 놀림을 당했습니다. 친구들은 왜 그를 놀렸을까요? 그가 가진 장애로 인해 별 쓸모가 없는 사람이라고 평가되었기 때문입니다. 하지만 그는 자신에 대한 가치평가를 보란듯이 뒤집고 맙니다. 남들보다 잘 달릴 수 있다는 사실을 발견한 그는 자신의 재능을 활용해 대학 미식축구팀 특기생으로 입학하고, 재학중 미식축구리그에서 우승을 이끌어냅니다. 졸업 후 베트남전쟁에 자원한 그는 전쟁에서 수많은 동료를 구하기도 합니다. 전쟁중 배운 탁구로 미국 국가대표로 선발되어 중국과의 핑퐁외교에서 주역으로 활약하기도 하였습니다. 이후 사업가로 변신한 그는 억만장자가 되기도 합니다. 한마디로 친구들에게 쓸모없는 인간으로 놀림을 받던 그가 완전히 쓸모 있는 인간으로 탈바꿈한 것입니다.

이를 보면 알 수 있듯이, 특정 사물이나 사람의 쓸모는 어떤 관점에서 바라보는가에 따라 결과가 달라질 수밖에 없습니다. 따라서 특정 대상의 쓸모 여부를 판단할 때 섣부른 평가는 주의가 필요합니다. 장자님도 쓸모에 대한 판단에 있어 섣부른 판단을 경계하라고 강조하였습니다. 「덕충부」에는 장애를 가진 사람의 이야기가 많이 나옵니다. 그중 노나라 사람으로 형벌을 받아 발 하나가 잘린 왕태라는 사람의 이야기도 있습니다. 몸이 불구임에도 왕태에게는 따르는 사람들이 많았습니다. 그 숫자가 공자와 맞먹을 정도였습니다. 이를 의아하게 여긴 공자의 제자 상계가 그 연유를 물었습니다. 이어지는 공자와 상계의 대화를 들어보시죠.

> 공자가 대답했습니다. "그는 성인이다. 나도 꾸물거리다가 아직 찾아뵙지 못했지만, 앞으로 스승으로 모시려고 하는데, 나보다 못한 사람들이야 말할 것이 있겠느냐? 어찌 노나라 사람들뿐이겠느냐?

나는 온 세상 사람을 이끌고 그분을 따르려 한다."

상계가 말했습니다. "외발인 그분이 선생님보다 훌륭하다니, 보통 사람들과는 큰 거리가 있습니다. 그런 사람의 마음은 어떤 것인가요?"

공자가 대답했습니다. "죽고 사는 것이 큰일이지만, 그런 것으로 이랬다저랬다 하지 않는다. 비록 하늘이 무너지고 땅이 꺼져도 꿈쩍하지 않는다. 거짓이 없는 경지를 꿰뚫어보고 사물의 변천에 요동하지 않는다. 사물의 변화를 운명으로 여기고 그 근본을 지킨다."

상계가 말했습니다. "그것이 무슨 뜻입니까?"

공자가 대답했습니다. "다름의 입장에서 보면 간과 쓸개도 초나라와 월나라처럼 멀지만, 같음의 입장에서 보면 만물이 모두 하나다. 그런 사람은 귀나 눈이 옳다고 하는 것에 상관하지 않고, 덕에서 나오는 평화의 경지에서 마음을 노닐게 한다. 사물에서 하나됨을 보고, 그 잃음을 보지 않는다. 그러니 발 하나 떨어져나간 것쯤은 흙덩어리 하나 떨어져나간 것에 지나지 않지."

_「덕충부德充符」

공자는 제자 상계의 질문에 장애를 가진 왕태에게 사람이 따르는 이유를 설명해줍니다. 왕태의 인품에서 가장 돋보이는 점은 사물이나 세상의 변화에 꿈쩍하지 않는다는 것입니다. 그는 사물의 변천에 요동하지 않고 그 변화를 운명으로 여겼습니다. 이런 마음 자세 때문에 형벌을 받아 발 하나가 잘려나가는 고통을 당해도 꿈쩍하지 않고, 그것을 운명으로 받아들이며 자신의 근본을 지킬 수 있었습니다. 발이 잘려나가는 상황에서도 흔들림 없는 자세는 보통 사람들이 감히 따라 하기조차 힘든 경지입니다. 그렇기에 불구인 왕태에게 많은 사람이 따르게 된 것입니다.

사물의 변천에도 요동하지 않고 근본을 지키는 자세. 이러한 삶의 태도는 스토아파 철학자인 세네카도 강조했던 바이기도 합니다. 그는 현명한 사람은 모든 것을 잘못 해석하지 않는다고 주장하면서 사물이나 사태에 대한 가치평가의 중요성을 강조했습니다. 그의 저작 『인생론』에 나오는 주장은 다음과 같습니다. "현명한 사람은 자족할 것이다. (…) 만약 질병이나 전쟁으로 한쪽 손을 잃게 되거나 사고로 한쪽 다리 혹은 두 다리를 모두 잃는다고 해도 현명한 사람은 남은 것에 자족할 것이다." 세네카의 주장을 들어보면, 불행한 사고를 당한 사람을 앞에 두고 너무 무책임한 말이나 지껄이는 것이 아닌가 하는 생각이 들지도 모르겠습니다. 물론 보통의 사람에게 다리나 손을 잃는 사건은 분명 충격적인 사고입니다. 하지만 그럼에도 해석을 잘 내리는 것은 당사자에게 중요하면서도 매우 필요한 일입니다.

공자가 극찬한 왕태도 그랬듯이, 한쪽 다리를 잃었다고 해서 삶이 끝장나는 것은 절대 아닙니다. '왜 나에게 이런 일이 생겼을까' 하면서 신세한탄을 해봐야 잃어버린 것을 되찾을 수는 없습니다. 중요한 것은 현재 상태를 있는 그대로 받아들이고 그 지점에서 새롭게 시작하는 마음입니다. 감정적 판단을 배제한 채 이성적으로만 판단한다면, 다리의 정상적인 숫자는 단지 만들어진 관념에 불과합니다. 바다에 사는 꽃게는 통상 다리가 10개입니다. 하지만 꽃게는 그중 하나가 떨어져나가도 좌절하거나 삶을 포기하지 않습니다. 남은 9개에 만족하면서 삶을 살아갑니다. 이런 면으로만 보자면 꽃게가 인간보다 현명한 면도 있습니다. 세네카의 주장처럼 현재 상태에 자족할 줄 알기 때문입니다. 이를 장자님 표현으로 말하면, "사물의 변화를 운명으로 여기고 그 근본을 지키는" 상태라 말할 수 있습니다.

왕태에게 배울 점이 하나 더 있습니다. 사물을 바라보는 관점입니다. 왕태는 사물이나 사람을 바라볼 때 다름이 아니라 같음의 입장에서 바라볼 줄 압니다. "다름의 입장에서 보면 간과 쓸개도 초나라와 월나라처럼 멀지만, 같음의 입장에서 보면 만물이 모두 하나"이기 때문입니다. 발이 하나뿐인 왕태를 볼 때, 다름의 입장으로 보면 서로 먼 사람처럼 다르게 느껴집니다. 발이 두 개인 사람은 정상이고 발이 하나인 사람은 불구라며 구분합니다. 하지만 같음의 입장에서 보면, 왕태도 다른 사람과 별 차이가 없습니다. 눈과 코와 입이 같고 오장육부가 같고 두 팔과 양손이 똑같습니다. 전체 중에서 아주 조금 차이가 있을 뿐입니다. 서로 동일한 사람이기에 가깝게 느껴지고 하나가 됩니다. 그렇지 않나요?

세상을 바라볼 때 다름의 입장에서 볼 것인가, 같음의 입장에서 볼 것인가의 태도는 일상생활에서 매우 중요한 문제를 야기하기도 합니다. 이를테면 꾸준히 사회적 이슈가 되고 있는 왕따 현상이 대표적인 사례입니다. 왕따 현상은 왜 생기는 것일까요? 그 이유는 특정인에 대해 정상인과는 다르다고 인식하기 때문입니다. 하지만 이러한 인식은 올바른 것이 아닙니다. 특정인을 다름의 관점에서 바라보았기 때문에 생긴 결과일 뿐입니다. 만약 따돌림의 대상이 되는 사람을 같음의 입장에서 바라보면 모두가 똑같은 사람입니다. 결국 실제가 아닌 관점의 문제 때문에 서로 간의 차별이 생긴 것입니다.

이처럼 세상을 다름의 입장에서 바라보게 되면 우리의 눈과 귀는 옳고 그름, 좋음과 나쁨, 정상과 비정상, 선과 악 등을 구분하느라 정신이 없습니다. 반면 같음의 입장에서 세상을 바라보면 그러한 구분에 상관하지 않게 되어 마음이 "덕에서 나오는 평화의 경지"에서 노닐게 됩니다. 결국 타인을 위해서가 아니라 자신을 위해서도 같음의 입장을 견지하는 것이 중요합니다.

타인과의 원만한 관계 형성이나 어울림을 위해서도 같음의 입장을 견지하는 것이 좋습니다. 타인과 구분하고 편을 가르기보다 함께 어울려 하나가 되기 위해서는 같음의 입장에서 타인을 바라보는 것이 필요합니다. 그래야만 마음이 평안해지고 타인과 원만한 관계를 유지할 수 있습니다. 이런 이에게는 왕태처럼 많은 사람이 따르게 됩니다. 공자라면 이런 사람을 '군자君子'라고 부를 것입니다. 『논어』에 이런 문구가 나옵니다. "군자는 화이부동하고, 소인은 동이불화한다(君子和而不同, 小人同而不和)." '군자는 다름을 인정하고 다른 것들과 조화를 도모하지만, 소인은 다름을 인정하지 못하고 무엇이든 같게 만들려고 한다'는 뜻입니다. 공자의 관점으로도 다름을 추구하면 소인, 같음을 추구하면 군자입니다.

'쓸모없음의 쓸모(無用之用)'를 강조했던 장자님은 쓸모가 결국에는 가치판단의 결과라고 보았습니다. 나아가 그 판단을 누구의 관점에서, 어떤 시각(다름 또는 같음)으로 바라보는가에 따라 평가 결과는 전혀 달라질 수 있다는 점도 강조했습니다. 여기서 「인간세」에 나오는 장자님 말씀을 하나 더 들어보시죠.

> 송나라 형씨荊氏라는 곳은 개오동나무, 잣나무, 뽕나무가 잘 자라는 곳이었습니다. 굵기가 한 움큼이 넘는 것은 원숭이를 매어두는 말뚝을 만드는 사람이 베어가고, 서너 아름 되는 것은 집 짓는 이가 마룻대 감으로 베어가고, 일고여덟 아름 되는 것은 귀족이나 부상들이 널감으로 베어가서 주어진 수명을 다 누리지 못하고 도끼에 찍혀 죽었습니다. 이것은 스스로 재목감이 되었기에 당한 재난입니다.
> 이마에 흰 점이 박힌 소나 코가 젖혀진 돼지, 치질을 앓는 사람은 황하 신에게 제물로 바칠 수가 없습니다. 무당들은 이것들을 상서롭지 못한 것으로 여기지만, 신인神人들은 오히려 이를 크게 상서로운 것으로 여깁니다.
>
> _「인간세人間世」

여기서는 쓸모 있는 나무들은 천수를 다하지 못하고 잘려 죽는다는 이야기가 나옵니다. 나무는 원래 인간을 위한 재목이 되기 위해 존재하는 것일까요? 그렇지 않습니다. 좋은 재목감이라는 말은 지극히 인간 중심적 관점일 뿐입니다. 나무의 입장에서는 사람에게 필요한 재목이 되기보다 하늘이 내려준 재능을 발현하고 천수를 누리는 것이 더욱 중요한 일일 것입니다. 이야기를 통해 장자님이 우리에게 전하고 싶은 말은 조급하게 조그마한 쓸모에만 집착하여 거기에 목을 매고 살지 말라는 것입니다.

예를 들어 설명해보죠. 취업 준비생이 원하는 직장의 입사 면접에서 불

합격을 당했다고 칩시다. 이것은 불행한 일인가요? 아마 대다수 사람들은 이런 경우를 불행한 일로 해석할 것입니다. 하지만 장자님이라면 이 상황은 크게 실망할 것도 낙담할 일도 아니라고 말할 것입니다. 타인의 주관적 쓸모의 기준에 의해 자신의 가치를 제대로 평가받지 못한 일에 대해 너무 큰 의미를 둘 필요가 없으며 조그마한 쓸모에 조급하게 목을 맬 필요가 없기 때문입니다. 세상에 직장이 그곳밖에 없는 것도 아니고 이번 실패가 더 좋은 직장을 구하기 위한 기회가 될 수도 있습니다. 여기서 중요한 것은 입사 면접에서 떨어진 상황을 긍정 또는 부정, 성공 또는 실패 등 어떻게 해석할 것인가의 문제가 아닙니다. 더 중요한 것은 이런 과정을 통해 자신이 부족한 부분을 발견하고 진정한 자아실현을 위해 무엇을 할 수 있을지를 깨닫는 일입니다. 이를 위해서는 타인의 기준이나 작은 쓸모가 아니라 자신의 진정한 쓸모가 무엇인지를 깨닫는 것이 필요합니다. 그래야만 자신의 원하는 삶을 살 수도 있고 진정한 행복에 이를 수도 있기 때문입니다.

18장

대화

—

더 큰 쓸모를 위해 차근차근 준비하라

오상수_ 안녕하세요. 소장님!

장주_ 어서 와요. 오상수 과장님. 부서를 옮기셨다는 이야기는 들었습니다. 요즘은 한창 바쁘실 텐데, 어쩐 일로 이렇게 손수 왕림하셨습니까?

오_ 예. 새롭게 옮긴 부서가 신규사업을 추진하는 팀이라 이것저것 할 일도 많고 정신이 없습니다. 하지만 아무리 바빠도 소장님을 뵙는 시간도 내지 못할 정도는 아닙니다.

장_ 그렇군요. 예전에 만났을 때보다 얼굴이 좋아 보이지는 않네요. 요즘 하시는 일이 많이 힘드신가요?

오_ 업무가 생소해서 조금 힘들긴 한데, 진짜 힘든 건 몸이 아니라 마음입니다. 예전에는 그런 생각을 한 번도 해본 적이 없었는데, 요즘에는 제가 전혀 쓸모가 없는 사람이 아닌가 하고 자괴감이 들 때가 많습니다.

장_ 그래요? 오 과장님 같은 능력자가 그런 말씀을 하시니 좀 의외군요. 그동안 무슨 일이 있었는지 차근차근 말씀을 좀 해주시죠.

오_ 제 입으로 이런 말을 하면 좀 이상하게 들릴 수도 있겠지만, 실은 제가 예전 부서에서는 그래도 나름 '일 좀 한다'는 평가를 받았거든요. 그런데 새로 옮긴 부서에서는 제 실력이 남들에 비해 뒤떨어지는 것 같고, 직속 상사인 팀장도 저의 능력을 그다지 높게 평가하지는 않는 것 같습니다. 해서, 자존심이 상하기도 하고 괜히 부서를 옮겼나 하는 후회가 들기도 하네요.

장_ 아, 그렇군요. 예전과 달리 지금 부서에서는 왜 그런 일이 생겼다고 생각하시나요?

오_ 가장 큰 이유는 새로 맡게 된 일이 익숙하지 않아서 그런 게 아닌가 싶습니다. 아시다시피 저는 입사 이래 지금까지 마케팅 업무만 해왔거든요. 그래서 특정 상품을 어떻게 하면 잘 팔 수 있을까를 주로 고민했는데, 지금 하는 일은 새롭게 사업을 시작하기 위해 시장을 분석하고 전략을 짜는 일이라 아무래도 업무 경험이나 전문성은 없는 편입니다.

장_ 그렇다면 특별히 문제가 있는 건 아니지 않나요? 이전에 해본 적 없는 일을 처음 시작하는 것이니까 경험이나 전문성이 없는 것은 당연한 것 아닌가요?

오_ 그렇긴 합니다만, 그래도 같은 부서에 일하는 동료 중에는 같은 대학 출신의 후배도 있거든요. 그는 전략 부서에서 온 친구라 그런지 저보다 나이는 어리지만 훨씬 전문가처럼 느껴지거든요. 그래서 그런지 팀장도 저에게는 허드렛일만 주는데 그 친구에게는 중요한 일도 척척 맡기는 것 같습니다. 상황이 이렇다보니 '내가 후배보다 쓸모가 없는 인간인가'

하는 생각이 들면서 자격지심이 들 정도입니다.

장_ 같은 부서에서 근무하는 후배가 자기보다 더 잘나간다는 생각이 들면 열등감이 생기기 쉽죠. 그런데 열등감은 왜 생기는지 아십니까?

오_ 그야 자기보다 우월한 존재가 있으니까 생기는 것이지요.

장_ 정확히 잘 알고 계시는군요. 열등감劣等感이란 '자신이 남보다 못하다고 느끼는 감정'을 말합니다. 그러니까 열등감이 생기는 이유는 바로 자신을 다른 사람과 비교하기 때문입니다. 만약 비교를 하지 않는다면 열등감을 느끼고 말고 할 이유조차 없습니다. 로빈슨 크루소처럼 무인도에 홀로 사는 사람은 절대 열등감을 느끼지 않습니다. 비교 대상이 없기 때문이죠.

오_ 지당한 말씀이긴 합니다만 우리가 사는 현실은 무인도가 아니잖아요. 직장에서 다른 사람과 함께 일하면서 비교를 하지 않을 도리가 없지 않습니까?

장_ 맞습니다. 직장인들은 어쩔 수 없이 다른 사람과 어울리며 살아갈 수밖에 없습니다. 그렇다보니 자연히 다른 사람과 비교하게 되고 또 그 과정에서 여러 가지 감정적 동요를 겪을 수밖에 없습니다. 하지만 그럼에도 열등감에 처한 상태로는 원만한 직장생활도 어렵고 행복한 삶을 영위할 수도 없습니다. 무엇인가 방법을 찾아야 합니다.

오_ 그게 바로 제가 이렇게 소장님을 찾아온 이유입니다. 무슨 방법이 없을까요?

장_ 앞서 말씀하시길 오 과장님 스스로를 '내가 쓸모없는 인간 아닐까' 하고 의구심이 든다고 하셨는데, 이 쓸모에 대해서 좀더 자세히 생각해볼 필요가 있습니다. 우선 새로 옮긴 부서에서 쓸모없다는 평가는 사람에 대한 평가인가요, 아니면 특정한 업무에 대해 내린 평가인가요?

오_ 글쎄요. 생각해보니 사람에 대한 평가라기보다 해당 업무에 대해 제가 쓸모없다고 보는 편이 타당하겠는데요.

장_ 맞습니다. 올바른 판단입니다. 우리가 흔히 특정한 사람에 대해서 쓸모가 있다 혹은 없다는 식으로 평가하는 것은 합리적이지도 않고 올바른 태도도 아닙니다. 이 세상에 존재하는 사람과 사물에게는 모두 나름의 쓸모가 있습니다. 기억나실지 모르겠지만, 제가 보내드린 편지에서 '손을 트지 않게 하는 약을 만든 사람' 이야기를 들려드린 적이 있습니다. 손을 트지 않게 하는 비법을 어떤 사람은 빨래를 하는 데 유용하게 사용하지만, 다른 사람은 겨울철에 수전水戰에서 승리하는 용도로 사용하기도 합니다. 결국 특정한 사물의 쓸모는 그 자체로 정해져 있는 것이 아니라 사용하는 사람이 어디에 어떻게 쓰는가에 따라 평가가 달라집니다. 여기서 고려해야 할 것은 그 사물이 적합한 자리, 적절한 상황에 놓여 있는가 하는 점입니다. 길가에 굴러다니는 조그마한 돌멩이도 제자리만 찾는다면 쓸모가 생깁니다. 그렇지 않나요?

오_ 그럼 제가 적합한 자리를 찾지 못해서 그런 것일까요?

장_ 그렇다고 볼 수도 있습니다. 그런데 한 가지 더 생각해볼 점이 있습니다. 현재 있는 자리가 나에게 적합한지도 현재 시점으로만 판단하는 것은 현명하지 못한 태도일 수도 있습니다. 세상에 존재하는 모든 것은 시간이 지나면서 변하기 마련입니다. 사람도 변하고 회사도 변합니다. 우리가 하는 업무도 매번 동일한 일을 반복하는 것 같지만, 실상은 조금씩 변하고 있습니다. 특히 오 과장님이 하고 있는 신규사업의 경우는 변화가 더욱 심할 것입니다. 지금이야 사업을 막 시작하는 시점이라서 산업 분석이나 전략 수립과 같이 큰 그림을 그리는 일을 주로 하겠지만, 그것이 마무리되고 나면 시장에서 구체적으로 상품을 팔아야 하는 때도 올 것입니다. 그때가 되면 오 과장님의 전문성이 빛을 발휘하지 않을까요?

오_ 그때가 되면 아무래도 마케팅에 대한 전문성이 더 필요할 수도 있겠군요.

장_ 그렇습니다. 결국 사람의 쓸모를 너무 좁은 시각에서 판단하는 것은 현명한 태도가 아닙니다. 중요한 것은 현재 상황을 어떻게 활용하는가입니다. 오 과장님이 부서를 옮긴 이유도 새로운 기획 업무를 하고 싶어서였잖아요. 그렇다면 현재 시점을 배움의 기회로 삼는 편이 좋습니다. 무언가를 새로 배우는 시기에는 바쁘고 중요한 일보다는 조금 덜 중요한 일을 하면서 배움의 시간을 더 많이 갖는 것도 나쁘지 않습니다. 그렇지 않나요?

오_ 소장님의 말씀을 듣고 보니 현재 저의 상태가 이상하지도 않고 그리 나쁜 것도 아니군요. 말씀하신 대로 지금 상황을 배움의 기회로 삼도록 해야겠습니다. 그래도 대학 후배가 저보다 중요한 일을 맡는 것은 아무래도 자존심이 상하는데, 어떻게 하면 좋을까요?

장_ 사촌이 땅을 사면 배가 아프다는 속담처럼, 오 과장님도 자기보다 어린 후배가 더 쓸모 있게 사용되는 것을 보니 배가 아픈가봅니다. 그런데 여기서도 쓸모에 대해 달리 생각할 필요가 있습니다. 장자님도 무용지용無用之用, 즉 쓸모없음의 쓸모에 대해서 강조하셨습니다. 산에 보기 좋게 자란 나무는 얼마 못 가 잘려나가고, 계수나무는 먹을 수 있기 때문에 쉽게 베어지며, 옻나무는 쓸모가 있어서 잘립니다. 즉 자신이 가진 쓸모 때문에 오히려 화를 불러오기도 한다는 것입니다. 조직에서도 마찬가지입니다. 쓸모 있는 사람은 이리저리 불려다니느라 더 혹사하는 경우도 있습니다. 그렇지 않나요?

오_ 그런 경우도 있긴 하죠. 그럼 쓸모 있는 사람이 되지 말아야 하나요?

장_ 그렇지는 않습니다. 장자님의 이야기를 쓸모없는 사람이 되라고 해석해서는 곤란합니다. 장자님의 주장은 작은 쓸모 때문에 자신을 망치는 우를 범하지 않아야 한다고 해석하는 편이 옳습니다. 때로는 쓸모없는 것이 긴 안목으로 볼 때 더 유용할 수도 있다는 뜻입니다. 「인간세」에는 곡원이란 지방에 심어진 거대한 상수리나무에 대한 이야기가 나옵니다. 내용은 대략 이렇습니다. 목재를 찾아 나선 목수는 거대한 상수리나무를 보고도 쓸모없다며 지나쳐버립니다. 쓸모가 있었다면 지금껏 살 수 있었겠는가 하면서 말이죠. 그런데 목수의 꿈에 상수리나무가 나와서 그를 꾸짖습니다. 사람의 쓸모와 나무의 쓸모가 다르다면서 말이죠. 목수에게 쓸모 있다고 평가된 나무들은 천수를 다하지 못합니다. 목수에게 쓸모 있다는 것은 나무에게는 죽음을 의미합니다. 결국 중요한 것은 누구를 위한 쓸모인가 하는 것입니다.

오_ 타인의 쓸모가 자신에게는 해가 되는 경우도 있다는 말씀이군요.

장_ 그렇습니다. 독일 철학자 칸트가 『실천이성비판』에서 이런 말을 했습니다. "언제 어디서나 너와 다른 사람을 항상 수단이 아닌 목적으로 대하라." 인간관계에서 다른 사람을 자신의 출세나 이익을 위한 수단으로 삼지 말라는 뜻입니다. 누구나 가슴에 새겨두면 좋을 금언입니다. 하지만 현실에서는 이러한 칸트의 정언명령을 무시하는 사람도 있는 것 같습니다. 만약 어떤 사람이 부하를 자신의 출세를 위한 수단이나 도구로 활용한다면, 이때의 쓸모란 부하에게는 좋지 않은 것이 될 수도 있습니다. 해서, 누구를 위한 쓸모인가를 잘 판단하는 것이 필요합니다.

오_ 말씀을 듣고 보니 현재 제가 쓸모없다는 것도 꼭 나쁜 것만은 아닐 수도 있겠군요.

장_ 당연합니다. 현재 상황을 반드시 나쁘게만 해석할 필요는 없습니다. 눈앞의 작은 쓸모를 위해 더 큰 쓸모의 가능성을 없애버리면 곤란합니다. 하지만 여기서 한 가지 생각해야 할 것이 있습니다. 장자님이 말씀하신 무용지용은 쓸모에 대한 색다른 관점을 제공한다는 측면에서 우리가 새겨야 할 금언임에는 틀림이 없습니다. 해서, 작은 쓸모를 위해 더 큰 쓸모의 기회를 없애서는 곤란할 것입니다. 그러나 그렇다고 해서 작은 쓸모를 피하면 항상 큰 쓸모의 기회가 찾아온다는 보장은 없습니다. 때로는 작은 쓸모의 기회를 버렸는데, 그 이후로 영원히 새로운 기회가 찾아오지 않을 수도 있습니다. 이를테면 대기업에 입사하길 원하는 취업 준비생이 대기업 시험에는 번번이 떨어졌는데, 중소기업 한 곳에서 합격 통지를 받았습니다. 이 경우 중소기업에 입사하는 것을 작은 쓸모라고 판단하여 입사를 포기한다면 현명한 처사일까요?

오_ 그렇지 않은 것 같은데요?

장_ 그렇습니다. 장자님께서는 작은 쓸모를 피하라고 조언하셨지만, 현실에서는 어떤 기회가 찾아왔을 때 그것이 작은 쓸모인지 큰 쓸모인지는 판단하기 쉬운 일이 아닙니다. 이를 위해서는 자기 스스로가 자신의 진정한 쓸모를 잘 알아야 합니다. 자신은 어떤 존재이며, 자신이 진정으로 원하는 삶은 무엇인지를 알아야 어떤 사태가 자신에게 유용할지 아닐지를 알 수 있으며, 그 결과 큰 쓸모와 작은 쓸모에 대한 판단도 내릴 수 있기 때문입니다. 제가 보기에 오 과장님은 지금 큰 쓸모와 작은 쓸모를 판단하기에는 너무 이른 것 같습니다. 새로운 업무를 시작한 지 얼마 되지 않았기 때문입니다. 해서, 쓸모에 대한 판단은 잠시 접어두고 현재 자기 앞에 주어진 일에 충실하면 어떨까 싶습니다. 판단은 조금 뒤에 해도 큰 문제는 없으니까요.

오_ 지금까지 너무 눈앞의 작은 쓸모에 연연하지 않았나 하는 반성이 되네요. 앞으로 저의 진정한 쓸모를 찾기 위해 제 자신의 존재와 삶의 방향에 대해서 좀더 숙고해봐야 하겠습니다. 역시 오늘도 제가 잘 찾아온 것 같습니다. 소장님의 말씀이 제게 큰 쓸모를 주는 것 같습니다. 오늘도 좋은 말씀 감사드립니다.

장_ 큰 쓸모가 있었다니 다행이군요. 상담소 문은 항상 활짝 열려 있습니다. 앞으로도 종종 들르시기 바랍니다.

4부

진리 篇

인식의 한계에서 벗어나 참된 도를 깨우쳐라!

우물 안 개구리에서 벗어나기

19장

열기
—
절이 싫으면 중이 떠나던가!

어느덧 새로운 팀에서도 적응을 마친 오상수 과장. 평소 하고 싶었던 기획이나 전략 업무에 재미를 붙여갈 무렵, 그의 의욕을 꺾는 사건이 발생했다. 입사 동기였던 강철민 과장이 특진하여 차장으로 승진을 한 것이다. 강 차장은 신입사원 때부터 오 과장의 옆 부서에서 근무했기 때문에 오 과장은 그의 업무 능력이나 실력을 잘 알고 있었다. 그가 보기에 강 차장은 특진할 만큼 실력이 뛰어나거나 업무 역량이 출중하지는 않았다. 다만 명문대 출신이라는 이유만으로 일부 상사들이 그를 좋게 바라보는 경우가 있긴 했다. 하지만 이는 후광효과 때문에 생긴 착시현상으로 결코 공정한 평가는 아니다. 이런 이유 때문에 동기 중에서도 가장 먼저 진급한 강 차장을 보면서 부러움보다는 질시의 감정이 앞섰고 인사 평가 전반이 불공정하다는 생각이 들었다.

평소 다른 사람들이 조직에서는 줄을 잘 서야 성공한다거나 명문대 출신은 선배가 위에서 끌어준다는 등의 비선秘線 관련 이야기를 할 때도 오 과장은 별로 동조하지 않았다. 그러한 푸념은 무능력자의 자기방어 논리에 불과할 뿐이며 실력을 갖춘 사람이라면 그런 일에는 신경쓸 필요가 없다는 입장이었다. 하지만 강 차장의 특진을 보면서 조직에서는 공식적인 평가 이외에 비공식적인 힘이 존재한다는 사실을 믿지 않을 도리가 없었다. 이번 일로 인해 오 과장은 직장생활에 회의감이 들었고, 더이상 열심히 일하는 것이 무의미하게 느껴졌다.

한때 유행했던 '1등만 기억하는 더러운 세상'이라는 말이 현실에서 실제로 벌어지고 있다는 생각에 오 과장은 허탈한 심정이 되었다. 자신의 능력이나 노력이 혈연, 학연, 지연 등의 연줄을 뛰어넘을 수 있을까에 대해 회의감이 들기 시작했고, 기울어진 운동장에서 경기하는 듯한 느낌마저 들었다. 다들 입으로는 민주주의와 평등을 외치지만 현실은 여전히 인맥과 연줄이 판을 치고 있었다. 이러한 환경에서 그저 열심히 노력하는 사람은 고문관이나 바보가 아닐까 하는 생각도 들었다. 그동안 나름 스스로를 능력자라고 생각하며 열심히 일만 했을 뿐 인맥 관리를 하지 않은 자신이 한심하게 느껴졌고, 급기야 자신이 우물 안 개구리라는 자각에 이르렀다.

오 과장은 동기의 빠른 진급에 대해 혼자서 질투를 하는 것이 아닌가 하고 스스로 자문해보기도 했다. 해서, 다른 사람은 이 사태를 어떻게 바라보고 있는지를 확인해보고 싶었다. 오 과장은 직속 상사인 팀장에게 강 차장의 특진 건에 대해 어떻게 생각하는지 넌지시 물어보았다. 이에 팀장은 "나름 특진할 만한 이유가 있겠지!"라며 별 대수롭지 않게 대답했다.

팀장은 타 부서 직원이 특진했음에도 왜 특진하게 되었는지, 특진할 만큼 타당한 이유가 있었는지에 대해 별 관심을 보이지 않는다. 오 과장은 이러한 팀장의 태도에 화가 나면서 한편으로는 혹시 팀장도 강 차장과 같은 명문대 출신이라서 두둔하고 있는 것은 아닌가 하는 의심이 들기도 했다.

아무튼 이래저래 억울하다는 느낌과 함께 조직 내 곳곳에 불공정이 만연해 있다는 생각에 앞으로 조직생활을 어떻게 해야 할지에 대한 근본적인 질문을 하게 되었다. 이제 어떻게 해야 할까? 이렇게 불공정이 만연한 상황에서 직장생활을 이어가는 것이 의미가 있을까? 절이 싫으면 중이 떠나야 한다는 말도 있듯이, 공정한 평가를 하는 직장으로 이직을 해야 할까? 옮긴 직장에서는 불공정함이 전혀 없을까? 이런저런 생각이 꼬리에 꼬리를 물던 차에 오 과장의 머릿속에 장주 소장이 떠올랐고, 어느새 그의 발길은 '직장고민상담소'로 향하고 있었다.

20장

만남-13

우물 안 개구리에서 벗어나라

'사촌이 땅을 사면 배가 아프다'는 속담이 있습니다. 남이 잘되는 걸 못 보고 시기하거나 질투하는 사람들을 두고 하는 말입니다. 이성적으로 생각하면, 사촌이 땅을 산 것과 내 배가 아픈 것에는 아무런 관련이 없습니다. 하지만 현실에서는 종종 경험하는 일이기는 합니다. 왜냐하면 인간의 신체적 반응은 정신의 영향을 받기 때문입니다. 예를 들어 하기 싫은 업무 때문에 죽어도 직장에 나가기 싫은 날이 있습니다. 이런 날이면 웬일인지 몸도 슬슬 아파옵니다. 정신이 만들어낸 모종의 신호를 신체가 포착하여 알아서 움직인 결과입니다.

이런 이유 때문에 사촌이 땅을 사면 배 아파하는 사람의 심정을 우리는 충분히 이해할 수 있습니다. 이는 매우 인간적인 반응이기도 합니다. 하지만 그렇다고 그 상태를 마냥 긍정할 수만은 없습니다. 배가 아픈 상태는 행복보다는 불행에 가깝기 때문입니다. 그런데 직장생활을 하다보면 사촌이 땅을 사는 경우와 유사한 경험을 자주 하게 됩니다. 인사 평가에서 동료가 자기보다 좋은 평가를 받기도 하고, 입사 동기가 자기보다 빨리 진급을 하기도 합니다. 동료가 뛰어난 실적으로 상사에게 칭찬을 받거나 두둑한 포상금을 받는 경우도 있습니다. 이런 상황을 경험하면, 마치 사촌이 땅을 사기라도 한 것처럼 배가 아파오기 시작합니다.

장자님이라면 사람들의 이러한 반응을 안타깝게 여길 것입니다. 그깟 사소하고 보잘것없는 일로 다툴 필요가 없다는 생각 때문입니다. 달팽이 뿔 위에서 다툰다는 뜻의 와우각상쟁蝸牛角上爭으로 유명한 장자님의 이야기를 들어보도록 하겠습니다. 전쟁을 일으키려는 위나라 혜왕이 현자인 대진인에게 자문을 구하고 있습니다. 다음은 혜왕과 대진인의 대화입니다.

> 대진인이 말했습니다. "전하께서는 달팽이를 아십니까?"
> 혜왕이 말했습니다. "알고 있소."
> "그 달팽이 왼쪽 뿔에 촉씨觸氏라는 나라가 있고, 오른쪽 뿔에는 만씨蠻氏라는 나라가 있었습니다. 그들은 자주 땅을 놓고 다투면서 전쟁을 치렀습니다. 쓰러져 누운 시체가 수만이나 되고 도망가는 적군을 쫓다보면 보름이 지나야 돌아올 수 있었습니다."
> "음, 허무맹랑한 소리구나!"
> "청컨대 이제 신이 전하께 사실을 말씀드리도록 하여주십시오. 전하께서는 우주의 끝이 있다고 생각하십니까?"
> "끝이 없지."

"그렇다면 끝없는 우주에서 마음을 노닐게 한 후, 다시 사람이 사는 곳을 돌아본다면 그것들이 있기도 하고 없기도 한 것처럼 여겨지지 않겠습니까?"

"그러하도다."

_「즉양則陽」

현자인 대진인은 이웃나라와 전쟁을 벌이려는 혜왕에게 영토를 얻기 위한 노력도 한낱 부질없는 짓이라고 가르치고 있습니다. 마치 달팽이의 뿔에서 아웅다웅 다투고 있는 것처럼 우스꽝스러운 짓이라는 것입니다. 달팽이 뿔에서 사는 미물들에게는 뿔의 손톱 끝보다 작은 땅이 중요하겠지요. 하지만 우리 인간의 눈으로 보면 그것의 크고 작음에는 별 의미가 없습니다. 이와 마찬가지로 우리 인간의 관점에서 중요한 것도 하늘의 관점, 우주의 관점에서 보면 무의미한 것이 많습니다. 땅 위에 사는 세속적인 사람들 눈에는 천만 원 남짓한 소형차와 한 대에 수억을 호가하는 고급 외제차는 엄청나게 차이가 있는 것으로 보이겠지만, 하늘에서 내려다보면 둘 다 조그마한 장난감에 불과합니다. 이처럼 실상 우리가 중요하게 생각하는 사물이나 욕망도 무한한 우주의 관점에서 바라보면 별로 중요하지도 심각하지도 않은 경우가 많습니다.

사촌이 땅을 사면 배 아파하는 우리의 모습도 어쩌면 와우각상쟁인지도 모릅니다. 조직에서 함께 입사한 동기가 나보다 승진을 빨리하거나 동료가 나보다 좋은 평가를 받는다면 분명 기분이 좋지는 않을 것입니다. 하지만 장자님의 시각에서 보자면 이것은 별로 심각한 문제가 아닙니다.

우주적 관점에서 본다면 그러한 일들은 인생사나 행복에 있어 별로 중요하지도 결정적이지도 않기 때문입니다.

이렇게 반문하는 사람이 있을지도 모르겠습니다. "아니, 우리가 인간에 불과한데 어떻게 우주적 관점으로 세상사를 바라볼 수 있는가?" 하고 말입니다. 틀린 관점은 아닙니다. 인간에 불과한 우리가 우주적 관점, 신적인 관점을 갖는다는 것은 쉬운 일이 아닙니다. 어쩌면 그것은 장자님 정도의 내공을 가진 사람만이 할 수 있는 일인지도 모르겠습니다. 하지만 그럼에도 유한한 인간이 우주적 관점으로 세상을 바라보려고 노력하는 일은 필요합니다. 인간이 신이 아닌 이상 분명 한계를 지닐 수밖에 없지만, 한계를 넘어서려는 노력도 인간이니까 할 수 있는 것 아니겠습니까? 달팽이 뿔 위에서 아웅다웅 다투고 있는 미물이라면 자신의 한계를 인식하지도, 그 한계를 넘어서려는 노력도 하지 않을 것입니다. 장자님은 와우각상쟁의 이야기를 통해 우리에게 인식의 한계를 깨닫고, 이를 넘어서기 위해 노력하라고 조언하고 있습니다.

이처럼 장자님은 인간이 갖는 인식의 한계를 통찰했습니다. 사람들은 대부분 세속적인 것에 얽매여 자신의 한계를 모르고, 그로 인해 세상의 참모습과 진리를 파악하지 못합니다. 「추수」에 나오는 '우물 안 개구리'에 대한 장자님의 이야기를 들어보도록 하겠습니다.

북해약北海若이 대답했습니다. "우물 안 개구리에게는 바다 이야기를 할 수 없지요. 한곳에 갇혀 살기 때문이오. 여름벌레에게 얼음 이야기를 할 수 없지요. 한 철에 매여 살기 때문이오. 마음이 굽은 선비에게 도道를 이야기할 수 없지요. 한 가지 가르침에 얽매여 살기 때문이오."

_「추수秋水」

이 문단이 그 유명한 우물 안 개구리의 일화가 나오는 대목입니다. 여기서 개구리란 자신의 눈에 보이는 현상세계만이 유일한 실재요, 이상이라고 믿는 인간을 두고 하는 비유입니다. 눈에 보이는 세상만이 전부라고 생각하는 사람에게는 눈에 보이지 않는 세계를 말해도 믿지 않습니다. 마치 우물 안 개구리가 바다 이야기를 믿지 못하듯이 말이죠. 이처럼 유한한 인간은 자기 눈에 보이는 세계, 자기가 경험한 세계만이 실재라고 믿는 경우가 많습니다. 이런 사람은 필연적으로 고정관념이나 편견에 사로잡힐 수밖에 없습니다. 고정관념이나 편견이라는 색안경을 쓰고 있으면 진짜 사물이나 참된 세상을 제대로 볼 수가 없습니다.

장자님이 말한 우물 안 개구리에 대한 이야기를 일찍이 서양에서는 플라톤이라는 철인이 '동굴의 비유'를 통해 비슷한 주장을 펼친바 있습니다. 내용은 이렇습니다. 쇠사슬에 묶인 죄수들이 동굴 안에서 벽을 보고 앉아 있습니다. 그들 뒤에는 촛불이 켜져 있는데, 그것 때문에 죄수들의 그림자가 동굴 벽에 비추게 됩니다. 동굴 안 죄수들은 언제나 그림자만 보게 되고, 그 결과 그들은 그림자가 실제 사물이라고 믿게 되었습니다. 동굴에 갇힌 인간은 벽에 비친 그림자를 실제 자신의 모습이라고 믿음으로써 오류를 저지른다는 것입니다. 마치 우물 안 개구리가 자신이 본 것이 전부라고 믿는 것처럼 말이죠.

플라톤의 동굴의 비유는 계속 이어집니다. 그러던 어느 날 죄수 중 한 사람이 사슬에서 풀려나 동굴 밖으로 나갔습니다. 동굴 밖의 실재 세계를 눈으로 확인한 그는 동굴 안으로 돌아가 죄수들에게 자신이 본 것을 설명해주었습니다. 하지만 죄수들은 그를 믿지 않고 오히려 이상한 사람 취급을 하였습니다. 사람들은 왜 동굴 바깥의 세계를 보고 온 사람의 말을 믿지 않는 것일까요? 그것은 바로 자기가 현재 보고 있는 세계가 유일한 실재라고 믿는 고정관념과 편견에 강하게 사로잡혀 있기 때문입니다. 우물 안 개구리에게 바다 이야기를 할 수 없었던 이유가 "한곳에 갇혀 살기 때문"이라는 장자님의 주장과 일맥상통하는 부분입니다. 이처럼 우리 인간도 한곳에 갇혀서 진리를 보는 눈이 멀거나 실재 세계를 제대로 파악하지 못할 수도 있습니다.

플라톤이 말한 '동굴 속'과 장자님이 말한 '우물 안'은 경험의 세계를 뜻합니다. 반면 '동굴 바깥'과 '바다'는 실재 세계이자 진리의 세계, 우주 전체를 말합니다. 동굴과 우물은 우리 인간이 갖는 인식의 한계를 의미합니다. 동굴과 우물 속에 갇혀서는 진짜 세계와 참된 진리에 다가갈 수 없습니다. 우리 인간이 아무리 많은 것을 보고 아무리 많은 것을 경험한다 해도 그것은 우물 안 경험이자 동굴 속 경험인 경우가 많습니다. 끝이 없고 무한한 우주 전체를 보고 경험한다는 것은 인간으로서는 불가능한 일이기 때문입니다. 그렇기에 우리가 보지 못하고 경험도 하지 못한 세계, 즉 우물 바깥의 세상이 존재한다는 사실을 인정할 줄 알아야 합니다.

한편 플라톤의 비유에서 동굴 바깥을 다녀온 사람이 동굴 속에 있는 죄수들에게 자신이 본 세상을 이야기했는데, 그들은 그 말을 믿지 않고 이상한 사람 취급했다는 대목을 기억하실 겁니다. '참새가 봉황의 깊은 뜻을 모른다'는 말도 있듯이, 자신이 경험한 세계에 갇혀 있는 사람은 진짜 세계, 더 큰 세계를 말하는 이를 이상하게 바라보는 경우도 있습니다. 장자님도 이런 경우를 심심치 않게 보았나봅니다. 「소요유」에 나오는 이야기를 들어보시죠.

> 탕왕湯王이 신하 하극夏棘에게 물었을 때 이런 대답을 하였습니다. "북쪽 메마른 땅에 깊은 바다가 있었는데, 이를 천지天地라 했습니다. 거기에 곤鯤이라는 물고기가 한 마리 있었는데, 그 폭이 수천 리나 되고 그 길이는 알 수가 없습니다. 붕鵬이라는 새도 한 마리 있었는데 그 등이 태산 같고 날개는 하늘을 드리운 구름 같았습니다. 회오리바람을 타고 구름 위로 솟아올라 푸른 하늘을 등에 지고 구만 리를 날아 남쪽 깊은 바다로 갔습니다."
> 메추라기가 이를 보고 비웃으면서 말했습니다. "저 새는 저렇게 날아서 어디로 간단 말인가? 나는 한껏 뛰어올라도 몇 길을 못 올랐다가 내려앉아서 기껏해야 이 숲에서 저 덤불로 날아가는데, 도대체 저 붕새는 저렇게 날아서 어디로 가는 것인가?" 큼과 작음의 차이가 이렇습니다.
>
> _「소요유逍遙遊」

1장에서 나왔던 대붕에 대한 뒷이야기가 여기서 이어지고 있습니다. 신하가 대답한 요지는 대붕의 행동을 메추라기가 전혀 이해하지 못한다는 데 있습니다. 장자님은 이것을 '큼과 작음의 차이'에서 비롯되었다고 보았습니다. 세상을 바라보는 시야가 좁고 행동반경이 짧은 메추라기의 눈과 머리로는 구름 위로 치솟아 구만리를 날아가는 대붕의 행동이 이해되지도 믿기지도 않습니다. 동굴 속에 갇혀 있는 사람이 동굴 바깥의 이야기를 믿지 못하는 것처럼 말이죠.

참새가 봉황의 뜻을 이해하지 못하는 이같은 일은 주변에서 심심치 않게 일어나는 일이기도 합니다. 서양에서는 탈레스라는 분이 계신데, '서양 철학의 아버지'라 불릴 정도로 대단한 인물입니다. 그는 천문학에 관심이 많아서 매일 밤하늘에 떠 있는 별을 관측하기를 즐겼다고 합니다. 그러던 어느 날, 그는 하늘의 별을 관측하다가 그만 발밑에 있던 웅덩이를 보지 못해 빠지고 말았습니다. 이를 지켜본 하인이 그에게 이런 말을 했다고 합니다. "탈레스 님, 당신은 발밑에 있는 것조차 보지 못하면서 어찌 천상에 있는 것을 알 수가 있다고 생각하시는지요?" 하인의 말은 칭찬이 아니라 핀잔에 가까운 것이었습니다. 발밑에 있는 것도 보지 못하면서 어찌 하늘의 별을 보려고 하는가 하는 비웃음입니다. 하지만 그러한 노력 끝에 탈레스는 최초로 일식 현상을 발견하기도 했습니다. 현실세계가 전부인 것으로 알았던 하인의 눈에는 탈레스의 더 큰 세계가 이해되지 않았던 것입니다. 비유하자면, 탈레스가 붕새라면 하인은 메추라기인 셈입니다.

장자님은 여러 우화를 통해 우리에게 인식의 한계에서 벗어나라고 가르치고 있습니다. 우물 안 개구리처럼 자신이 바라보고 있는 세계가 전부라는 고정관념에 빠지지 말라는 것입니다. 우리가 보고 경험하는 세계가 전부가 아니라 더 큰 세계와 우주가 존재하고 있으니 그것을 인정하고,

그것에 다가가기 위해 노력하라고 조언하고 있습니다. 아울러 우리가 현실세계에서 중요하게 생각하는 일들도 더 큰 세계, 우주적 관점에서 바라보면 별것 아니니 아옹다옹하지 말라고도 가르치고 있습니다. 달팽이 뿔에서 다투는 미물이 되지 말라는 뜻입니다. 각자 한 번씩 스스로에게 물어보면 좋겠습니다. 나는 혹시 사소하고 조그마한 일에 너무 많은 신경을 쓰고 있지는 않은지…….

21장

만남-14

도의 관점에서 참된 진리를 파악하라

흔히 사람들이 자주 하는 표현 중에 '줄을 잘 서야 성공할 수 있다'는 말이 있습니다. 개인이 가진 능력보다는 자신과 연결된 인맥에 의해 성공 여부가 결정된다는 의미로 인맥 관리의 중요성을 강조하는 말입니다. 조직에서는 위로 갈수록 자신에게 도움이 될 만한 좋은 인맥을 만드는 일이 중요합니다. 좋은 인맥이 있어야 자신을 더 높고 안전한 곳으로, 더 빨리 이끌어주기 때문입니다. 이런 점으로 보자면, 좋은 인맥이란 성공의 사다리에 오르기 위한 든든한 동아줄이자 안전판입니다.

직장에서만 인맥 관리가 중요한 것은 아닙니다. 가정에서도 부모가 어릴 때부터 자녀에게 강조하는 것이기도 합니다. 흔히 부모는 자녀가 새 학년이 되거나 상급 학교에 진학하면 '좋은 친구를 사귀라'고 당부합니다. 새로운 환경에서 좋은 인맥을 쌓으라는 뜻입니다. 이때 부모가 말하는 좋은 친구란 공부도 잘하고, 선생님 말씀 잘 듣고, 나쁜 짓은 절대 하지 않는 친구를 뜻합니다. 좋은 친구를 만나야 공부에 도움이 되고 나쁜 길로 도 빠지지 않기 때문입니다. 그런데 자녀 입장에서 생각해보면 '좋은 친구를 사귀라'는 부모님 말씀을 실천하기가 쉽지만은 않습니다. 자녀의 성향이나 개인적 호불호를 제외하더라도 앞으로 만나게 될 친구가 좋은 친구인지 아닌지를 구분하기가 쉽지 않기 때문입니다.

자녀가 학교에서 만나는 친구를 좋은 친구와 그렇지 않은 친구로 분류하는 일은 생각처럼 쉬울까요? 이것이 가능하게 하려면, 먼저 개개인의 실체實體나 본질本質이 고정되어 있어야 합니다. 이를테면 '철수는 공부를 잘하고 영희는 공부를 못하는 사람'이라거나 '철수는 착한데 영희는 나쁜 학생'이라는 식으로 개개인에 대해 고정된 무엇인가가 있어야 판정을 내릴 수 있습니다. 하지만 이는 쉬운 일이 아닙니다. 개개인의 본질이 누가 보더라도 명확하게 구분되는 것도 아니고, 그러한 특성이 고정된 것도 아니기 때문입니다. 공부를 잘하던 철수가 성적이 떨어질 수도 있고, 영희가 노력하여 성적이 오를 수도 있습니다. 나쁜 짓을 할지 말지에 판단은 더욱 어렵습니다. 요컨대 특정인의 실체나 본질은 처음부터 정해져 있거나 고정된 것이 아니기 때문에 좋은 친구인지 나쁜 친구인지에 대한 판단도 내릴 수 없다는 뜻입니다.

장자님도 사람이나 사물의 실체가 정해진 바 없다고 보았습니다. 「제물론」에서 장자님은 "길은 걸어 다녔기 때문에 만들어진 것이고, 사물은 그렇게 불렀기 때문에 그렇게 구분된 것이다(道行之而成, 物謂之而然)"라는 말을 통해 만물에는 고정된 실체나 본질이 없다고 주장하였습니다. 철수가 공부를 잘하는 친구라고 불리는 이유는 그가 당시에 공부를 잘했고,

그 결과 다른 사람들이 그렇게 불렀기 때문입니다. 하지만 그러한 특성이 끝까지 계속된다는 보장은 없습니다. 철수가 상급 학교에서는 성적이 떨어질 수도 있는데, 그렇게 되면 그는 더이상 공부 잘하는 친구라고 불리지 않게 됩니다. 결국 철수에게 덧씌워진 공부 잘하는 친구라는 특성은 특정한 시기에 붙어진 이름일 뿐입니다. 불변의 실체나 영원한 본질은 아닙니다.

장자님은 '도행지이성, 물위지이연'이라는 말을 통해 자신의 세계관이나 진리관을 설파하고 있습니다. 세상에 존재하는 사물을 바라보는 관점은 크게 두 가지 유형이 있습니다. 각 존재마다 변하지 않는 실체나 본질이 있다고 보는 쪽과 고정된 실체 없이 끊임없이 변한다고 보는 쪽입니다. 전자를 본질론本質論 또는 실체론實體論이라 부르며, 후자를 비본질론非本質論 또는 관계론關係論이라고 부릅니다. 장자님은 후자의 관점에 서 있습니다. 세상에 존재하는 모든 것은 고정된 실체나 본질 따위는 없다고 보는 입장입니다.

장자님은 사람들이 특정한 대상을 두고 정해진 본질이나 실체가 있다고 생각하면 진리나 진실과 멀어질 수도 있다고 보았습니다. 이를테면 부모가 자녀를 보고 '우리 애는 절대로 한눈팔지 않고 공부만 하는 아이'라고 고정해서 바라보면 진실과 멀어질 가능성이 높습니다. 어떤 사람도 절대로 한눈팔지 않고 공부만 할 수는 없거든요. 생각해보면 모든 사람은 성장하면서 조금씩 변하는 것이 정상입니다. 공부를 잘하다가도 못할 수도 있고, 그 반대인 경우도 있습니다. 그리스 철학자 헤라클레이토스도 장자님처럼 만물은 끊임없이 변한다고 보았습니다. '우리는 같은 강물에 두

번 발을 담글 수 없다'는 그의 유명한 주장도 이 때문에 나온 것입니다.

불교에서도 '어떤 존재도 자성自性을 가진 실체로 보지 말라'고 가르칩니다. 여기서 자성이란 불변하는 실체가 있다고 보는 관점을 말합니다. 부모가 자기 아이에 대해 '우리 애는 공부를 잘하는 아이'라며 자녀의 존재를 불변하는 실체로 상정하는 경우가 자성에 해당합니다. 아무리 공부를 잘하는 아이라도 성적이 떨어질 수도 있지 않습니까? 그렇기에 자녀를 자성을 가진 존재로 보면 부모는 진실과 멀어질 수도 있고, 그로 인해 고통을 받을 가능성도 높아집니다. 공부를 잘하는 아이라고 철석같이 믿었는데, 자녀의 성적이 떨어지면 부모는 고통에 빠지기 때문입니다. 불교에서는 모든 존재나 사건이 인연의 마주침 때문에 생긴다고 봅니다. 따라서 자녀도 어떤 인연과 마주치는가에 따라서 공부를 잘할 수도 있고 못할 수도 있습니다. 고정되거나 불변하는 실체는 없는 셈입니다.

존재하는 모든 것에는 고정된 실체나 본질 따위는 없다는 입장을 수용하게 되면, 우리가 만나는 사람을 바라보는 관점도 달라집니다. 다른 사람을 특정한 기준으로 구분하여 차별하는 일이 적어집니다. 좋고 나쁨, 쓸모 있음과 없음의 구분 없이 있는 그대로의 상대를 긍정할 수도 있습니다. 도행지이성, 물위지이연에 이어지는 장자님의 이야기를 들어보기로 하겠습니다.

이와 같은 이유로, 가는 풀이든 굵은 기둥이든 추한 문둥이든 아름다운 서시西施든 아무리 괴상망측하고 이상야릇한 것이라도, 도의 경지에서 보면 모두 통하여 하나가 됩니다. 나누어지는 것이 있으면 이루어지는 것도 있고 이루어지는 것이 있으면 허물어지는 것도 있습니다. 모든 사물에는 원래 이루어지는 것도 허물어지는 것도 없으며 모두 통하여 하나가 됩니다. 오로지 높은 경지에 도달한 사람만이 모두 통하는 하나를 깨닫고, 차별의 범주 대신 '보편적인 것(庸)'에 머무를 수 있습니다.

_「제물론齊物論」

장자님은 만물을 차별해서 보지 말고 보편적인 것, 하나의 것으로 보라고 가르칩니다. 만물을 도의 견지에서 보면 모두가 하나가 되기 때문입니다. 도의 관점에서는 길고 짧음, 크고 작음, 높고 낮음, 아름답고 추함, 옳고 그름의 구별이 없어집니다. 하지만 보통 사람들이 이러한 경지에 도달하기란 상당히 어렵습니다. 만물을 하나로 보는 일은 아무나 할 수 있는 것이 아니기 때문입니다. 장자님의 표현을 빌리면, "높은 경지에 도달한 사람만이" 가능한 일입니다.

인맥 관리를 한다는 것은 달리 생각하면 타인을 구분하고 차별하는 행위입니다. 자신에게 도움이 될 사람과 그렇지 않은 사람으로 분류한 뒤, 전자와는 가까워지려고 노력하고 후자의 사람들은 멀리하는 행위를 고상하게 표현해서 인맥 관리라고 부르는 것입니다. 이러한 관리 행위에는 치명적인 약점이 있습니다. 우선 나에게 도움이 되는 사람인지 아닌지에 대한 판단이 정확하지 않다는 점입니다. 장자님의 입장인 비본질론의 관점으로 보면 세상 만물은 고정되어 있지 않고 항상 변화합니다. 사람도 마찬가지입니다. 나에게 도움을 줄 사람이라고 생각했는데, 나중에는 나에게 해가 될 수도 있습니다. 친하게 지내던 지인으로부터 사기를 당하는 경우가 여기에 해당합니다. 반대로 전혀 도움이 될 거라고 생각지도 못한 사람으로부터 큰 힘을 얻기도 합니다. 해서, 특정 시점에 내린 판단이 잘못된 것일수도 있습니다. 사람은 고정되어 있지 않고 끊임없이 변하는 존재이기 때문에 그렇습니다.

세상 만물에 고정된 실체가 없다는 비본질론은 한편으로는 관계론을 의미하기도 합니다. 관계론이란 세상 만물은 다양한 마주침의 결과로 관계에 따라 변한다는 것입니다. 실체나 본질보다는 어떻게 관계를 맺는가가 중요하다는 보는 입장입니다. 관계론의 관점에서 보자면, 누군가와 인연을 맺는 일은 상대로부터 내가 일방적으로 영향을 받기만 하는 것을 의미하지 않습니다. 상대도 나로부터 영향을 받기 때문입니다. 해서, 좋은 관계란 양쪽이 모두 서로에게 좋은 영향을 주어야 합니다. 상대로부터 일방적으로 받기만 하는 관계는 좋은 관계로 발전하기도 어렵지만, 관계가 형성되었다 하더라도 오래가기 힘듭니다. 결국 좋은 인맥이란 상호작용의 결과입니다. 내가 상대에게 좋은 사람이 되어야 상대도 나에게 좋은 사람이 될 수 있습니다. 해서, 인맥 관리를 잘하려면 누가 좋은 사람인지를 구분하기 전에 자신이 먼저 타인에게 좋은 사람이 되어야 합니다.

사람들은 왜 타인을 구분하고 차별하는 것일까요? 가장 큰 이유는 장자님처럼 높은 경지에 오르지 못해서입니다. 다른 한편으로는 참된 진리를 모르기 때문입니다. 달리 말하면, 인간으로서 인식의 한계를 가지기 때문입니다. 도의 관점을 가지지 못한 범인들은 습관적으로 세상 만물을 크고 작은 것, 높고 낮은 것, 아름답고 추한 것, 옳고 그른 것으로 구분하려는 버릇이 있습니다. 앞에서도 말했지만, 도의 경지에서는 이런 것들은 모두가 하나입니다. 장자님은 여러 곳에서 세상 만물을 구분하고 시비를 가리지 말라고 조언하고 있습니다. 장자님의 말씀을 하나 더 들어보겠습니다.

> "세상에 가을철 짐승 털끝보다 더 큰 것은 없으며, 태산도 그지없이 작은 것이다. 갓 태어나서 죽은 아기보다 오래 산 사람은 없으며 팽조도 일찍 요절한 사람이다. 하늘과 땅이 나와 함께 생겨나고 모든 것이 나와 하나가 되었구나."
>
> _「제물론齊物論」

여기서는 장자님이 황당한 소리를 하고 있습니다. 가을철 짐승에게서 새로 나온 털보다 큰 것이 없고, 중국의 명산인 태산도 그지없이 작다고 주장합니다. 태어나자마자 죽은 아기보다 오래 산 사람이 없고 칠팔백 년을 살았다고 전해지는 팽조도 일찍 요절했다고 주장하고 있습니다. 이러한 주장은 일견 터무니없는 말처럼 들리지만, 도의 관점에서 보면 틀린 말은 아닙니다. 장자님은 도를 정의하기를 '지극히 크고(大一), 지극히 작다(小一)'고 했습니다. 도는 '지극히 커서 그것 바깥이 없고(至大無外), 지극히 작아서 그것 안이 없다(至小無內)'고 했습니다. 도는 세상에서 가장 큰 것보다 더 크고 가장 작은 것보다 더 작다는 뜻입니다. 이러한 명제로 보자면, 짐승의 털은 '지극히 작은 것(小一)'보다는 무한히 큰 것이며, 태산은 '지극히 큰 것(大一)'보다 무한히 작은 것이 됩니다. 같은 이유로 갓 태어나 죽은 아이는 오래 산 것이며, 칠팔백 년을 산 팽조도 요절한 사람이 되는 것입니다.

서양의 수학자이면서 철학자이자 신학자인 파스칼도 『팡세』에서 인간 인식의 한계를 지적하면서 신적인 관점을 가질 것을 조언했습니다. 파스칼이 말하는 '신'은 장자님이 말한 '도'와 매우 유사합니다. 그의 주장을 들어보시죠. "결국 인간이란 자연 속에서 무엇인가. 무한에 비하면 허무, 허무에 비하면 전체, 허무와 전체 사이에 걸려 있는 중간자이다. 양극을 이해하는 데서 무한히 동떨어진 인간에게는 사물의 종극도 그 근원도 다 같이 헤아릴 수 없는 비밀 속에 숨겨져 있다. 인간은 그가 빠져나온 허무도, 그 안에 삼키어지는 무한도 다 같이 보는 것이 불가능하다." 파스칼도 인간이 전체와 허무라는 양극단을 모두 이해하지 못한다고 보았습니다(파스칼이 말한 전체와 허무가 각각 장자님이 말한 '지극히 큰 것'과 '지극히 작은 것'이라고 보아도 무방합니다). 장자님과 마찬가지로, 파스칼도 인간인 우리가 갖는 인식의 한계를 자각하라고 교훈하고 있는 셈입니다.

장자님은 왜 우리 인간이 가진 인식의 한계를 지적하고 나선 것일까요? 그것은 우리가 세상 만물을 있는 그대로 보지 않고 자기 마음대로 분별하고 가려서 보기 때문입니다. 그 결과, 만물을 구분하고 사람을 차별하고 별로 대수롭지 않은 일에도 아웅다웅하며 산다는 것입니다. 해서, 장자님은 우리에게 도의 관점을 가지기 위해 노력하라고 조언합니다. 세상을 좀더 높고 큰 관점에서 바라보면 우리가 접하는 사람과 만물을 분별하지 않고 하나로 볼 수 있기 때문입니다. 도의 관점에서 보면 세상 만물에는 대소大小도, 고저高低도, 장단長短도, 미추美醜도, 시비是非도 그 구분이 무의미해집니다. 처음에 세상은 하나였습니다. 장자님 말씀처럼 하늘과 땅과 사람은 함께 생겨났습니다. 이처럼 본래 하나였던 세계가 사람들의 잘못된 생각으로 인해 여러 가지로 분화되어버렸고, 그 결과 우리가 매사에 구분하고 따지고 시비를 가리면서 아웅다웅하며 살게 된 것입니다. 해서, 장자님은 이제라도 도를 깨우쳐서 사물의 분별을 없애고 세상에 존재하는 것을 '있는 그대로' 인정하며 살라고 교훈하고 있는 것입니다. 각자 자신에게 한번 물어보시죠. 나는 세상에 존재한 것들을 구분하고 차별하며 살고 있지는 않은지…….

22장

만남-15

—

진정한 도의 경지란?

길을 걸어가다보면, 가끔 "도에 관심 있으십니까?"라고 질문을 던지며 접근하는 사람들이 있습니다. 이에 "관심있다"고 답하면, 어딘가로 데리고 가서 도를 보여주려 할 것입니다. 여기서 그들이 말하는 '도'란 어딘가에 이르는 길이나 무엇을 행하는 방법을 뜻합니다. 쉽게 말해, 원하는 것을 얻기 위한 방법이 바로 도입니다. 사람들은 어떤 일을 시작하거나 무엇인가를 이루고자 할 때 효과적인 방법을 알고 싶어합니다. 이를테면 돈을 잘 버는 방법, 이성의 마음을 사로잡는 방법, 직장에서 성공하는 방법 등을 알고 싶어합니다. 해서, 자신이 원하는 무엇인가를 얻고자 하거나 성공하길 원한다면 먼저 도를 찾는 일이 중요합니다.

어떤 일을 함에 있어 가장 효과적인 방법을 터득한 사람, 다시 말해 도를 잘 아는 사람을 일컬어 '도사道士'라 부릅니다. 도사란 말 그대로, 도를 터득한 사람을 뜻하는데, 이것은 매우 명예로운 이름입니다. 아무에게나 붙이는 칭호가 아닙니다. 흔히 도사라고 하면 수염과 머리를 길게 기르고 도포 자락을 휘날리면서 포스를 풍기는 사람이라고 생각하기 쉬운데, 도사는 이런 외형적인 모습을 일컫는 말이 아닙니다. 평범하게 생겨도 어떤 일에 도가 트여서 능숙하게 해내는 사람이면 도사라 불러도 무방합니다. 요컨대 특정 분야에서 가장 효과적인 방법을 터득한 사람은 모두 도사입니다.

일반인들이 자기 분야에서 성공하기 위한 방법, 즉 도를 알려면 어떻게 해야 할까요? 길거리에서 "도에 관심 있으세요?"라고 물어보는 사람을 따라가면 될까요? 그렇지 않습니다. 길거리에서 행인을 붙잡고 도에 관심있냐며 물어보는 사람은 도사가 아닙니다. 도사는 절대로 길거리에서 그런 일을 벌이지 않습니다. 생각해보세요! 명색이 도사인데, 자기가 먼저 사람들을 찾아다니며 도를 알려주겠다고 호객행위를 하는 건 좀 이상하지 않습니까. 그런 사람은 전부 엉터리 도사라고 봐도 틀리지 않습니다. 진짜 도사는 원래 영업을 안 합니다. 가만있어도 사람들이 도를 알려달라며 제 발로 찾아오기 때문입니다. 해서, 누가 도에 관심 있냐며 물어보면 절대 따라가서는 안 됩니다. 사람은 누구나 도를 알고 싶어하지만 현실에서는 도를 알기도 어렵고 진정한 도사를 만나기도 어렵습니다. 왜냐하면 도는 실체도 분명하지 않고 딱히 손에 잡히는 것도 아니기 때문입니다. 장자님이 도에 대해 설명한 대목을 살펴보도록 하겠습니다.

> 사실 도道에는 경계가 없고 말言에는 실재가 없다. (…) 무릇 위대한 도는 이름이 없다. 위대한 변론은 말이 없다.
>
> _「제물론齊物論」

애석하게도 도를 알고 싶은 우리들에게 장자님은 명쾌한 답변을 주지 않습니다. 도는 경계도 없고 이름도 없는 것이라고 다소 모호하게 설명하고 있습니다. 그러니 우리가 아무리 도를 제대로 알고 싶어해도 명확하게 이해할 수 없는 것입니다. 장자님보다 앞서 도에 대해 심취하셨던 노자老子님도 『도덕경道德經』 제일 첫머리에 이런 말을 남기셨습니다. "도가 말해질 수 있다면 진정한 도가 아니고, 이름이 불릴 수 있다면 진정한 이름이 아니다(道可道非恒道, 名可名非恒名)." 노자님도 누군가가 "도란 이런 것이다"라고 말하거나 이름을 붙인다면 그것은 애당초 제대로 된 도가 아니라고 보았습니다. 노자님은 또, "아는 사람은 말하지 않고, 말하는 사람은 알지 못한다(知者弗言, 言者弗知)"고 주장했습니다. 도란 애초부터 말해질 수 없는 것이기 때문입니다. 노자님과 장자님도 길거리에서 "도에 관심 있으세요?"라며 접근하는 사람은 필시 엉터리라고 말할 것입니다.

경계도 없고 이름도 없는데 우리는 도를 어떻게 알 수 있을까요? 장자님은 도에 대해 명시적으로 정의 내리지 않았지만 여러 곳에서 도의 경지에 이른 사람을 이야기하고 있습니다. 가장 대표적인 이야기가 포정해우庖丁解牛라는 고사성어로 잘 알려진 대목입니다. 포정이라는 백정이 문혜군을 위하여 소를 잡는데, 그 솜씨가 가히 예술의 경지입니다. 이를 본 문혜군이 감탄을 하면서 어떻게 하면 그런 경지에 이를 수 있는지를 묻습니다. 이에 포정은 칼을 내려놓고 다음과 같이 대답했습니다.

"제가 귀히 여기는 것은 도道입니다. 기술(術)을 넘어선 것입니다.

제가 처음 소를 잡을 때는 눈에 보이는 것은 온통 소뿐이었습니다. 삼 년이 지나자 소가 통째로 보이지 않게 되었습니다. 지금은 소를 눈으로 보지 않고 신묘한 기운(神)으로 대합니다. 감각기관은 활동을 멈추고 신묘한 기운이 원하는 대로 움직입니다. 소의 '자연스러운 결(天理)'을 따라서 살과 뼈 사이의 빈틈에 칼을 밀어 넣고 움직이는데, 원래 나 있는 길을 따라 나아갑니다. 저는 아직 뼈와 살이 엉겨붙은 곳을 무리하게 가르려고 한 적이 없습니다. 하물며 큰 뼈를 자르는 일이 있겠습니까?"

_「양생주養生主」

포정의 솜씨는 단순히 '기술'이 아닙니다. 기술을 넘어선 예술의 경지에 가깝습니다. 포정의 말을 빌리면, '도의 경지'입니다. 그러니 문혜군이 감탄을 금치 못하는 것입니다. 도의 경지란 구체적으로 어떤 수준을 말하는 것일까요? 포정의 설명에서 힌트를 얻을 수 있습니다. 우선 도의 경지란 인간의 감각기관에 의존하는 기술을 넘어선 수준입니다. '자연스러운 결(장자님은 이를 천리天理라 불렀습니다)'을 따르는 '신묘한 기운(장자님은 이를 '신神'이라 불렀습니다)'에 의존하는 예술의 경지를 말합니다. 결국 도의 경지란 인간이 아닌 하늘의 이치를 따르고, 기술을 넘어선 신의 수준을 말합니다. 그렇기에 자연스럽습니다. 무리하게 뼈나 근육을 자르려 들지 않습니다. 이처럼 도의 경지에 흐르면 마치 물이 흐르듯 자연스럽게 앞으로 나아갑니다.

노자님도 수水는 도道와 가깝다고 보았습니다. 그는 『도덕경』에서 이런 말을 남겼습니다. "최상의 선은 물과 같다. 물은 능히 만물을 이롭게 하되 다투지 아니하고, 모든 사람들이 싫어하는 낮은 곳에 처한다. 그러므로 도에 가깝다(上善若水, 水善利萬物而不爭, 處衆人之所惡, 故幾於道)." 만물과 다투지 아니하고도 능히 모든 것을 이롭게 하는 물이 가히 도의 경지라는 뜻입니다. 포정의 솜씨도 이와 비슷합니다. 뼈와 근육과 부딪힘 없이 틈새를 따라 자연스럽게 움직이면서 나아가는 모습이 마치 물과 같습니다. 이것이 바로 예술의 경지이자 도의 경지입니다. 도의 경지에 이른 사람은 보통의 사람들과 무엇이 다를까요? 이어지는 포정의 이야기를 들어보겠습니다.

"솜씨 좋은 백정도 해마다 칼을 바꿉니다. 살을 베기 때문입니다. 평범한 백정은 달마다 칼을 바꿉니다. 뼈를 치기 때문입니다. 저는 지금까지 십구 년 동안 소를 수천 마리나 잡았지만 제 칼은 이제 막 숫돌에서 갈려 나온 것처럼 예리합니다. 소의 뼈마디에는 틈이 있고 이 칼날에는 두께가 없습니다. 두께 없는 칼날이 틈새로 들어가니 넓은 공간에서 칼이 마음대로 놀 수 있는 여지가 생기는 것입니다. 이 때문에 십구 년이 지났는데도 이 칼은 이제 막 숫돌에서 갈려 나온 듯이 예리합니다."

"하지만 여전히 뼈와 살이 엉겨 있는 곳에 이르면 긴장하며 조심하게 됩니다. 시선이 한곳에 집중되고 움직임은 느려지고 칼의 움직임은 미묘해집니다. 그러다보면 마치 흙더미가 무너지듯 휙 하고 소가 해체되어 땅에 떨어집니다. 칼을 들고 일어서서 사방을 둘러보며 잠시 어리둥절하다가 비로소 일의 결과를 알아채고 흐뭇해하면서 칼을 잘 닦아 갈무리합니다."

문혜군이 말했습니다. "훌륭하도다. 나는 오늘 그대의 말을 듣고 '생명을 북돋움(養生)'이 무엇인지를 터득했노라."

_「양생주養生主」

포정의 이야기 속에는 평범한 백정이나 솜씨 좋은 백정, 그리고 도의 경지에 오른 백정의 차이가 잘 드러나 있습니다. 솜씨가 좋지 않은 백정일수록 칼을 자주 바꾸어야 합니다. 딱딱한 것에 칼날이 무뎌지기 때문입니다. 도의 경지에 오른 사람은 잘 벼린 칼날이 틈새로만 다니기 때문에 무뎌질 일이 없습니다. 해서, 무려 십구 년을 사용하고도 새것 같습니다. 가히 만물과 다투지 아니하는 물과 같습니다. 하지만 도의 경지에 이른 사람도 마냥 자연스럽지만은 않습니다. 조심해야 할 부분에 이르면 긴장하면서 대상에 온 신경을 집중하고 몰입합니다. 얼마나 집중했던지 소가 성공적으로 해체되어 땅에 떨어진 후에도 무슨 일이 일어났는지 몰라서 잠시 어리둥절해할 정도입니다.

이처럼 도의 경지에 이른 사람은 겉으로는 물처럼 자연스럽게 행동하는 듯 보이지만, 속을 자세히 들여다보면 지극히 집중하고 몰입하고 있습니다. 그 결과, 자신과 소와 칼의 구분이 없어지고 하나가 된 상태, 완전히 합일된 상태가 됩니다. 말하자면, 자기를 완전히 잊은 상태, 주체와 객체의 구분이 없어진 물아일체物我一體의 상태에 도달하였습니다. 결국 도의 경지란 주객이 분리되지 않고 완전히 하나가 되어 합일된 상태를 말합니다. 평범한 백정은 주객이 분리된 상태에서 일을 합니다. 주체인 백정이 객체(대상)인 소를 해체하는 것입니다. 주객 분리 상태에서 사용하는 솜씨는 '기술(術)'입니다. 도의 경지에 이른 백정은 주객이 합일된 상태에서 일을 하는데, 그의 솜씨는 이제 더이상 기술이 아닙니다. 예술이며 '도(道)'입니다. 주객 합일의 상태에서 소를 해체하는 포정의 솜씨를 보고, 문혜군은 '생명을 죽인다'고 말하지 않고 '생명을 북돋는다(養生)'고 말했습니다. 이러한 정도면 가히 인간의 수준을 넘어선 신의 경지라 불러도 좋겠습니다.

또 한 가지 눈여겨봐야 할 부분이 있습니다. 도의 경지에 이른 포정의 솜씨도 그렇지만, 이를 지켜본 문혜군의 내공 또한 보통이 아닙니다. 이 이야기에 등장하는 두 인물은 임금과 백정입니다. 계급 서열로 치면 양극단에 위치한 존재들입니다. 임금은 그 당시 사회에서 지존한 계급인 반면, 백정은 가장 천한 직업입니다. 실제로는 같은 공간에서 감히 얼굴조차 맞대기 힘든 사이입니다. 그럼에도 문혜군은 백정이 소를 잡는 모습을 보고 감탄을 하면서 양생養生의 도를 터득하고 있습니다. 자기보다 비천한 사람으로부터 무엇인가를 배우고 도를 깨우칠 수 있는 경지는 아무나 할 수 있는 것이 아닙니다. 평소 배우기를 좋아해서 스스로를 호학자好學者라 불렀던 공자도 『논어』에서 이런 말을 했습니다. "세 사람이 길을 같이 걸어가면 반드시 내 스승이 있다. 좋은 것은 본받고 나쁜 것은 살펴 스스로 고쳐야 한다(三人行 必有我師焉 擇其善者而從之 其不善者而改之)." 문혜군이야말로 공자의 말씀을 잘 실천한 호학자라 부를 만합니다.

장자님은 『장자』 곳곳에서 도의 경지에 오르기 위한 방법을 이야기하고 있습니다. 「달생」에서는 안회가 스승인 공자에게 잘 배우기 위한 방법에 대해 묻자, 스승은 내기 활을 잘 쏘는 방법을 예로 들며 다음과 같은 이야기를 들려줍니다.

> "기왓장을 놓고 내기 활을 쏘면 잘 맞고 혁대 고리를 걸고 쏘면 약간 위축되고 황금을 걸고 쏘면 마음이 마구 흔들린다. 기술은 마찬가지인데, 뭔가를 귀중히 여기는 마음이 생기면 그것이 소중해져서 마음을 빼기기 때문이다. 무릇 외면적인 것을 중시하면 내면적인 것이 허술해질 수밖에 없다."
>
> _「달생達生」

이 이야기는 '빌헬름 텔의 사과'를 떠오르게 하는 대목입니다. 빌헬름 텔은 독일 극작가 쉴러의 『빌헬름 텔』에 나오는 주인공입니다. 사소한 죄를 지어 체포된 텔에게 총독은 한 가지 제안을 합니다. 감옥에 가든지, 아니면 50미터 떨어진 벽에 아들을 세워놓고 아들 머리 위에 올려진 사과를 화살로 맞히면 죄를 용서해주겠노라고 말합니다. 아무리 명사수라도 아들 때문에 마음이 흔들릴 것이라고 생각했기 때문입니다. 하지만 주인공의 화살은 아들 머리 위에 올려진 사과의 중앙을 통과하였습니다. 명사수답게 외부 조건에 마음이 흔들리지 않았기 때문입니다.

이렇게 극적인 상황은 아니겠지만, 보통 사람들도 외부 조건에 마음이 흔들리는 경우는 자주 경험하는 일이기도 합니다. 연습으로 할 때는 잘했는데 내기에서 큰 상품이 걸리면 평소 솜씨가 나오지 않습니다. 상품에

눈이 멀어 마음이 흔들렸기 때문입니다. 이처럼 외적 조건에 좌우되어 마음이 흔들리는 상태는 아직 기술의 단계를 넘지 못했다는 의미이기도 합니다. 기술의 단계에 머물고 있는 사람은 주체와 객체가 분리되어 쉽사리 집중을 할 수가 없습니다. 외부 조건에 따라 정신이 산만하게 흔들리기 때문입니다. 반면 도의 경지에 오른 사람은 쉽사리 외적 조건에 흔들리지 않습니다. 이 경지에 오른 사람은 주객이 하나가 되어 마음을 집중하기 때문입니다. 결국 도의 경지는 기술이 아니라 정신과 마음에 달렸습니다. 주체와 객체의 구분 없이 정신이 하나로 합쳐지고, 마음을 한곳에 집중하기에 부딪힘 없이 자연스럽게 나아가는 것입니다. 정신일도 하사불성精神一到 何事不成, 정신을 한곳에 모으면 이루지 못할 일이 없습니다.

23장

만남-16

훌륭한 덕은 밖으로 드러내지 않는다

옛 속담에 '하룻강아지 범 무서운 줄 모른다'는 말이 있습니다. 경험이 없는 사람이 철없이 함부로 덤비는 경우에 사용하는 속담입니다. 하룻강아지처럼 사람 중에도 자기가 제일 잘났다며 알량한 재주를 뽐내는 경우가 있는데, 이는 매우 위험한 행동입니다. 하룻강아지는 왜 자기 앞에 호랑이가 있는데도 도망가지 않고 덤비는 것일까요? 그 이유는 상대 수준을 제대로 파악하지 못했기 때문입니다. 이를 조금 고상하게 표현하면, 지각적 범주화範疇化 능력이 부족했기 때문이라고 말할 수도 있습니다. 지각적 범주화란 감각을 통해 외부 대상을 구분하는 능력을 말합니다.

언어학자인 조지 레이코프가 쓴 『몸의 철학』에서는 범주화 능력을 이렇게 정의하였습니다. "범주화란 동물들이 생존을 위해 자신이 마주하는 환경을 구분하는 작업이다." 범주화란 '생존을 위해' 반드시 필요한 작업입니다. 모든 생명체는 자신이 마주하는 환경을 잘 구분해야 합니다. 만약 자기 앞에 놓인 환경을 잘못 구분하면 생존하기 어렵기 때문입니다. 하룻강아지처럼 호랑이를 만났는데, 도망치지 않고 덤비고 있으면 살아남기 힘듭니다. 마찬가지로 우리 인간도 자신이 만나는 사람을 잘 구분할 줄 알아야 합니다. 잘못하면 큰코다칠 수도 있고 생존이 어려워질 수도 있기 때문입니다.

하룻강아지처럼 범 무서운 줄 모르고 나대는 사람은 고수일까요, 하수일까요? 대부분 하수입니다. 고수는 절대로 자기가 먼저 나서지 않습니다. 상대를 함부로 대하지도 않습니다. 그렇기에 고수는 오랫동안 생존할 수 있고, 그 결과 내공도 쌓을 수 있습니다. 반면 하수는 약간의 재주만 가져도 이를 뽐내고 싶어서 안달입니다. 만나는 사람마다 시비를 걸고 덤벼듭니다. 자기 재주를 보여주려 하기 때문입니다. 그 결과 고수가 되기 전에 생을 마감하는 경우가 대부분입니다. 장자님도 고수와 하수의 차이를 여러 곳에서 이야기하고 있습니다. 다음에 나오는 싸움닭의 이야기를 통해 고수의 특징이 무엇인지 알아보겠습니다.

> 기성자紀渻子가 왕을 위해 싸움닭을 길렀습니다. 열흘이 지나 왕이 물었습니다. "닭이 되었느냐?" "아직 안 되었습니다. 지금은 쓸데없이 허세를 부리고 자기 힘만 믿습니다."
> 다시 열흘이 지나 왕이 또 물었습니다. "아직 안 되었습니다. 다른 닭의 소리나 모습만 보아도 덤벼듭니다."
> 다시 열흘이 지나 왕이 또 물었습니다. "아직 안 되었습니다. 아직도 상대를 노려보고 혈기가 왕성합니다."

다시 열흘이 지나 왕이 또 물었습니다. "이제 됐습니다. 상대가 울음소리를 내어도 아무 변화가 없습니다. 멀리서 보면 마치 나무로 깎아놓은 닭 같습니다. 그 덕이 온전해진 것입니다. 다른 닭이 감히 상대하지 못하고 돌아서 달아나버립니다."

_「달생達生」

여기서는 싸움닭이 하수에서 고수로 변해가는 모습을 단계별로 설명하고 있습니다. 처음에는 자기 힘만 믿고 허세를 부립니다. 아무나 보고 싸우려고 덤빕니다. 그러다가 나중에는 조용해지면서 온전해졌습니다. 그 상태에 다다르니 다른 닭들이 감히 상대하지 못하고 도망칠 정도가 되었습니다. 진짜 고수가 된 것입니다. 하수들은 외형에 치중합니다. 해서, 겉으로 보기에 힘이 넘치고 혈기가 왕성합니다. 이와 달리 고수가 되면 내공이 안으로 갈무리되어 겉으로는 조용하고 온순해 보입니다. 장자님은 이를 두고 "그 덕이 온전해진 것이다"라고 표현했습니다. 덕을 갖추어 겉으로 보기엔 순해 보이지만, 내면에 숨겨진 내공과 기세는 감히 하수들이 범접하기 힘들 정도가 됩니다. 마치 물과 같은 상태가 된 것입니다.

부드러움이 강함을 이긴다는 말이 있습니다. 외적인 강함을 추구하는 것은 주로 하수의 특징입니다. 강함은 자기보다 더 강한 상대를 만나면 부러지고 맙니다. 고수는 강함보다는 부드러움을 추구합니다. 부드러움을 갖춘 사람은 자기보다 고수를 만나도 부러지지 않습니다. 고수는 고수를 알아볼 줄 압니다. 해서, 함부로 겨루지 않습니다. 부드러움은 아무나 가질 수 있는 내공이 아닙니다. 싸움닭의 사례에서도 알 수 있듯이, 부드러움은 강함의 단계를 넘어서야 얻을 수 있습니다.

고수들은 주로 외유내강인 경우가 많습니다. 겉으로 보기에는 온순해 보이지만 내면에는 강한 기세를 품고 있습니다. 해서, 고수는 상대방의 외형보다는 내면을 봅니다. 내면이 진짜이기 때문입니다. 반대로 하수들은 외형적인 모습으로만 상대를 평가하려 듭니다. 해서, 헛다리짚을 때가 많습니다. 사람들은 대개 타인을 평가할 때 그 사람의 외형적인 모습으로 판단하는 경우가 많습니다. 이는 올바른 관점이 아닙니다. 『장자』에는 겉으로 보이는 모습과 실제가 다른 사람의 이야기가 자주 나옵니다. 못생긴 남자인 추남 애태타의 이야기가 대표적입니다. 노나라 애공이 공자에게 위나라에 사는 못생긴 사람인 애태타에게 사람들이 몰려드는 이유를 묻습니다.

노나라 애공이 공자에게 물었습니다. "위나라에 못생긴 사람이 있었는데, 이름은 애태타라 합니다. 그 사람과 시간을 보낸 남자들은 그 사람 생각에 곁을 떠나지 못하고, 그 사람을 본 여자들은 부모에게 딴 사람의 아내가 되느니 오히려 그 사람의 첩이 되게 해달라고 조르는데, 그 수가 열몇 명으로 아직도 계속 늘어난다고 합니다. 그 사람은 나서서 앞서 주창主唱하는 일이 없고, 언제나 사람들에게 동조할 뿐입니다. 임금의 자리에 앉아 사람들을 죽음에서 구해준 일도 없고, 곡식을 쌓아두고 사람들의 배를 채워준 일도 없습니다. (…) 그래서 저도 그 사람을 불러 살펴보았습니다. 과연 추하기가 세상을 놀라게 할 만했습니다. 그러나 한 달도 못 되어 그 사람됨에 반했고, 일 년이 채 못 되어 그 사람을 믿게 되었습니다. 마침 나라에 재상이 없어서 제가 나라 살림을 맡기려 했더니 모호한 응답을 하는데, 분명치는 않지만 사양하는 듯했습니다. 저는 민망한 생각이 들었지만 나라 살림을 떠맡겼습니다. 그랬더니 금방 저를 떠나가버렸습니다. (…) 이 사람은 도대체 어떤 사람입니까?"

_「덕충부德充符」

노나라 임금인 애공은 추남 애태타에게 사람이 몰려드는 것이 하도 이상스러워 자신이 애태타를 불러 살펴보았다고 합니다. 그랬더니 그도 곧 그 사람됨에 반해서 완전히 신뢰하게 되었다고 합니다. 그런데 그 이유가 궁금합니다. 애태타의 외모가 출중한 것도 아니고, 그가 큰 공을 세우거나 사람들에게 특별한 이익을 준 것도 아니기 때문입니다. 애공은 공자에게 그 연유를 묻습니다. 공자는 다음과 같이 답합니다.

"지금 애태타는 말을 안 하고도 사람들의 신임을 얻고, 아무런 공적 없이도 사람들의 사랑을 받습니다. 나라 살림을 맡아달라고 하면서 맡아주지 않을까봐 염려마저 하게 합니다. 이 사람은 반드시 자신의 재질을 온전히 하면서도 그 덕을 밖으로 드러내지 않는 사람일 것입니다."

애공이 물었습니다. "그의 재질을 온전히 한다는 것은 무슨 뜻입니까?"

공자가 답했습니다. "죽음과 삶, 생존과 파멸, 성공과 실패, 가난과 부유함, 현명함과 어리석음, 비방과 칭찬, 굶주림과 목마름, 추위와 더위, 이것은 모두 사물의 변화요, 명命의 운행으로서 우리 앞에 밤낮으로 번갈아 나타나지만, 우리의 앎으로는 그 시원始原을 헤아릴 수 없습니다. 그러므로 이런 것들이 마음의 조화를 어지럽히거나 마음속 깊은 곳으로 들어오게 할 수 없습니다. 마음이 조화롭고 즐겁도록 하고 시원히 트이게 하여 기쁨을 잃지 않게 해야 합니다. 밤낮으로 틈이 없도록 하고 만물과 더불어 봄을 맞습니다. 이것이 사물에 접해서 마음에 봄이 오게 하는 것입니다. 이를 일러 인간에게 주어진 재질을 온전히 한다는 것입니다."

_「덕충부德充符」

애공의 질문에 대한 공자는 "재질을 온전히 하고, 덕을 밖으로 드러내지 않"기 때문이라고 답하였습니다. 공자가 말하는 재질이란 하늘이 그에게 내려준 본래의 근본(才)을 뜻하는 것으로 운명運命이라고 보아도 좋겠습니다. 이 근본을 온전히 지키는 일을 재전才全이라고 합니다. 공자의 설명의 따르면, 인간에게 세상 만물의 조화나 명(命)의 움직임은 수시로 변화하여 나타나지만, 그것은 인간의 힘으로 시원을 알 수도 없거니와 통제할 수도 없습니다. 이런 변화들로 인해 마음의 조화를 어지럽히거나 마음 깊숙이 담아두는 일은 옳지 못한 행동입니다. 만물의 변화에도 마음이 조화롭고 즐겁게 하고, 만물과 더불어 봄을 맞는 일이 바로 인간에게 주어진 재질을 온전히 하는 것입니다.

결국 본바탕을 온전히 지킨다는 것은 우리의 마음이 자신에게 주어진 여러 조건에도 흔들리지 않는 것을 의미합니다. 자기의 운명으로 주어진 것을 의연히 받아들이고, 외부 조건이나 환경 변화에 일희일비하지 않고 마음의 조화와 평정을 유지하는 것이 바로 재전입니다. 애태타는 비록 외모는 추하게 태어났지만, 이에 흔들리지 않고 자신의 본바탕을 아름답게 가꾸는 데 매진하였습니다. 그 결과 사람들이 그에게 몰려든 것입니다. 장자님에 따르면, 하늘이 우리 개개인에게 내려준 본바탕, 근본은 외형적인 데 있지 않고 내부에 있습니다. 이 내면의 아름다움을 온전하게 지키는 것이 무엇보다 중요합니다. 그렇다면 덕을 밖으로 드러내지 않는다는 말은 무슨 의미일까요? 애공은 이에 대해서도 물었습니다.

> "그렇다면 덕을 밖으로 드러내지 않는다는 것은 무슨 뜻입니까?"
> "평평한 것은 물이 완전히 고요해진 상태입니다. 이것이 본보기가 될 수 있음은 안에 고요를 간직하고 밖으로는 출렁거리지 않기 때문입니다. 덕을 이룬 사람은 조화를 이룬 사람으로, 덕을 밖으로 드러내지 않기 때문에 사람들이 그에게서 떠나지 못하는 것입니다."
>
> _「덕충부德充符」

'덕을 밖으로 드러내지 않는다' 함은 마음이 명경지수明鏡止水와 같이 고요함을 간직하고 밖으로는 출렁거리지 않는 상태를 말합니다. 자신의 덕을 외부에 알리려고 촐랑거리거나 나대지 않는 상태입니다. 정말로 덕을 가진 사람은 자신의 덕을 외부에 알리려 하지 않습니다. 노자도 『도덕경』에서 이런 말을 남겼습니다. "훌륭한 덕을 가진 사람은 자기의 덕을 의식하지 않습니다. 그러기에 정말로 덕이 있는 사람입니다. 훌륭하지 못한 사람은 자기의 덕을 의식합니다. 그러기에 정말로 덕이 없는 사람입니다(上德不德 是以有德 下德不失德 是以無德 上德無爲而無以爲 下德爲之而有以爲)." 높은 덕의 소유자는 자신의 재주를 뽐내려 하지 않습니다. 자기의 덕을 의식하지 않기 때문입니다. 자신이 이미 덕을 보유하고 있기 때문에 남들이 알아주는가에는 관심을 두지 않습니다. 고수의 특성은 이러합니다. 반면 낮은 덕의 소유자는 자신의 잔재주를 뽐내려고 안달입니다. 스스로의 덕에 확신이 없기 때문입니다. 하수의 특성이 그러합니다. 결국 자신의 가진 덕을 밖으로 드러내고자 안달하는 자는 하수에 불과합니다.

이처럼 고수와 하수는 외형적 모습이 아니라 내면의 덕이 결정합니다. 장자님은 외형적인 모습은 추하지만 내면으로는 덕이 충만한 사람들의 이야기를 많이 하고 있습니다. 그만큼 강조하고 있는 것입니다. 다음은 절름발이면서 꼽추에다 언청이인 인기지리무신과 목에 큰 혹이 달린 사람인 옹앙대영의 이야기입니다.

> 절름발이 꼽추, 언청이인 사람(인기지리무신)이 위나라 영공에게 간언을 했더니, 영공이 그를 무척 좋아하게 되었습니다. 그후 영공은 온전한 사람을 보면 오히려 목이 야위고 가냘프게 보였습니다.
>
> 목에 큰 혹이 달린 사람(옹앙대영)이 제나라 환공에게 간언을 했더니, 환공이 그를 무척 좋아하게 되었습니다. 그후 환공이 온전한 사람을 보면 오히려 목이 야위고 가냘프게 보였습니다.
>
> 그러므로 덕이 뛰어나면 외형은 잊어버리게 됩니다. 그러나 사람들

은 잊어야 할 것은 안 잊고, 잊지 말아야 할 것은 잊습니다. 이것이야말로 '정말로 잊어버림(誠忘)'이라 합니다.

_「덕충부德充符」

장자님도 노자와 마찬가지로 높은 덕의 소유자는 외형적인 모습과는 관련이 없음을 강조하고 있습니다. 뛰어난 덕을 소유한 고수들은 내면을 가꾸느라 외형은 잊어버립니다. 반면 하수들은 외형에 신경쓰느라 내면을 가꾸는 일에 소홀하게 됩니다. 이처럼 잊어야 할 외형은 잊지 않고, 잊지 말아야 할 내면은 잊어버리는 것이 하수의 특징이며, 장자님은 이것이야말로 "정말로 잊어버림(誠忘)"이라고 표현했습니다. 결국 고수는 애태타처럼 외형보다는 내면에 치중하고, 자신에게 주어진 운명을 받아들여 이를 잘 보존하며, 자신의 덕을 밖으로 드러내지 않는 사람으로 도의 경지에 이른 사람이라 할 수 있습니다. 각자 나는 고수의 면모를 얼마나 갖추고 있는지 점검해보면 어떨까 싶습니다.

24장

대화

—

사태를 있는 그대로 바라보고 현실을 긍정하라

오상수_ 장 소장님. 안녕하세요.

장주_ 오랜만에 오셨군요. 오상수 과장님. 반갑습니다. 요즘 하시는 일은 잘 되시죠?

오_ 예. 소장님 덕분에 새로운 팀에 적응도 마쳤고, 새로 시작한 업무에도 한창 재미를 붙여가고 입습니다. 기획 업무가 어렵기도 하지만, 그 점 때문에 더 재미가 있는 것 같습니다. 요즘은 다시 신입사원 시절로 돌아간 기분입니다.

장_ 다행이군요. 그럼, 업무로 한창 정신이 없으실 텐데 오늘은 어쩐 일로 이렇게 왕림하셨습니까? 혹시 새로운 고민이라도 생겼습니까?

오_ 예. 실은 이번 건은 별문제가 아니라고 넘어갈 수도 있는 사안인데, 제 마음은 자꾸 신경이 쓰여서 며칠 고민하다가 이렇게 소장님을 찾게 되었습니다.

장_ 그런 고민을 상담해드리고자 '직장고민상담소'가 있는 것입니다. 부담 갖지 마시고 허심탄회하게 말씀해보시죠.

오_ 예. 그러겠습니다. 제 동기 중에 이번에 특진하여 차장으로 승진한 친구가 있습니다.

장_ 그 동기분은 진급이 빠른 편이군요. 능력이 출중한가 보죠?

오_ 그랬다면 제가 소장님을 뵈러 오지도 않았을 것입니다. 이런 말씀을 드리면 어떻게 생각할지 모르겠지만, 제가 보기에 그 친구는 능력이 뛰어난 것도 아니고 일을 열심히 하는 것도 아니거든요. 단지 명문대 출신이라서 같은 학교 출신의 상사가 그 친구의 뒤를 봐주는 것이 아닌가 하는 의심이 들 정도입니다.

장_ 능력은 별로인데 명문대 출신이라는 이유만으로 위에서 잘 봐줘서 특진했다고 보시는군요.

오_ 그렇습니다. 제가 신입사원 시절에 그 친구와 바로 옆 부서에서 근무했기 때문에 그 친구의 실력을 잘 알거든요. 그 친구는 묵묵히 자기에게 주어진 일만 할 뿐, 별로 눈에 띄지도 않았던 녀석입니다. 동기 중에서 가장 빨리 진급할 정도로 출중한 역량을 보유한 것은 절대 아닙니다. 그것은 제가 장담할 수 있습니다. 해서, 이번 특진 건은 결코 공정한 평가에 의한 것이라고 말하기 어렵습니다.

장_ 그렇군요. 오 과장님이 그렇게 생각하시는 데는 나름의 이유가 있었네요. 그런데 저는 그 일과는 별개로 오 과장님에게 궁금한 점이 있습니다. 왜 평소와는 달리 이번 일, 그러니까 동기의 특진 때문에 민감하게 반응하시는지 그 이유가 궁금하네요. 동기의 특진이 오 과장님에게 어떤 영향을 주는 것일까요?

오_ 동기의 특진이 저에게 아무 일도 아닌 것은 아니지요. 조직생활을 하는 직장인이라면 누구나 승진을 해서 성공하길 바랍니다. 그런데 동기가 나보다 빨리 승진을 했다는 것은 나의 승진이 늦었다고 볼 수도 있기 때문에 신경이 쓰이는 것도 당연한 일 아닙니까?

장_ 사촌이 땅을 사면 배가 아픈 것처럼 말이죠?

오_ 그런 측면이 없다고는 말씀드리지 못하지만, 오직 그것 때문만은 아닙니다. 뭐랄까, 이번 일을 통해 조직 전반에 불공정함이 만연해 있는 것 같달까요. 아무튼 이런 상황에서 나 혼자 열심히 노력하는 것이 무슨 의미가 있을까 의구심이 들기도 합니다.

장_ 그렇군요. 특진할 정도가 아닌 사람이 특진하는 것을 납득할 수 없다는 말이군요. 그런데 오 과장님의 말씀을 들어보니까 문득 몇 가지 생각해봐야 할 점이 있다는 생각이 듭니다. 그래서 이 부분을 논의하면 사태를 좀더 객관적이고 명료하게 이해할 수 있을 듯합니다. 조금 전에 오 과장님은 동기의 특진 건에 대해 '승진이 곧 성공'이라는 논리를 펼치셨는데, 직장에서의 성공이 곧 높은 직급으로의 승진만을 의미하는 것일까요?

오_ 다른 요소도 있겠지만, 현실적으로 조직 안에서는 승진이 성공을 판단하는 첫번째 기준인 것은 사실이잖아요?

장_ 틀린 말은 아닙니다. 하지만 그 논리는 성공의 관점을 지나치게 협소하게 설정한 결과이기도 합니다. 오 과장님도 본인 입으로 '조직 안에서'라고 한정해서 말씀하셨듯이, 조직 안으로 범위를 한정시킨다면 얼마나 높이 승진했는지가 객관적인 기준이 될 수 있습니다. 하지만 인생의 성공이란 조직생활에만 한정되는 것은 아니거든요. 범위를 좀더 길고 넓게 펼친다면 조직에서의 직급이 인생의 성공을 의미하는 것은 결코 아닙니다. 혹시 제가 보내드린 장자님의 레터에서 와우각상쟁이라는 고사성어 기억나시나요?

오_ '달팽이 뿔 위에서 다툰다'는 뜻이지요.

장_ 맞습니다. 장자님은 땅을 얻기 위해 이웃나라와 전쟁을 벌이는 일도 마치 달팽이의 뿔 위에서 아웅다웅 다투고 있는 것으로 보았습니다. 인간의 관점에서 크고 중요해 보이는 문제도 하늘의 관점에서 보면 별로 대수롭지 않은 경우가 많습니다. 직장생활만 놓고 보면 남들보다 빨리 승진하고 보수를 좀더 많이 받는 것이 마치 큰 성공처럼 보입니다. 하지만 인생 전체로 보면 그 차이는 결코 대단한 것이 아닙니다. 고교 졸업생이 대학시험에 낙방하여 재수를 하게 되면, 마치 하늘이 무너진 것처럼 생각되지만 중년이 되어 그 시절을 되돌아보면 인생의 사소한 해프닝에 불과하기도 하거든요. 그렇지 않나요?

오_ 동기의 특진도 길게 보면 별것 아니라는 말씀이군요. 장자님 말씀이 지당하다는 점에 대해서는 저도 동의합니다. 긴 인생을 놓고 볼 때 직장에서의 승진이 중요한 일은 아니라는 점에는 이견이 없습니다. 하지만 명문대 출신이라는 이유만으로 특진하는 현실에 대해 마냥 긍정할 수만은 없지 않습니까?

장_ 인간인 이상 불공정함을 경험하게 되면 화가 나는 것은 자연스러운 현상입니다. 장자님은 와우각생쟁의 우화를 통해 우리 인간이 갖는 인식의 한계를 꼬집어 말한 것인데요. 인간이 사소한 일에도 아옹다옹하며 사는 이유는 우물 안 개구리처럼 우리의 인식이 한계를 벗어나지 못하기 때문입니다. 그 결과, 눈앞에 보이는 것이 전부인 줄 알고 사소한 것에도 다투고 산다는 것입니다. 오 과장님은 동기가 '명문대 출신'이라서 특진했다고 주장하고 계신데요. 이 주장은 진실인가요? 객관적인 증거라도 있나요?

오_ 구체적인 증거를 대기는 어렵지만 합리적인 의심이 드는 것은 사실입니다. 제가 사원 때 그 친구가 일하는 것을 지켜보았거든요. 그때 저의 판단으로는 특진할 정도는 결코 아니었습니다.

장_ 저도 동기분을 모르기 때문에 실제 특진할 만큼의 능력을 보유했는지는 알지 못합니다. 다만 이야기를 들어보면, 오 과장님의 주장도 실체적 진실이라고 보기 어렵습니다. 특진의 원인이 명문대 출신 때문이라는 명백한 증거도 없고, 옆에서 지켜봤을 때 능력이 그 정도는 아니라는 주장도 지극히 주관적인 시각입니다. 게다가 현재 능력이 아니라 과거 신입사원 시절에 대한 평가에 불과하기 때문입니다. 해서, 불공정하다고 주장하는 오 과장님의 관점도 참된 진리라고 보기는 어려운 것 같습니다. 혹시 플라톤의 동굴의 비유와 관련된 이야기를 들어보신 적 있으시죠?

오_ 유명한 이야기잖아요. 동굴에 갇힌 인간이 벽에 비친 그림자를 실제라고 믿는 오류를 저지른다는 의미죠.

장_ 잘 아시는군요. 플라톤도 지적하듯이 인간인 이상 누구나 인식의 한계를 가질 수밖에 없습니다. 장자님도 우물 안 개구리의 일화를 통해 유한한 인간은 자기 눈에 보이는 세계, 자기가 경험한 세계만이 실재라고 믿는 것을 경계하라고 조언하였습니다.

오_ 동기의 특진에 대한 저의 인식이 완전하지 않다는 말씀 같은데요. 달리 생각해보면, 인간인 이상 어떤 한계도 없이 완전한 인식을 갖는 것은 불가능한 일 아닌가요?

장_ 맞습니다. 유한한 존재인 인간이 완전한 관점을 가진다는 것은 결코 쉬운 일이 아닙니다. 완전함은 신이나 하늘의 영역이고, 불완전함과 한계는 인간의 영역이죠. 하지만 그럼에도 완전함에 다가가려는 노력은 필요합니다. 인간인 이상 분명 한계를 지닐 수밖에 없겠지만, 한계를 넘어서서 완전함에 다가가려는 노력도 인간이니까 할 수 있는 것입니다. 결국 장자님은 와우각상쟁이나 우물 안 개구리의 우화를 통해 인간이 갖는 인식의 한계를 깨닫고 이를 넘어서기 위해 노력하라고 가르치는 것입니다.

오_ 어떻게 하면 인식의 한계를 넘어설 수 있을까요?

장_ 죄송스럽게도 그 질문에 대해서는 저도 구체적인 방법을 알려드릴 수가 없습니다. 저도 아직 완전함에 이르지 못했거든요. 먼저 내가 가진 인식이 한계를 가졌으며 틀릴 수도 있다는 점을 받아들이고, 더 크고 높은 완전한 인식을 갖기 위해 노력하는 것밖에 달리 방도가 없을 것 같습니다. 즉 도의 관점에서 사태를 바라보고, 도의 경지에 이르기 위해서 노력하는 것이 최선의 방법이라고 말씀드리고 싶습니다. 장자님에 도에 대해 언급하신 말 중에 도행지이성이란 말이 있습니다.

오_ 길은 걸어다녔기 때문에 만들어진 것이라는 뜻이죠?

장_ 역시 오 과장님은 공부를 많이 하셨군요. 「제물론」에서 장자님은 도행지이성 물위지이연이라고 말씀하셨습니다. 알다시피 이 말은 길은 걸어 다녔기 때문에 만들어진 것이고, 사물은 그렇게 불렀기 때문에 그렇게 구분된 것이라는 뜻입니다. 장자님은 이 말을 통해 사람이나 사물에는 고정된 실체나 본질이 없다고 주장하였습니다. 모든 사물은 고정되어 있지 않고 끊임없이 변화한다고 본 것입니다. 신입사원 시절에 곁에서 본 동기는 차장으로 진급한 지금까지 아무런 변화 없이 그대로일까요?

오_ 그렇지는 않겠죠…….

장_ 모르긴 몰라도 동기분도 과거에 그대로 머물러 있지는 않을 것입니다. 이처럼 우리가 특정한 사람이나 사물을 고정된 실체로 보게 되면 진리와 멀어지고 진실을 놓치는 경우가 많아집니다. 도의 관점에서 세상을 보지 않기 때문입니다. 반면 존재하는 모든 것에는 고정된 실체가 없다는 입장을 받아들이면 사람이나 사태를 보는 관점도 달라집니다. 과거에 평범하다고 생각했던 사람이 세월이 지나서 특진하게 되면, 불공정하다는 평가를 내리기보다 그사이에 무엇이 달라졌는지에 파악하는 데 집중하게 되죠. 그 결과, 사태를 있는 그대로 바라보고 현실을 긍정할 가능성이 높아집니다.

오_ 소장님 이야기를 들어보니 제가 그동안 너무 편협한 시각으로 세상을 보지 않았나 반성하게 됩니다. 아마 그 친구도 그사이에 많이 성장했을 수도 있겠군요. 돌아가서 동기가 그간 무엇이 달라졌는지를 자세하게 관찰해봐야겠습니다. 항상 느끼는 바지만, 소장님께 오기만 하면 저의 고민이 눈 녹듯 사라지는 것 같습니다. 아직 도의 관점을 갖는 것은 어렵지만 조금씩 도를 알아가고 있다는 믿음은 생깁니다. 오늘도 좋은 말씀 감사합니다.

장_ 좋은 생각입니다. 그 친구의 실체를 고정해두지 말고, 그사이에 무엇이 바뀌었는지를 파악해보시길 바랍니다. 그 과정에서 오 과장님도 더 많은 것을 배우게 될 것입니다. 아울러 저의 상담이 도움이 된다니 저도 힘이 나는군요. 앞으로도 자주 찾아주시기 바랍니다.

5부

관계
篇

양행의 원리를 깨닫고 조화롭게 살아라

타인과 조화롭게 어울리기

25장

열기

—

연차가 높아질수록 인간관계가 힘든 이유는?

요즘 들어 오상수 과장은 '직장생활에서 일보다는 인간관계가 더 힘들다'는 말을 절감하고 있다. 팀 내 중고참이어서 상하 간 소통을 원활하게 유지하는 허리 역할을 해야 하지만, 위아래 어느 쪽과도 좋은 관계를 맺지 못하고 있다. 위에서는 끝없는 성과 압력에다 시도 때도 없이 지시사항을 하달하여 정신을 없게 만든다. 한편 후배들은 시킨 일도 제대로 하지 않으면서 매사에 힘들다고 엄살을 부리기 일쑤다. 위에서는 갈구고 아래서는 치받는, 그야말로 샌드위치 신세다.

이번에 새로 부임해온 팀장은 오 과장보다 불과 한두 살 많은 정도인데, 매사에 부하 직원에게 엄격하게 대하며 세세한 업무까지 깐깐하게 챙기는 통에 스트레스가 이만저만 아니다. 게다가 은근히 자신의 빠른 승진과 높은 지위를 자랑하며 거들먹거리기도 한다. 사실 팀장의 빠른 승진은 그의 능력 때문이 아니라 배경 때문이라고 보아야 한다. 그룹 비서실에서 오래 근무한 그는 최고 경영진과 가까이 지낸 터라 남들보다 승진도 빨랐다. 그런 팀장을 보면서 오 과장은 부러움과 동시에 상대적 박탈감이나 열등감을 느낄 때도 많다. 이로 인해 팀장이 지시하는 업무를 수행하는 것도 어렵지만 개인적인 관계를 맺기가 더욱 힘들었다.

후배와의 관계도 썩 좋지만은 않다. 나름 후배들에게 관심도 가져주고 배려도 해주는데, 후배들은 그러한 오 과장의 진심을 몰라주고 오히려 귀찮아하는 경우도 많았다. 오 과장이 후배들에게 여러 가지로 신경을 써주는 것에는 나름 이유가 있었다. 오 과장도 신입사원 시절에는 선배들의 강요와 억압, 무관심에 상처를 받은 적이 많았다. 해서, 그는 자신이 선배가 되면 절대 후배를 부려먹거나 무관심하게 방치해두지는 않겠다고 마음먹었던 터였다. 하지만 오 과장의 마음과는 달리 후배들은 그의 관심과 정성이 부담스럽다고 느끼는 것 같았다.

후배들과 세대차이를 느끼는 것도 문제다. 오 과장은 스스로를 신세대라고 생각하지는 않지만, 그렇다고 해서 꼰대 소리를 들을 만큼 신세대를 이해하지 못할 정도는 아니라고 생각했다. 오히려 다른 관리자들보다는 최소한 그들의 마음이나 생각을 잘 이해한다고 믿고 있었다. 하지만 그럼에도 젊은 친구들의 행태를 보면 이해되지 않을 때도 많았다. 팀 회식 날짜를 잡아도 개인 약속이 있다면서 불참하는 때도 있었고, 급한 업무로 인해 야근을 해야 할 상황에도 집안일을 핑계로 칼퇴근을 하는 경우도 많았다. 이러한 행동은 오 과장이 신입사원 시절에는 상상도 하지 못할 일이었다. 요즘 신세대 직원들은 회사보다는 가정이 우선이고 조직보다는 개인사가 먼저였다. 상황이 이렇다보니 오 과장은 회의감이 들기도 했다.

후배들을 위해 나름 정성을 기울였는데 진심을 몰라줘서 야속하기도 하고, 자신의 관심과 노력을 오히려 부담스러워하는 눈치라서 앞으로 어떻게 해야 할지 막막하기까지 했다.

오 과장은 연차가 높아질수록 조직생활이 만만치 않다고 느끼게 되었다. 연차가 늘어가면서 업무 전문성이 생기고 적응력도 높아지는데, 조직 내 인간관계는 점점 꼬여가고 소외되는 느낌이었다. 왜 이런 문제가 생겼을까? 조직에서 인간관계를 원만하게 형성하기 위해서는 어떻게 해야 할까? 인간관계에 대한 고민이 깊어질수록 오 과장의 마음속에는 간절해지는 사람이 있었다. '직장고민상담소'의 장주 소장이었다. 오 과장은 조만간 시간을 내서 장주 소장을 만나야겠다고 마음먹었다.

26장

만남-17

한쪽으로 치우침 없이 사물의 양면을 보라!

사람은 누구나 출세해서 성공하길 바랍니다. 출세出世란 문자 그대로 해석하면 세상에 나간다는 뜻인데, 현실에서는 이보다 긍정적 의미로 사용됩니다. 기업에서 임원으로 승진하거나 정부에서 고위직에 오르면 사람들은 이를 두고 출세했다고 말합니다. 또 연예인이나 예술가가 이름이 나서 유명해지면 이를 두고서도 출세했다고 표현합니다. 이처럼 출세란 '사회적으로 높은 지위에 오르거나 유명해짐'을 뜻하는 좋은 표현입니다. 해서, 사람은 대부분 출세하기를 원합니다. 직장인들이 남들보다 빨리 승진을 하거나 높은 직위에 올라서기를 원하는 것도 모두 출세에 대한 욕망 때문입니다.

출세하면 언제나 좋을까요? 다시 말해 승진을 빨리하거나 높은 직위에 오르는 것은 당사자에게 항상 좋은 일일까요? 대체로 사람들은 출세하면 좋을 것이라고 '막연히' 생각합니다. 예컨대 조직에서 누군가가 임원으로 승진하면 주변 사람들은 출세했다며 부러워합니다. 게다가 우르르 몰려가서 축하의 말도 건넵니다. 하지만 가만히 생각해보면, 임원 승진은 마냥 축하할 일만은 아닐 수도 있습니다. 세상에 일어나는 모든 일에는 항상 명암이 동시에 존재하기 마련입니다. 임원으로 승진한 경우도 예외가 아닙니다. 조직에서 지위가 높아지면 덩달아 요구되는 책임도 많아집니다. 책임질 일이 많아지기에 그만큼 위험도 커집니다. 임원으로 승진하고 나면 성과 때문에 고민이 많아집니다. 임원이 성과를 내지 못하면 옷을 벗어야 하는 경우도 생깁니다. 자기 밑에 있는 직원이 큰 사고를 치면 연대 책임을 져야 할 수도 있습니다. 그 결과, 어렵게 올라간 자리를 보전하지 못하고 중도하차하는 임원도 많습니다. 임원을 일컬어 '임시 직원'의 줄인 말이라고 하는 우스갯소리는 괜히 나온 것이 아닙니다.

물론 임원이 되는 것을 거부하거나 포기하라는 말은 아닙니다. 타인의 출세를 보고 마냥 부러워하거나 자신의 처지를 비관적으로 생각하지 말라는 뜻입니다. 세상 모든 일에는 양면이 존재하기 마련입니다. 겉으로는 좋아 보이는 일에도 반대급부가 따르는 경우가 많습니다. 장자님도 이런 상황을 잘 파악하고 계셨습니다. 이런 이야기가 있습니다. 송나라의 조상이란 사람이 왕의 사신으로 진나라에 갔다가 진나라 왕으로부터 수레 백 대를 받았습니다. 송나라로 돌아온 조상은 장자를 찾아와 자신의 출세를 거들먹거립니다. 게다가 장자에게 요령껏 살지 못하는 고지식한 사람이라며 업신여기기까지 합니다. 이에 장자는 다음과 같이 대꾸하였습니다.

"진나라 왕이 병이 나서 의원을 부르면, 종기를 따서 고름을 빼내주는 의원에게는 수레 한 대를 주고 치질을 핥아서 고쳐주는 의원에게는 수레 다섯 대를 준다는데 치료할 것이 더러우면 더러울수록 수레를 더 많이 준다고 하더군. 자네는 치질을 얼마나 고쳐주었기에 그렇게나 많은 수레를 얻었는가. 자네, 물러가게."

_「열어구列禦寇」

장자님은 잘난 체하는 조상에게 통쾌한 일격을 날립니다. 조상은 비상한 재주로 천금을 벌었지만 장자님은 그것이 대단한 일이라고 여기지 않았습니다. 모든 일에는 반대급부가 따르듯이 세상에 공짜란 없기 때문입니다. 재물을 많이 얻었다는 것은 그것에 상응하는 대가를 지불했다는 의미입니다. 그렇기에 그것으로 스스로 만족하고 살면 될 일이지, 이를 가지고 타인과 비교하거나 우열을 가려서 거들먹거리는 것은 옳은 처사가 아닙니다. 장자님이 보기에 자신이 얻은 재물로 타인을 업신여기는 조상은 속물俗物에 불과합니다. 속물이란 '교양이 없거나 식견이 좁고 세속적인 일에만 신경을 쓰는 사람'을 일컫는 말인데, 이들은 주로 내면보다는 외형적인 면에만 신경을 쓰는 사람들입니다. 내면과 외형을 모두 봐야 하는데, 그러지 못하기에 교양이 없고 식견이 좁다는 소리를 듣는 것입니다.

장자님은 모든 사물이나 현상을 볼 때 제대로 보는 것이 중요하다고 생각하였습니다. 모든 사물과 현상에는 양면이 존재하는데 이를 다 보지 못하면 편견에 빠질 수밖에 없고, 그 결과 매사에 시비를 따지게 된다는 것입니다. '사물을 고르게 한다'는 뜻의 「제물론」에 나오는 장자님의 말씀을 들어보겠습니다.

사물은 모두 '저것' 아닌 것이 없고, 동시에 '이것' 아닌 것이 없다. 자기를 상대방이 보면 '저것'이 되는 줄을 모르고, 자기가 자기에 대한 것만 알 뿐이다. 그러기에 이르기를 '저것'은 '이것'에서 나오고, '이것'은 '저것' 때문에 생긴다고 하였다. 이것이 바로 '이것'과 '저것'이 서로를 생겨나게 한다는 '방생方生'이라는 것이지. 삶이 있기에 죽음이 있고, 죽음이 있기에 삶이 있다. 됨이 있기에 안 됨이 있고, 안 됨이 있기에 됨이 있다. 옳음이 있기에 그름이 있고, 그름이 있기에 옳음이 있다. 그러므로 성인은 일방적 방법에 의지하지 않고, (전체를 동시에 볼 수 있는) 하늘의 빛에 비추어 보는 것이다. 이것이 바로 '있는 그대로를 그렇다 함(因是)'이다. (…) '저것'과 '이것'이 상대적 대립관계를 넘어서서 없어지는 경지를 일컬어 '도의 지도리(道樞)'라 한다. 지도리이기에 회전의 중심에서 무한한 변화에 대응한다. 옳음도 무한한 변화의 하나요, 그름도 무한한 변화의 하나다. 그러므로 '무엇보다 (옳고 그름을 넘어서서 모든 것을 꿰뚫어보는) 밝음(明)이 있어야 한다'고 한 것이다.

_「제물론齊物論」

장자님은 사람들이 매사에 시비를 따지고 대립하는 이유가 자기의 관점에서만 사물을 바라보기 때문이라고 보았습니다. 사물을 한쪽에서만 바라보는 편견 때문에 '이것'과 '저것'의 구분이 생기고, 그 결과 시비를 따지게 된다는 것입니다. 편견을 버리고 전체적으로 보면, 동일한 사물이 이것도 되면서 동시에 저것이 되기도 합니다. 이를테면 지금 내 앞에 책상이 놓여 있다고 칩시다. 그 책상은 나에게는 이것이지만, 조금 멀리 사람에게는 저것입니다. 해서, 동일한 책상을 두고 이것과 저것이 서로 옳다고 다툰다면 이는 매우 어리석은 짓입니다. 지금 두 사람이 말하는 이것과 저것은 동일한 사물을 가리키는 각각의 표현일 뿐입니다.

한편 이것과 저것은 서로에게는 없어서는 안 될 존재입니다. 이것이 있기에 저것이 존재하며, 그 반대도 마찬가지입니다. 흔히 사람들은 닭이 먼저냐 알이 먼저냐 하면서 싸우는 경우가 있는데, 닭과 알은 이것과 저것처럼 우열을 가릴 수 있는 대상이 아닙니다. 닭이 있기에 알이 있는 것이고, 알이 있었기에 닭이 생겨날 수 있습니다. 이처럼 서로가 서로를 가능하게 만드는 것을 장자님은 '방생方生'이라 불렀습니다. 방생이란 서로를 생겨나게 하다는 의미로 상호의존적 존재라는 뜻입니다.

이처럼 세상에는 서로 대립하고 모순되는 것 같지만, 실상은 상대가 없으면 의미가 없는 개념들이 많습니다. 남녀男女, 명암明暗, 흑백黑白, 귀천貴賤, 장단長短, 고저高低, 미추美醜, 선악善惡 등의 개념들이 그러합니다. 사람을 남녀로 구분할 때, 남자가 없다면 여자라는 구분이 무슨 의미가 있겠습니까? 만약 남자가 없다면 여자라는 말도 필요가 없습니다. 그냥 사람이라는 단어 하나면 충분합니다. 여자라는 표현도 남자가 있기 때문에 존재할 수 있습니다. 그 반대도 마찬가지죠. 결국 모든 것은 독립된 절대개념이 아니라 상대에 의존하여 생겨난 것에 불과합니다. 해서, 대립관계가 아니라 상호의존하는 관계라는 사실을 깨닫는 것이 필요합니다. 장자님은 이러한 관점을 '하늘의 빛에 비추어 본다'고 표현하였습니다.

자기의 관점이 아니라 더 크고 더 높은 관점, 즉 하늘의 빛에 비추어보면 모든 사물은 대립하는 것이 아니라 서로 의존하고 있음을 깨닫게 됩니다. 그렇게 되면 이것과 저것의 구분도 사라집니다. 이처럼 이것과 저것의 대립관계를 넘어서는 경지를 도추道樞, 즉 '도의 지도리'라 표현하였습니다. 지도리란 한옥의 여닫이문에 사용하는 경첩을 말하는데, 회전하는 문의 중심부에 있어서 모든 변화에 대응하는 위치에 자리잡고 있습니다. 모든 것을 포용하는 자리입니다. 모든 사물을 무한한 변화의 과정으로 봄으로써 부정하거나 배척하지 않고 '있는 그대로' 바라보는 상태, 하늘의 빛에 비추어 한쪽으로 치우침 없이 양극이 조화를 이루는 상태, 모든 것을 꿰뚫어 보는 상태가 바로 '밝음(明)'입니다. 밝음을 통해 한쪽으로 치우침 없이 사물의 양면을 볼 때 시비와 편견은 사라지게 됩니다.

사물의 양면을 보라고 주장하는 장자님의 이야기를 하나 더 들어보도록 하겠습니다. 신도가申徒嘉는 형벌로 발이 하나 잘린 사람입니다. 그는 정나라 재상 자산과 함께 백혼무인이라는 스승을 모셨습니다. 자산은 발이 하나뿐인 신도가와 같은 자리에 앉기를 싫어했습니다. 자산이 자리를 피해달라고 하자, 신도가가 말을 듣지 않았습니다.

> 자산이 신도가에게 다시 말했습니다. "내가 먼저 나가면 자네가 남아 있고, 자네가 먼저 나가면 내가 남아 있기로 하세. 이제 내가 먼저 나갈 터이니 자네가 남아주겠는가. 자네는 나라의 재상인 나를 보고도 자리를 비키지 않는데, 재상과 맞먹겠다는 것인가?"
>
> 신도가가 대답했습니다. "선생님의 문하에 대신이란 직위가 있던

가? 자네는 스스로 재상이라고 우쭐해서 남을 무시하려 드는군. 이런 말이 있더군. '거울이 맑으면 먼지가 끼지 않고, 먼지가 끼면 맑은 거울이 아니다. 현인과 오래 지내면 잘못이 없어진다'고 하더군. 지금 자네가 우리 선생님을 크게 받들며 살고 있는데, 아직도 그런 소리를 하니, 그것이야말로 뭔가 잘못된 것 아닌가?"

_「덕충부德充符」

형벌로 발이 잘린 외발이 주제에 감히 재상인 자기와 동석을 하려 한다고 꾸짖는 자산에게 신도가는 스승님과 오래 지냈으면서도 현명해지지 못하고 여전히 잘못을 저지르고 있다며 나무라고 있습니다. 아무리 재상이라 할지라도 스승님 앞에서는 모두가 제자에 불과하기에 차별할 이유가 없다는 논리입니다. 거울이 맑으면 먼지가 끼지 않는 것처럼 마음이 거울같이 맑으면 차별하려는 의식이 없어질 텐데, 스승님에게 그렇게 배우고도 아직도 마음이 맑지 않으니 잘못된 것 아닌가 하면서 질타하고 있습니다. 이에 자산은 화를 내면서 다음과 같이 말합니다.

자산이 대답했습니다. "자네는 그 꼴에 요 임금과 훌륭함을 겨누려 하는군. 자네의 덕을 헤아려보게, 그것도 모자라 스스로 반성할 줄 모른단 말인가?"
신도가가 대답했습니다. "자기 잘못을 변명하면서 벌받은 것이 억울하다고 생각하는 사람은 많지만, 자기 잘못을 변명하지도 않고 온전한 몸으로 살아남음을 오히려 황공하다 생각하는 사람은 드무

네. 어쩔 수 없음을 깨닫고, 편안하게 운명으로 받아들이는 것. 이것은 덕이 있는 사람만 할 수 있는 일이지. 활 잘 쏘는 예羿의 사정거리 안에서 놀 때, 그 안은 모두 화살에 맞을 수 있는 땅이라네. 그런데도 맞지 않았다면 그것은 명命일 따름이지. 그런데도 자신이 온전하다하여 내 발 하나 없음을 비웃은 사람이 많았다네. 나는 그때마다 불끈 화를 내다가도, 선생님 계신 곳에 가면 그런 마음을 말끔히 씻고 평소 상태로 되돌아왔네. 선생님께서 훌륭하신 덕으로 나를 씻어주셨나보이. 내가 선생님을 십구 년 동안 따르며 배웠지만, 선생님께서는 아직도 내가 외발임을 아신다고 내비치신 적이 없으시다네. 자네와 나는 몸안의 세계를 배우는데 자네는 아직 몸밖의 것에만 눈을 돌리고 있으니 이것 역시 뭔가 잘못된 것 아닌가?"

자산은 부끄러워 풀이 죽은 채, 얼굴빛을 바꾸고 용모를 고쳐 말했습니다. "이보게, 이 이야기는 없었던 것으로 하세."

_「덕충부德充符」

장자님은 자산과 신도가의 대화를 통해 선악과 귀천을 구분하여 시비를 따지지 말라고 교훈하고 있습니다. 이야기 속에서 자산은 시비를 따지는 역할이며, 신도가는 그를 깨우쳐주는 역할입니다. 자산은 다리 잘린 병신 주제에 한 나라의 재상에게 감히 유식한 척 문자나 쓰고 있다고 또다시 나무라고 나섰습니다. 이에 신도가는 다리가 잘린 것은 개인의 잘잘못과는 무관한 것이라고 반박합니다. 활 잘 쏘는 사람의 사정거리 안에 있으면 누구나 활을 맞을 수 있듯이, 난세에는 개인적 잘잘못과 관계없이

활을 맞을 수도 있다는 논리입니다. 어쩌다 활에 맞아서 발이 잘렸다고 부끄러워할 일도 아니며, 운좋게 활을 맞지 않아서 몸이 온전하다 해도 우쭐대거나 잘난 체할 일이 아니라는 것입니다.

더구나 신도가는 시비를 따질 수 있기에 화를 내다가도 선생님의 훌륭한 덕으로 그런 마음을 평온하게 되돌릴 수 있었다는 것입니다. 또한 선생님은 사람을 외모로 평가하지 않기에 지금까지 한 번도 외모에 대해 이러쿵저러쿵한 일이 없는데, 자산은 외모를 문제삼는다며 꾸짖고 있습니다. 모름지기 공부란 외모가 아니라 내면의 정진을 도모하는 일인데, 아직도 외모에만 신경을 쓰느냐고 나무라기까지 합니다. 사물의 일면만 보고 차별하고 시비를 다투는 자산은 신도가 앞에서 크게 망신 당하고, 지금까지의 일을 없었던 것으로 해달라며 애원하는 처지가 되었습니다. 결국 장자님은 신도가와 자산의 대화를 통해 우리에게 편견에 빠지지 말고, 시비와 다툼을 넘어서라고 교훈하고 있습니다.

직장생활을 하다보면 다른 사람과 자신을 비교하면서 감정의 동요를 느낄 때가 있습니다. 자기보다 못한 처지에 있는 사람을 보면 우월감을 느끼고, 자신보다 뛰어나거나 잘나가는 사람을 보면 괜한 열등감에 빠집니다. 이러한 우월감이나 열등감은 모두 자신의 입장에서 타인을 평가한 결과일 뿐입니다. 이것과 저것을 구분하고 사물의 한쪽 면만 보았기 때문에 발생한 것입니다. 조금 떨어져서 보거나 하늘의 빛에 비추어보면 나와 다른 사람은 크게 다르지 않습니다. 우월감이나 열등감을 가지면 타인과 조화로운 관계를 만들 수가 없습니다. 이처럼 구분과 차별이 난무하고 계급과 우열이 판치는 세계에서는 조화의 꽃이 싹을 피울 수가 없습니다.

조화는 상호 동등한 관계에서만 피는 꽃입니다. 타인과 좋은 관계를 만들기 위해서는 밝음을 통해 한쪽으로 치우침 없이 사물의 양면을 모두 볼 수 있는 식견을 길러야 하겠습니다.

27장

만남-18

하늘의 눈으로 사태를 고르게 인식하라!

소탐대실이라는 말이 있습니다. 작은 것을 탐하다가 큰 것을 잃는다는 의미로, 눈앞의 작은 이익에 급급하여 큰 이익이나 진짜 소중한 것을 놓치는 경우에 사용하는 말입니다. 살다보면 누구나 소탐대실하는 경우가 있습니다. 학창시절에는 알량한 성적 때문에 친하게 지냈던 벗을 잃기도 하고, 돈 몇 푼 때문에 사랑을 저버리는 경우도 있습니다. 직장에서도 승진과 출세를 위해 건강을 잃거나 가정에 소홀히 하는 경우도 드물지 않게 볼 수 있습니다.

사람은 왜 소탐대실하는 것일까요? 가장 큰 이유는 판단을 잘못했기 때문입니다. 눈앞의 작은 이익과 나중에 얻게 될 큰 이익의 크기를 제대로 헤아리지 못해서 판단 착오를 일으킨 것입니다. 사람의 눈은 기본적으로 원근법의 적용을 받습니다. 가까운 물체는 크게 보이는 반면, 먼 곳에 있는 물체는 실제보다 작게 보입니다. 그렇기에 사람들은 먼 곳에 있는 물체를 볼 때 거리를 감안하여 그 크기를 짐작합니다. 이러한 보정작업은 올바른 판단을 위해서는 반드시 필요한 과정입니다. 하지만 (눈에 보이는 물체가 아니라) 눈에 보이지 않는 사태를 판단할 때는 우리의 이성이 원근법을 무시할 때가 있습니다. 당장 취할 수 있는 것은 과대평가하고, 나중에 얻을 수 있는 것은 과소평가하거나 무시하는 경우가 많습니다. 그 결과, 소탐대실의 우를 범하는 것입니다. 장자님도 소탐대실하는 경우가 많음을 우회적으로 지적하고 있습니다. 다음의 이야기를 들어보도록 하겠습니다.

> 사물이 본래 하나임을 알지 못하고 죽도록 한쪽에만 집착하는 것을 일러 '아침에 셋(朝三)'이라 한다. '아침에 셋'이란 무슨 뜻인가? 원숭이를 기르는 사람이 원숭이들에게 도토리를 주면서, "아침에 셋, 저녁에 넷을 주겠다"고 말했다. 원숭이들은 모두 성을 냈다. 그 사람은 "그렇다며 아침에 넷, 저녁에 셋을 주겠다"고 했다. 그러자 원숭이들이 모두 기뻐했다. 명목이나 실질에 아무런 차이가 없는데도 원숭이들은 성을 내다가 기뻐했다. 옳고 그름의 판단에 사로잡혀 있기 때문이다. 그러므로 성인은 옳고 그름의 양극을 조화시킨다. 그리고 모든 것을 고르게 하는 '하늘의 균형(千鈞)'에 머문다. 이를 일러 '양행兩行'이라고 한다.
>
> _「제물론齊物論」

그 유명한 조삼모사라는 고사성어가 나오는 대목입니다. 장자님은 원숭이의 우화를 통해 단견短見에 사로잡힌 사람들의 어리석음을 우회적으로 비판하고 있습니다. 원숭이는 '아침에 셋, 저녁에 넷'을 주겠다고 하니 버럭 화를 내다가 '아침에 넷, 저녁에 셋'을 주겠다고 하니까 기뻐합니다. 장자님은 그 이유를 "옳고 그름의 판단에 사로잡혀 있기 때문"이라고 말합니다. 실질에는 차이가 없는데도 당장 눈앞에 보이는 것만으로 옳고 그름을 판단하기에 어리석다는 것입니다. 모든 것을 고르게 보지 못하고 한쪽으로만 보기 때문입니다. 장자님은 우리가 원숭이와 같은 우를 범하지 않기 위해서는 옳고 그름의 양극을 조화시켜야 한다고 조언합니다. 이를 '하늘같이 높은 곳에서 전체를 균형 있게 본다'는 뜻으로 천균天均이라고 불렀는데, '옳고 그름의 두 길을 모두 걷는다'는 뜻으로 양행兩行이라고도 말했습니다.

천균이란 '하늘의 고름'을 뜻합니다. 여기서 고름(均)이란 세상 모든 이에게 공정하고 공평하다는 뜻입니다. 양행이란 흑백논리나 이분법에 빠지지 않아서 한쪽으로 기울거나 치우치지 않는 상태를 말합니다. 한쪽으로 치우침이 없기에 시비를 다투는 일이 없습니다. 양행을 하려면 하늘의 눈으로 세상 만물을 바라보아야 합니다. 하늘은 세상 만물을 구분하고 차별하지 않습니다. 구분하고 차별하는 것은 인간입니다. 예를 들어보겠습니다. 어떤 지역에 폭우가 내려 논밭이 침수되고 가축이 떠내려가서 큰 손실을 입었습니다. 이런 상황에 처하면, 사람들은 '왜 하늘은 우리에게만 이런 폭우를 퍼붓는가?' 하면서 원망을 하기도 합니다. 하지만 하늘은 그곳에만 폭우를 퍼붓지 않습니다. 짧은 시간으로만 한정해서 보면 폭우가 내린 곳과 그렇지 않은 곳으로 구분할 수 있겠지만, 억겁億劫의 시간으로 보면 지역별로 폭우가 내린 빈도는 대략 엇비슷합니다. 이것이 하늘의 원리이자 자연의 이치입니다. 결국 장자님은 우리에게 소탐대실의 우를 범하지 않기 위해 천균과 양행의 이치를 깨우치라고 교훈하고 있습니다.

살다보면 다른 사람과 서로 자기가 옳다며 옥신각신 다툴 때가 있습니다. 하지만 시간이 지나고 나면 '그때 왜 그런 사소한 일로 다투었을까' 하면서 후회가 될 때도 있습니다. 사람들은 왜 다투는 것일까요? 그 이유는 장자님의 주장처럼, "옳고 그름을 판단하기 때문"입니다. 나는 옳고 너는 틀렸다는 생각 때문에 서로 다투는 것입니다. 이것 역시 하늘의 눈으로 세상을 보지 않았기 때문입니다. 하늘의 눈으로 보지 못하기에 나와 타인을 구별하게 되고, 그 결과 남과 다투는 것입니다. 장자님은 인간관계에서도 나와 타인을 구별하지 않는 것이 중요하다고 보았습니다. 「경상초」에 나오는 장자님의 이야기를 들어보도록 하겠습니다.

> 장터에서 남의 발을 밟으면 실수를 정중히 사과하지만, 형의 발을 밟으면 따뜻한 손길을 주기만 하고 어버이의 발을 밟으면 아무 말도 하지 않아도 됩니다. 그러므로 이르기를 "예의 극치는 나와 남을 구별하지 않는 것, 의의 극치는 나와 사물을 구별하지 않는 것, 앎의 극치는 꾸미지 않는 것, 사람됨의 극치는 편애하지 않는 것, 믿음의 극치는 돈을 필요로 하지 않는 것"이라 하였습니다.
>
> _「경상초庚桑楚」

영화 〈러브스토리〉에서 "사랑하는 사람끼리는 미안하다고 하지 않는 거야(Love means never having to say you're sorry)"라는 명대사가 나오는 장면이 연상되는 대목입니다. 장자님은 가까운 사람끼리는 실수하더라도 미안하다는 말을 할 필요가 없다는 입장입니다. 유교 관념에 익숙한 사람이라면 '장자님의 주장이 예에서 벗어나는 것 아닌가' 하고 생각할 수 있겠지만, 장자님은 형식적인 격식보다 더 중요한 것이 있다고 보았습니다. 예의 극치, 즉 진정한 예는 형식적인 격식을 넘어서야 비로소 완성된다고 말하고 있는 것입니다. 장자님이 보기에 형이나 어버이는 남이 아닙니다. 나와 남으로 분리되지 않는, 구별할 수 없는 사이입니다. 해서, 형이나 어버이의 발을 밟았다고 해서 사과할 필요가 없는 것입니다. 이는 곧 내가 내 발을 밟은 셈이니 굳이 사과의 말을 건넬 필요도 없다는 논리입니다.

요즘 사람들이 자주 쓰는 표현으로 내로남불이라는 말이 있습니다. 내로남불은 '내가 하면 로맨스, 남이 하면 불륜'이란 뜻으로, 남이 할 때는 비난하던 행위를 자기가 할 때는 충분히 그럴 수 있다고 보는 태도를 지칭하는 말입니다. 남에게는 엄격하지만 자신에게는 자비로운 태도로, 주로 자기를 합리화하는 모습을 보고 일컫는 표현입니다. 사람들은 왜 내로남불의 태도를 가질까요? 그 이유는 남과 나를 구분하고 서로 다른 잣대를 들이대기 때문입니다. 이는 올바른 태도가 아니며 진정한 예라고 보기 어렵습니다. 장자님은 인간관계에서도 격식을 따지기보다 나와 남을 구별하지 않는 것이 진정한 예라고 보았습니다. 윤리적 차원의 구분이나 차별, 대립 등을 초월해야 남들과 시비를 다투지 않게 된다는 것입니다.

사람들은 남들과 다툴 때 잘잘못을 따지게 되는데, 이때 잘잘못에 대한 평가는 대체로 주관적인 경우가 많습니다. 그 결과, 내로남불처럼 자기는 옳고 상대방은 틀렸다고 생각하기 쉽습니다. 게다가 상대가 무슨 잘못이라도 하면, 그것을 실수로 받아들이기보다 상대가 악의를 품고 의도적으로 그러한 행동을 했다고 생각하는 경향이 있습니다. 이 또한 올바른 해석이 아닙니다. 지나치게 자신의 입장에서만 바라본 치우친 생각이며, 전체를 균형 있게 바라보지 못하는 상태입니다. 장자님은 외부의 자극에 대해 지나치게 자의적이며 민감하게 반응하는 사람들의 태도를 비판하기도 하였습니다. 다음에 나오는 장자님의 이야기를 들어보시죠.

"배를 타고 강을 건너는데 빈 배가 와서 부딪혔습니다. 아무리 성질이 급한 사람이라도 화를 내지 않습니다. 그런데 그 배에 한 사람이라도 타고 있으면 비켜 가라고 고함을 칩니다. 한 번 고함쳐서 듣지 않으면 다시 고함치고, 그래도 듣지 않으면 세번째는 욕설을 퍼붓습니다. 앞의 경우에는 화를 내지 않다가 뒤의 경우에는 화를 내는 이유는, 앞의 경우에는 배가 비어 있었지만, 뒤의 경우에는 누군가가 타고 있었기 때문입니다. 사람도 빈 배처럼 자기를 비운 채 인생의 강을 흘러간다면 누가 그를 해치겠습니까?"

_「산목山木」

재미있는 우화입니다. 빈 배가 와서 부딪혔을 때는 아무런 화를 내지 않다가도 누군가가 배에 타고 있으면 고함을 치고 욕설을 퍼붓습니다. 왜 그럴까요? 전자의 경우는 상대가 나를 해할 의도가 없다고 보았지만, 후자의 경우는 상대가 나를 해할 의도를 가졌다고 보기 때문입니다. 배가 와서 부딪히는 행위는 동일하지만 행위자의 의도가 있었는지 여부에 따라 화를 내기도 하고 아니기도 합니다. 행위의 정도보다는 의도의 유무가 더 크게 영향을 미친 것입니다. 결국 상대방의 행위보다는 의도에 대한 해석에 따라 그 결과가 달라지는 것입니다.

배에 사람이 타고 있는 경우, 상대방은 나를 해칠 목적으로 배를 몰아서 부딪힌 것일까요? 단정하기 어렵지만, 특별한 이유가 없다면 고의로 배를 부딪쳤을 가능성은 높지 않습니다. 배가 충돌하면 자신도 피해를 보기 때문입니다. 아마도 실수이거나 운전 미숙으로 피하지 못했을 가능성이 높습니다. 여기서 중요한 것은 왜 충돌사고가 발생했는가에 대한 원인 분석이 아닙니다. 장자님은 지금 충돌 상황에 직면한 당사자의 해석의 문제를 꼬집고 있습니다. 상대방의 실제 의도와는 무관하게 상황을 부정적으로 해석한 뒤 스스로 화를 내는 모습을 질타하고 있는 것입니다.

스토아 철학자 세네카는 '현명한 사람은 모든 것을 잘못 해석하지 않는다'고 주장하였습니다. 그에 따르면, 사람들은 마음의 상처를 입었을 때 상대방이 자신에게 상처를 입힐 의도가 있었다고 믿고 싶어한다는 것입니다. 이를테면 급하게 돈이 필요해서 친구에게 도움을 요청했는데, 친구는 "나도 돈이 없어서 빌려줄 상황이 아니다"라며 거절했습니다. 이로 인해 그 사람은 마음의 상처를 받았습니다. 처음으로 친구에게 어렵게 부탁했는데, 이를 들어주지 않고 단칼에 거절했기 때문입니다. 그가 보기에 돈이 없다는 친구의 말은 돈을 빌려주기 싫어서 지어낸 핑계인 것 같았습니다.

이 상황에서 친구는 정말로 돈이 없었던 것일까요, 아니면 돈을 빌려주기 싫어서 핑계를 댄 것일까요? 진짜 이유는 무엇인지 알 수 없습니다. 우리로서는 친구의 속내가 무엇이었는지 알 길이 없습니다. 그런데 여기서 중요한 것은 친구의 거절에 대한 당사자의 해석입니다. 친구가 정말 돈이 없어서 거절을 했을 수도 있고, 돈이 있었지만 빌려주기 싫어서 핑계를 댔을 수도 있습니다. 하지만 진실이 무엇이든 간에 돈이 없어서 거절했다고 생각하는 쪽이 현명한 해석인 것만은 틀림없습니다. 돈이 있었으나 핑계를 댄 것이라고 해석하는 것보다 마음의 상처를 덜 받기 때문입니다. 진실을 확인할 길이 없다면, 자신에게 유리하게 해석하는 쪽이 현명한 태도입니다.

사람들은 왜 부정적으로 해석하는 것일까요? 세네카에 따르면, 그러한 판단 착오는 '정신의 나약함'과 관련이 있습니다. 평소 모든 상황을 부정적으로 해석하고 상대의 반응을 자신에 대한 모욕으로 판단하는 경향을 가진 사람들이 간혹 있는데, 이들의 내면에는 자신이 남들로부터 비웃음을 당하거나 조롱당할 만한 존재일지도 모른다는 두려움이나 자격지심 같은 것이 도사리고 있습니다. 스스로에 대한 신뢰나 믿음이 없기 때문에 타인의 자극에 민감하게 반응하고 부정적으로 해석하는 것입니다. 이처럼 자신에 대한 믿음이 없고 정신이 나약한 사람은 상대방의 반응을 부정적으로 해석하는 경향이 많습니다. 그 결과, 타인의 의도와는 무관하게 스스로 자신을 해치게 되는 것입니다.

심리학에서는 '신데렐라 콤플렉스'라는 말이 있습니다. 이 말은 동화 신데렐라에 나오는 여자 주인공에 빗대어, 여성이 일시에 자신의 인생을 화려하게 변모시켜 줄 남성을 기다리는 심리적 의존 상태를 비유적으로 표현한 용어입니다. 동화나 영화에서는 착한 성품을 소유한 신데렐라가 고생 끝에 행복한 결말을 맞는 긍정적 이미지로 표현되지만, 심리학에서 말하는 신데렐라 콤플렉스는 다분히 부정적인 표현입니다. 이 말은 주로 자신의 능력과 인격으로는 자립할 자신이 없는 여성을 지칭하는 표현으로 수동성, 자기비하의 태도, 남성에 대한 의존성을 가진 사람을 의미하기 때문입니다. 이런 사람들은 자신에 대한 믿음이 없기 때문에 타인의 반응에 민감할 수밖에 없고, 부정적 반응에 대해 마음의 상처를 받기 쉽습니다. 결국 신데렐라 콤플렉스를 가진 자는 정신의 나약함으로 인해 상대의 반응을 올바르게 해석하지 못합니다.

세네카의 주장처럼, 현명한 사람이 모든 것을 잘못 해석하지 않는 이유는 무엇일까요? 한쪽으로 치우침 없는, 균형잡힌 생각 때문입니다. 장자님의 표현을 빌리면 빈 배처럼 자기를 비웠기 때문입니다. 그렇기에 어느 누구도 그를 해치지 못하는 것입니다. 중요한 것은 사태가 아니라 해석입니다. 현명한 해석을 위해서는 상황을 바라보는 관점이 중요합니다. 자기의 입장에서만 바라보거나 한쪽으로 치우친 관점으로는 사태를 고르게 인식할 수 없습니다. 하늘의 눈으로 균형 있게 바라보아야 제대로 볼 수 있습니다. 천균과 양행이 중요합니다.

28장

만남-19

—

타인의 입장에서 생각하고 판단하라!

"이게 다 너 잘되라고 하는 말이야!" 살면서 종종 듣는 말입니다. 이 말은 주로 부모가 자식을 크게 혼낸 후 마지막에 곁들이는 멘트입니다. 직장에서 상사가 후배에게 핀잔을 주고 난 뒤 상처가 덧나지 않게 갈무리하는 표현이기도 합니다. 너 잘되라고 한 말이니 기분이 나빠도 좋게 해석하라는 뜻입니다. 이 말을 들은 자녀나 후배는 상대방의 진심을 알게 되었으니 이제 마음의 상처가 씻은 듯 없어질까요? 그렇지 않습니다. 설령 조언을 해주는 사람에게 악의가 없었다 할지라도 한 번 입은 상처는 쉽사리 아물지 않습니다. 이런 생각이 들 수도 있습니다. '그럴 거면 처음부터 혼내지나 말지!' 이처럼 자신의 입장에서 좋은 일이 타인에게는 고통을 주는 경우도 있습니다. 장자님도 이러한 상황을 조심해야 한다고 보았습니다.

그러므로 오리의 다리가 짧다고 길게 늘여주면 오리는 괴로워하고, 학의 다리가 길다고 짧게 잘라주면 학은 슬퍼합니다. 그러므로 본래부터 긴 것은 자를 일이 아니고, 본래부터 짧은 것은 늘일 것이 아닙니다. 이것은 근심하고 두려워할 일이 아니니까요. 인의仁義가 사람의 본성일 수 있겠습니까? 저 인仁을 갖춘 사람은 얼마나 괴로움이 많겠습니까?

_「변무駢拇」

장자님은 오리 다리가 짧다고 늘이지 말고, 학 다리가 길다고 자르지 말라고 말씀하고 있습니다. '프로크루스테스의 침대'가 연상되는 대목입니다. 프로크루스테스는 그리스신화에 나오는 인물로, 그는 아테네 교외의 언덕에 집을 짓고 살면서 강도질을 했습니다. 그의 집에는 철로 만든 침대가 있는데, 그것이 바로 '프로크루스테스의 침대'입니다. 그는 지나가는 사람을 붙잡아 자신의 침대에 눕히고는 행인의 키가 침대보다 크면 그만큼 잘라내고, 침대보다 작으면 침대 크기만큼 사지를 늘려서 죽였습니다. 그래서 요즘에는 자기 생각에 맞추어 타인의 생각을 뜯어고치려고 하는 행위를 프로크루스테스의 침대에 비유하기도 합니다.

지금은 프로크루스테스의 침대가 실제로 존재하지는 않지만, 이와 유사한 상황은 심심찮게 발생하고 있습니다. 부모의 높은 기대에 맞추느라 원치 않는 공부에 내몰린 자녀나 입사 이후 조직이나 상사의 기준에 맞추어 훈육되고 있는 신입사원을 보면 현대판 프로크루스테스 침대라는 생각이 들기도 합니다. 어쩌면 그리스시대보다 지금이 더 많을지도 모르겠습니다. 프로크루스테스의 침대에서 자란 자녀나 신입사원은 제대로 성장할 수 있을까요? 당연히 잘 성장할 수 없습니다. 대부분 성장하기도 전에 죽고 맙니다. 운좋게 죽지 않더라도 딱 침대 크기만큼만 성장할 뿐입니다.

물론 자녀나 신입사원을 침대에 눕힌 부모나 상사에게 악의가 있었던 것은 아닙니다. 그들의 의도는 상대가 잘되기를 바라는 마음이 컸을 것입니다. 하지만 결과적으로는 오리의 다리를 늘이고 학의 다리를 자른 것처럼, 당사자의 고통을 초래했을 뿐입니다. 상대를 위한다고 한 일인데, 당사자는 왜 고통스러워할까요? 그 이유는 자신의 본성과 맞지 않기 때문입니다. 몸에 좋은 약이 입에 쓰다지만, 아무리 좋은 약도 본인의 체질에 맞아야 약효가 발휘되는 법입니다. 상대를 위한 마음도 상대방의 본성을 고려해야만 기대한 결과를 얻을 수 있습니다.

장자님이 「변무」에서 오리와 학의 이야기를 통해 강조하고자 했던 바는 단지 신체적 특성만을 고려하라는 것이 아닙니다. 오히려 도덕적 측면을 강조하고 있습니다. 장자님은 유가儒家에서 강조하는 도덕규범이 인간의 본성과는 맞지 않다고 보았습니다. 성선설을 주장한 맹자는 인간의 마음에는 인의예지仁義禮智 등 네 가지의 덕에 대한 싹이 이미 구비되어 있다고 주장하였습니다. 이를 사단四端이라 부릅니다. 사단이란 남을 불쌍히 여기는 마음(惻隱之心), 잘못을 부끄럽게 여기는 마음(羞惡之心), 양보할 줄 아는 마음(辭讓之心), 옳고 그름을 가리는 마음(是非之心)인데, 이것이 각각 인의예지가 될 수 있는 단서(端)라는 것입니다. 즉 인간의 마음속에 인의예지라는 본성이 들어 있다고 본 것입니다.

장자님의 생각은 맹자와 달랐습니다. 장자님이 보기에 유가에서 강조하는 어짊과 의로움(仁義)은 사람이 본래 타고난 진실된 모습이 아니라고 보았습니다. 왜 그럴까요? 어짊을 갖춘 사람은 괴로움이 많기 때문입니다. 장자님은 남들에게 인仁하다는 평가를 받는 사람이 괴로움을 더 많이 겪는 경우를 보았던 것 같습니다. 다른 사람이 잘못을 하거나 상처를 줘도 겉으로는 인자한 척하면서 속으로는 애를 태운다면, 이는 진정한 인이 아니라고 보았습니다. 말하자면, 인이 사람들이 본래부터 가지고 있는 본성이 아니라는 것입니다. 인의를 가르치는 것도 인간의 본성에 어긋나는 일을 강요하는 것이기에 괴로움과 슬픔을 가져다줄 뿐입니다. 유가에서 말하는 인의가 마치 프로크루스테스 침대와 같은 역할을 한다고 본 것입니다.

인의가 인간의 본성이라고 주장하는 맹자와 인간의 본성에 어긋난다고 주장하는 장자의 주장 중에서 어느 쪽이 맞는 것일까요? 동양의 철학 전통을 보면, 당시는 물론 지금까지도 맹자의 주장에 손을 들어주는 사람이 많았습니다. 해서, 도덕규범에 대한 장자의 주장은 비난과 배척을 많이 받아온 것도 사실입니다. 비주류의 설움이라고나 할까요? 그럼에도 지금까지 장자님의 주장이 이어지고 있는 이유는, 옳고 그름을 떠나 장자님의 말씀에도 새겨볼 만한 교훈이 있기 때문일 것입니다. 장자님은 왜 기존의 지배적 규범과 배치되는 주장을 했을까요? 그것은 기존의 윤리적 도덕규범이 대다수 사람들의 삶을 풍요롭게 만들기보다 고통과 근심거리를 준다고 보았기 때문입니다. 겉으로 인의예지의 도덕규범을 따르느라 실제 본성과는 어긋나는 삶을 사는 것을 목도했기 때문입니다.

세월이 한참 흐른 뒤, 서양에서 장자님과 비슷한 주장을 펼친 철학자가 나타났습니다. 니체입니다. 그는 모든 사람이 반드시 따라야 하는 절대적이고 객관적인 도덕규범은 존재하지 않는다고 보았습니다. "도덕적 현상이란 존재하지 않으며, 현상에 대한 도덕적인 해석만이 존재할 뿐이다." 어떤 행위가 도덕적인지 아닌지는 행위가 결정하는 것이 아니라 그 행위를 어떻게 해석하는가에 달렸다는 뜻입니다. 이를테면 동성끼리 결혼하는 것은 현재 우리나라의 기준으로는 비도덕적 행위입니다. 하지만 유럽의 여러 나라와 미국의 일부 주에서는 동성 간 결혼이 법적으로 허용된 곳도 있습니다. 이를 보면 절대적이고 객관적인 도덕적 기준은 존재하지 않는다고 보는 편이 타당해 보입니다.

니체는 왜 도덕을 싫어했을까요? 그 이유는 도덕이 삶을 부정하기 때문입니다. 니체가 보기에 도덕은 절대적이고 객관적인 기준에 의해 세워진 것이 아니라 해석에 따라서 매번 달라지는 고무줄과 같은 잣대에 불과합니다. 니체는 도덕에 대해 이렇게 표현했습니다. "도덕은 언제나 프로크루스테스의 침대다." 도덕이 개인의 본성을 무시하고, 누군가가 만들어 놓은 규범적 기준에 삶을 억지로 맞추도록 강요한다고 본 것입니다. 마치 프로크루스테스의 침대에 눕혀진 사람처럼 말입니다. 프로크루스테스의 침대에 눕혀진 사람이 원하는 삶을 살 수 없듯이 도덕적 잣대로 재단된 사람도 행복한 삶을 살기 어렵습니다. 장자님도 도덕규범이 개인의 본성을 어긋나게 한다는 점에는 니체와 생각이 같았습니다. 그런데 장자님은 여기서 한발 더 나아갑니다. 그러한 일은 단지 본성을 어긋나는 것에 그치지 않고 죽음에 이를 수도 있다고 경고합니다. 다음의 이야기를 들어보시죠.

남쪽 바다의 임금을 숙儵이라 하고, 북쪽 바다의 임금을 홀忽이라 하였고, 그 중앙의 임금을 혼돈混沌이라 하였습니다. 숙과 홀이 때때로 혼돈의 땅에서 만났는데, 혼돈은 그때마다 그들을 극진히 대접했습니다. 숙과 홀은 혼돈의 은덕을 갚을 방법을 의논했습니다. "사람들은 모두 일곱 개의 구멍을 가지고 보고 듣고 먹고 숨쉬는데, 오직 혼돈에게만 이런 구멍이 없으니 구멍을 뚫어줍시다." 그리고는 혼돈의 몸에 하루에 한 구멍씩 뚫어주었는데, 칠 일 만에 혼돈은 죽고 말았습니다.

_「응제왕應帝王」

무시무시한 이야기입니다. 숙과 홀은 좋은 의도로 혼돈의 몸에 구멍을 뚫어주었는데, 그로 인해 혼돈은 죽고 말았습니다. 장자님은 이 이야기를 통해 인위적인 것을 비판하고 있습니다. 사람에게 구멍은 반드시 필요한 것이지만 혼돈에게 구멍은 본성이 아닙니다. 본성이 아닌 것을 억지로 강요하니 죽을 수밖에 없습니다. 혼돈이란 본래 하늘과 땅이 분화되기 전의 상태를 말하는데, 그것은 순수한 본성이나 자연을 뜻하기도 합니다. 아무리 좋은 것이라 할지라도 인위적인 것을 가하면 자연은 순수한 본성을 잃어버리고 죽고 맙니다. 인간을 포함한 모든 생명체도 자연상태가 좋은 것입니다. 각자 타고난 본성을 지키며 사는 게 좋지, 이것저것 인위적인 조작을 가하면 좋지 않습니다.

각자 타고난 본성을 유지하는 일은 인간관계에서도 매우 중요합니다.

아무리 사랑하는 사이에서도 개개인의 본성을 고려하지 않고 억지로 무언가를 하도록 시키면 자칫 상대를 해치는 결과를 낳기도 합니다. 이를테면 공부가 본성이 아닌 자녀에게 억지로 공부를 시키면 좋은 결과보다는 부작용이 생길 가능성이 더 큽니다. 마치 프로크루스테스의 침대에 눕혀진 것과 같습니다. 자녀를 사랑하여 그를 위한답시고 한 일이 오히려 자녀의 본성을 해치고 자녀를 죽이는 결과를 낳을 수도 있습니다. 다음에 나오는 장자님의 이야기도 각자의 본성에 맞추어야 한다는 것을 비유적으로 주장하고 있습니다.

> 옛날에 바닷새가 날아와 노나라 교외에 날아와 앉았습니다. 노나라 임금은 그 새를 친히 맞이하고, 종묘로 데리고 와 잔치를 베풀었습니다. 구소九韶의 음악을 연주해주고, 소와 돼지, 양을 잡아 대접했습니다. 그러자 새는 어리둥절해하고 슬퍼하더니, 한 조각의 고기도 먹지 못하고, 한 잔의 술도 마시지 못하고 사흘 만에 죽어버렸습니다.
> 이는 사람이 사람을 봉양하는 방법으로 새를 기르려 했지, 새에 맞는 방법으로 새를 기르지 않았기 때문입니다.
>
> _「지락至樂」

역지사지라는 고사성어가 생각나는 대목입니다. 이것과 비슷한 이야기가 이솝 우화에 나옵니다. 여우가 학을 초대해서 음식을 대접했는데, 평평한 접시에 담아주어 학이 음식을 먹을 수 없었습니다. 다음날에는 학이

여우를 초대하여 음식을 내놓았는데, 이번에는 입구가 좁은 호리병에 담아주어 여우가 음식을 입에 대지도 못했습니다. 상대방의 입장을 고려하지 않아서 상대를 곤란하게 만들었다는 이야기입니다. 모든 생명체는 타고난 본성이나 능력, 취향 등이 각기 다릅니다. 따라서 각자의 본성을 있는 그대로 따르게 하는 것이 최선입니다. 억지로 타고난 본성에 벗어나는 일을 하게 하면 곤란함을 넘어 위험한 지경에 이를 수도 있습니다.

「지락」의 바닷새 이야기에서도 노나라 임금은 바닷새를 극진하게 대접했지만, 결과는 새를 죽게 만들었습니다. 바닷새는 왜 노나라 임금의 극진한 대접을 즐기지 못하고 슬퍼하다가 죽었을까요? 임금의 대접이 바닷새의 본성과 맞지 않았기 때문입니다. 장자님 표현을 빌리면, "새에 맞는 방법으로 새를 기르지 않았기 때문"입니다. 그렇다면 노나라 임금이 제대로 하려면 어떻게 해야 할까요? 바닷새 이야기는 「달생」의 마지막에 한번 더 언급됩니다. 장자님은 이렇게 말하였습니다. "새를 기르려 한다면 마땅히 깊은 숲속에 살게 하고 강물과 호수 위에 떠다니게 하며, 새로 하여금 진흙 속의 미꾸라지를 잡아먹게 해야 한다." 인간이 좋아하는 진수성찬도 새에게는 본성이 아닙니다. 새에게 제대로 대접하려면, 그냥 자연을 노닐게 하면서 미꾸라지나 잡아먹게 하는 것이 좋습니다. 그것이 새의 본성에 부합하기 때문입니다.

요즘은 동물과 인간이 함께 생활하는 경우가 많아졌습니다. 인간과 함께 사는 동물을 가축이라 부릅니다. 가축이란 말 그대로 '집에서 기르는 짐승'이란 뜻인데, 인간에 의하여 순화, 개량되어 사람과 함께 공동생활을 하는 동물을 말합니다. 가축은 사람과 함께 살면서 인간의 보호를 많이 받으며 의식주 걱정을 할 필요도 없습니다. 가만있어도 입혀주고 재워주고 때가 되면 식사도 제공됩니다. 인간으로부터 극진한 대접을 받는 가축과 야산에서 스스로 의식주를 해결해야 하는 야생동물 중에는 누가 더 행복할까요? 당연히 야생동물입니다. 야생에서의 삶이 동물의 본성에 부합하기 때문입니다. 인간이 가축을 극진히 보살피는 행위는 동물의 입장에서는 괴로운 일일 수도 있습니다. 어쩌면 우리는 인간을 기르는 방법으로 동물을 기르는 것이지 동물을 위해 동물을 기르는 것이 아닌지도 모릅니다.

장자님은 바닷새 이야기를 통해 인간관계에 있어서도 역지사지가 중요하다는 점을 가르치고 있습니다. 타인과의 관계를 좋게 만드는 데 있어 상대를 사랑하고 배려하는 마음은 반드시 필요합니다. 하지만 타인의 상황이나 입장을 고려하지 않는 사랑과 배려는 때로는 상대방에게 고통을 줄 수도 있습니다. 진정한 사랑과 배려는 상대방의 입장에서, 상대방의 본성에 맞는 일을 할 수 있도록 도와주는 것입니다. 모름지기 인간은 자신의 본성에 맞는 일을 할 때 행복에 이를 가능성이 높습니다. 해서, 사랑과 배려를 행할 때에도 먼저 상대방의 처지를 생각해보는 역지사지의 정신은 반드시 필요합니다.

29장

만남-20

순리를 따르고 조화를 이루어라!

현대사회를 일컬어 창조의 시대라 부르기도 합니다. 그래서인지 오늘날 많은 기업들이 창조적 역량을 중시하고 개인에게도 창의성을 갖출 것을 요구하고 있습니다. 남들이 미처 생각지도 못한 것을 창조하는 능력이야 말로 갈수록 치열해지는 경쟁에서 살아남기 위한 핵심역량이기 때문입니다. 현대인에게 있어 창조적 능력이란 경쟁에서 살아남기 위한 생존수단이자 남들보다 우위를 차지하기 위한 차별화전략인 셈입니다. 이런 이유 때문에 요즘 사람들은 '튀어야 산다'를 삶의 모토로 삼는 경우가 많습니다. 요컨대, 오늘날에는 남들과 다른 생각을 하고 남들이 하지 않는 행동을 하는 소위 튀는 사람이 주목받는 시대가 되었습니다.

하지만 창조의 시대에 요구되는 지상명령인 '튀어야 산다'는 우리에게 익숙한 구호는 아닙니다. 옛 속담에 '모난 돌이 정 맞는다'는 말도 있듯이, 우리는 예로부터 튀는 사람보다는 스스로 자신을 낮추는 사람을 선호했습니다. 남들과 달리 유별나거나 독특한 행동은 교만함으로 해석되기 일쑤였고, 아무리 잘났더라도 남들에게는 자신을 내세우지 않는 겸손의 미덕을 가져야 한다고 믿었습니다. 튀어야 산다는 주장과 겸손해야 한다는 주장 중에서 어느 쪽이 삶을 살아가는 데 도움이 되는 태도일까요? 다음에 나오는 장자님의 이야기를 통해 생각해보도록 하겠습니다.

안합顔闔이 위나라 영공靈公의 태자의 스승이 되자 거백옥蘧伯玉을 찾아가 자문을 구했습니다. "여기 한 사람이 있습니다. 타고난 성품이 각박합니다. 멋대로 하게 두면 나라가 위태로워지고, 제재를 하면 제 몸이 위태합니다. 그의 지혜는 겨우 다른 사람의 잘못은 알아볼 정도는 되지만 자신의 잘못은 보지 못합니다. 이런 사람에게 저는 어떻게 처신해야 하겠습니까?"

거백옥이 대답했습니다. "잘 물으셨습니다. 우선 조심하고 신중하게 처신하십시오. 그리고 몸을 바르게 해야 합니다. 태도는 그를 따르고 마음은 조화를 이루는 것이 상책입니다. 그러나 이 두 가지 모두 조심해야 합니다. 그를 따르더라도 무조건 빠져들어서는 안 되고 조화를 이루더라도 겉으로 그 마음이 드러나지 않도록 해야 합니다. (…) 태자가 어린애가 되거든 당신도 어린애가 되고, 멋대로 행동하거든 당신도 멋대로 행동하십시오. 엉터리같이 굴거든 당신도 함께 엉터리같이 구십시오. 그렇게 통달하면 아무 일도 생기지 않을 것입니다."

_「인간세人間世」

안합이 거백옥에게 천성이 각박한 권력자를 상대하는 방법을 묻고 있습니다. 이에 거백옥은 조심하고 신중하게 처신해야 하며, 상대방이 어떻게 하든 상대방에 맞추어 대한다면 무리가 없을 것이라고 대답합니다. 자신이 옳다며 가르치려 들지 말고 상대방에게 맞추어 유연하게 대하라는 말입니다. 자기주장을 내세우는 '튀는 행동'보다는 자신을 낮추고 겸손하게 행동하라는 뜻입니다. 튀지 말고 겸손하라는 거백옥의 충고가 일견 타당해 보이기도 합니다. 하지만 오늘날과 같은 창조의 시대에는 잘 맞지 않는 조언처럼 들리기도 합니다. 또한 '모름지기 스승이라면 목숨을 걸고서라도 권력자의 잘못이나 위정에 대해 직언을 해야 정사를 바르게 할 수 있는 것 아닌가?' 하는 의문이 들기도 합니다.

스승의 최우선 목적은 비록 제자가 권력자라 하더라도 그를 잘 인도하여 흠잡을 데 없게 만드는 것일 겁니다. 그러기 위해서는 권력자에게 직언을 해야 합니다. 하지만 천성이 각박한 권력자일수록 자칫 직언이 위험을 불러올 수도 있습니다. 해서, 일단 유연하게 대처하는 것이 나중에 궁극적인 목적을 달성하는 데에도 도움이 될 수 있습니다. 거백옥도 무작정 상대방에게 맞추라고만 충고하는 것은 아닙니다. 궁극적인 목적을 달성하기 위한 전술의 일환으로 유연성을 강조하고 있을 뿐입니다.

거백옥은 안합에게 먼저 '몸을 바르게 하라'고 조언하였습니다. 어떤 일에도 흔들리지 않는 중심을 지키라는 말입니다. 어떤 상황이 오더라도 중심을 지켜야 흔들림 없이 올바른 판단을 내릴 수 있기 때문입니다. 거백옥은 중심을 지키고 몸을 바르게 하는 구체적 방법까지 제시하고 있습니다. "태도는 상대를 따르되 무조건 빠져들어서는 안 되고, 마음은 조화를 이루되 겉으로 그 마음이 드러나지 않도록 조심해야 한다"는 말이 바로 그것입니다. 겉으로는 부드럽고 속으로는 흔들림 없는 외유내강의 자세를 견지하라는 뜻입니다.

"태자가 어린애가 되거든 당신도 어린애가 되고, 멋대로 행동하거든 당신도 멋대로 행동"하라는 조언도 제 잘났다고 나대지 말고 순리를 따르라는 것입니다. 이 말은 노자가 『도덕경』에서 물처럼 사는 삶이 최고라고 본 것과 유사합니다. 노자는 물의 힘에 대해 이렇게 주장한 바 있습니다. "세상에 물보다 더 부드럽고 여린 것은 없습니다. 그러나 단단하고 힘센 것을 물리치는 데 이보다 더 훌륭한 것도 없습니다." 물은 겉으로는 연약해 보이지만 실은 가장 강한 힘을 가진 물질입니다.

물의 어떠한 특성이 그러한 강함을 만든 것일까요? 먼저 물의 '유연성'을 들 수 있습니다. 물은 동그란 그릇에 담으면 동그란 모양이 되고, 사각 그릇에 담으면 네모난 모양이 됩니다. 물은 어떠한 상황에서도 자신의 본질은 유지하면서 순응할 줄 압니다. 또 물은 항상 낮은 곳으로만 흐릅니다. 낮은 곳으로 흐르다가 마침내 도달하는 곳은 드넓은 바다입니다. 바다는 모든 것을 너그럽게 포용하고 받아주는 특성을 가졌습니다. 또한 물은 무서운 힘도 가지고 있습니다. 한번 용트림하면 바위도 부수고 산을 무너뜨리기도 합니다. 이처럼 물은 모든 상황에 유연하게 대처하면서도 모든 사물을 포용하는 능력을 가졌습니다. 그러면서도 다른 한편으로는 강한 힘까지 지니고 있습니다. 한마디로 외유내강의 특성을 가졌습니다. 거백옥의 충고도 물처럼 살라는 말과 다르지 않습니다. 몸을 바르게 하여 자기의 중심(본질)을 지키되 상황에 맞추어 유연하게 대처하는 물과 같이 처신하라는 뜻입니다. 그렇게 하면 아무리 천성이 각박한 권력자를 모시더라도 큰일이 생기지 않는다는 것입니다.

요즘에는 춘추전국시대의 안합처럼 천성이 나쁜 권력자를 모시는 일은 거의 없기 때문에 거백옥의 충고가 별 쓰임새가 없을까요? 그렇지 않습니다. 요즘도 직장생활을 하다보면 천성이 각박한 상사와 함께 일해야 하는 경우도 있습니다. 이런 유형의 상사는 부하의 실수나 잘못을 모질게 대하기도 합니다. 부하를 대할 때도 따뜻한 정이나 인간미가 없어 삭막하기만 합니다. 하지만 그렇다고 해서 그 상사를 무작정 피할 수도 없습니다. 이런 경우라면 거백옥의 충고처럼, 자기중심을 지키면서 상대방에 맞추어 유연하게 대처하는 전략이 여전히 유효할 것입니다.

물처럼 살라는 노자나 외유내강의 자세를 견지하라는 장자님의 주장은 모두 '순리를 따르라'는 뜻으로 귀결됩니다. 순리順理란 '올바른 이치나 도리'를 뜻하는데, 달리 말하면 도를 따르라는 말과 같습니다. 순리를 따르게 되면 갈등이 사라지고 시비是非에 대한 다툼이 없어져서 평온하게 됩니다. 순리를 따르는 일은 권력자를 모시는 일뿐 아니라 일상적인 인간관계에서도 매우 중요합니다. 여럿이 함께 모여 사는 곳에서는 도덕규범이나 예의범절이 중요하다고 강조하는 경우가 많은데, 장자님이 보기에 이러한 것도 인간의 본질에 비추어보면 순리가 아니라고 보았습니다. 다음에 나오는 장자님의 이야기를 들어보기로 하겠습니다.

샘이 말라 물고기가 모두 땅 위에 드러났습니다. 서로 물기를 뿜어주고, 서로 거품을 내어 적셔주지만 강이나 호수에서 서로를 잊어 버리고 사는 것이 훨씬 더 좋습니다. 요堯 임금을 칭송하고 걸桀 왕을 비난하지만, 두 사람을 다 잊고 올바른 도道로 동화되어 사는 것이 훨씬 더 좋습니다.

_「대종사大宗師」

샘이 말라 메마른 땅 위에 모습을 드러낸 물고기들이 서로에게 물기를 뿜어주는 모습은 얼핏 아름답게 보일 수도 있습니다. 자신도 물기가 부족하여 위태로운데 상대를 위해 정성을 다하는 모습은 지극한 애정이 없이는 불가능할 일입니다. 하지만 장자님은 그런 모습을 최선이라고 보지 않았습니다. 그보다는 서로를 잊고 물속에서 자유롭게 헤엄치는 것이 더 좋다는 입장입니다. 장자님은 왜 상대를 사랑하는 마음마저 부정적으로 보는 것일까요? 장자님은 왜 보편적인 윤리마저 무시하는 것일까요?

『도덕경』 18장에는 "대도大道가 폐하면 인仁이니 의義니 하는 것이 나서고, 가족관계가 조화롭지 못하면 효孝니 자慈니 하는 것이 나선다"는 대목이 있습니다. 윤리적 가치가 강조된다는 것은 아직 그러한 윤리적 이상이 실현되지 않은 상태라는 의미이기도 합니다. 이해를 돕기 위해 한 가지 예를 들겠습니다. 여기 오랫동안 사귄 남녀가 있습니다. 남성이 여성에게 "내가 자기를 얼마나 사랑하고 있는지 잘 알지?"라고 말을 건넵니다. 이들은 지금 진정으로 사랑하고 있는 것일까요? 남성이 던진 한마디 말로 이들의 관계를 평가하기는 부족함이 있지만 장자님이라면 이들의 사랑은 완전하지 않다고 말할 것입니다. 왜냐하면 남성의 말은 서로에 대한 사랑에 확신이 없는 상태에서만 가능한 표현이기 때문입니다. 서로가 진정으로 사랑하는 사이라면 굳이 그런 말을 할 필요조차 없습니다. 연인끼리 사랑이 강조될수록 그만큼 사랑이 부족함을 반증하고 있는 셈입니다.

동일한 논리로 도덕적으로 완전하지 못한 사회일수록 도덕규범이 강조되는 경향이 있습니다. 조선시대에는 열녀문烈女門이란 것이 있었습니다. 열녀문은 남편을 위해 절개를 지키거나 희생적인 삶을 산 여인을 기리고자 세운 기념문입니다. 열녀문은 왜 세웠을까요? 열녀가 많기 때문일까요, 아니면 열녀가 드물기 때문일까요? 아마도 후자일 가능성이 높습니다. 열녀가 넘쳐나는 상황이라면 굳이 열녀문 같은 것을 세울 이유가 없습니다. 열녀문을 세워서 기념하는 이유는 그만큼 열녀가 드물기 때문에 기념문을 세워서라도 본보기로 삼으려는 것입니다. 장자님은 열녀문을 세워서 칭송하는 등 호들갑을 떠는 사회는 열녀가 드문 사회라고 보았을 것입니다. 이처럼 인의仁義, 충효忠孝, 자애慈愛 등과 같이 윤리규범이 강조되는 사회는 자연스럽지도 않고 순리를 따르는 것도 아닙니다.

순리란 자연의 이치나 사물의 본성을 따르는 것을 의미합니다. 달리 말하면, 도에 동화되는 삶을 말합니다. 물고기에게 순리란 무엇일까요? 그것은 물속에서 자유롭게 헤엄치는 것입니다. 사람에게 순리란 올바른 도에 동화되어 사는 것입니다. 우리가 순리에 따른 삶을 살고 있는지 아닌지는 어떻게 알 수 있을까요? 다음에 나오는 장자님의 이야기에서 그 힌트를 얻을 수 있습니다.

발을 잊는 것은 신발이 꼭 맞기 때문이고, 허리를 잊는 것은 허리띠가 꼭 맞기 때문이고, 마음이 시비를 잊는 것은 마음이 꼭 맞기 때문입니다.

_「달생達生」

신발이 발에 맞지 않으면 계속 신경이 쓰입니다. 잘 맞는 신발의 경우에는 그것을 신었는지, 안 신었는지 의식조차 하지 않습니다. 이처럼 우리가 무엇인가를 의식한다는 것은 그것이 자연스럽지 않은 상태에 있기 때문입니다. 순리에 맞거나 자연스럽다면 굳이 의식을 할 필요가 없습니다. 공기가 상쾌하고 맑은 날에는 공기를 의식하지 않다가도 황사나 미세먼지가 많은 날에는 깨끗한 공기의 소중함을 의식하는 것과 같은 이치입니다. 순리를 따르거나 도를 따른다는 것은 대상을 의식할 필요도 없이 대상과 동화되어 자연스럽게 어울리는 것을 의미합니다. 그렇기에 상대를 의식할 일도 없고 시비를 다툴 일도 없어집니다.

아리스토텔레스가 삶의 궁극적인 목적이 행복이라고 주장했듯이, 사람은 누구나 행복하기를 원합니다. 우리가 공부를 하는 것도 행복해지기 위해서이고, 직장을 다니는 궁극적인 목적도 행복 때문입니다. 사랑하는 사람을 만나 결혼을 하는 것도, 친구와의 우정을 쌓는 것도 행복해지기 위함이라고 말해도 크게 틀리지 않습니다. 하지만 행복은 우리가 간절히 원한다고 해서 쉽게 주어지지는 않습니다. 헤르만 헤세는 "그대가 행복을 추구하는 한, 그대는 언제까지나 행복해지지 못한다"고 말했습니다. 공리주의 철학자 존 스튜어트 밀도 "나는 지금 행복한가 하고 자신에게 물어보면 그 순간 행복하지 못하다고 느끼게 된다"고 주장했습니다. 왜 우리는 행복을 간절히 원하지만 현실에서는 그것을 쉽게 얻지 못하는 것일까요? 그 이유는 행복을 의식하고 있는 순간은 행복하지 않기 때문입니다. 현재 행복한 상태에 있는 사람은 행복이라는 것 자체를 의식하지 않습니다. 신발이나 허리띠가 꼭 맞으면 내 몸의 일부가 되어 따로 의식되지 않는 것과 같습니다. 결국 순리에 따른 삶이란 잘 맞는 신발이나 허리띠처럼 그것이 있는지 없는지를 의식조차 하지 않는 상태를 말합니다. 모든 구별과 시비에서 벗어나 있는 듯 없는 듯 사는 상태입니다. 순리를 따를 때라야 다른 사람과도 조화롭게 어울릴 수 있습니다. 각자 스스로에게 한번 물어보시기 바랍니다. 나는 얼마나 순리를 따르며 살고 있는지…….

30장

대화

개인의 행복과 조직의 행복을 함께 추구하라

오상수_ 안녕하세요, 소장님. 저 또 찾아왔습니다.

장주_ 오상수 과장님. 요즘 들어 부쩍 방문이 잦으시네요. 저야 반갑습니다만, 과장님은 그만큼 고민이 많으신 것 같아서 걱정이네요. 그래, 오늘은 무슨 일 때문에 오셨습니까?

오_ 요즘에는 직장생활에서 일보다는 관계가 더 힘들다는 말을 절감하고 있습니다. 직급이 높아질수록 왜 사람 관계가 어렵죠?

장_ 직급이 높아질수록 인간관계가 더 힘들어진다. 아이러니한 현상 같지만 의외로 자주 발생하는 일이기도 합니다. 좀더 구체적으로 말씀을 해주시죠.

오_ 제가 팀에서 중간 정도에 위치하고 있거든요. 해서, 위아래를 연결해주는 허리 역할을 해야 하는데, 정작 제 자신이 위아래 모두와 좋은 관계를 맺는 데 어려움을 겪고 있습니다. 그러니 허리 역할을 잘하고 싶어도 할 수가 없습니다.

장_ 위와 아래 모두와 문제가 있나보군요. 하나하나 나누어서 논의해 보시죠. 윗분들과는 뭐가 문제입니까?

오_ 이번에 비서실 출신의 팀장이 새로 부임해왔습니다. 그런데 업무를 맡길 때마다 저를 믿지 못하고 사사건건 관여하고 챙기는 통에 스트레스가 이만저만이 아닙니다. 게다가 은근히 자신의 지위나 출세를 자랑하며 잘난 체하며 거만하게 행동하기도 합니다. 하지만 그분은 저와 나이 차이도 거의 나지 않거든요. 저보다 겨우 한두 살 많은 정도입니다. 저는 팀장의 거들먹거림에 마음이 상하기도 하고, 저와 나이 차이도 별로 나지 않는 사람은 팀장인데 나는 이제 겨우 과장에 불과하다고 생각하니까 갑자기 제가 초라하게 느껴지면서 열등감까지 생기더군요. 그래서 앞으로도 팀장과 좋은 관계를 맺기가 어렵지 않을까 하는 생각이 듭니다.

장_ 나이 차이도 별로 나지 않는 팀장과 비교를 하다보니 열등감이 느껴지는 게 문제이군요. 오 과장님의 마음이 충분히 이해가 됩니다. 알랭 드 보통이라는 현대 철학자가 이런 말을 한 적이 있습니다. "세상에서 가장 견디기 힘든 불행은 가까운 사람의 성공이다." 자기랑 별 차이 나지 않은 사람이 출세하면 견디기 힘든 법이죠. 그런데 한번 물어볼게요. 오 과장님이 보시기에 그 팀장은 무엇 때문에 빨리 출세했다고 생각하십니까? 능력이 남들보다 출중한가요?

오_ 그렇지는 않습니다. 사실 그분이 빨리 출세한 이유는 윗분들과 가깝기 때문입니다. 팀장은 저희 팀으로 오기 전까지는 계속해서 그룹 비서실에서 근무했거든요. 해서, 최고 경영진을 가까이서 보필하다보니 자연스레 승진이 빨랐던 것입니다. 다른 이유는 없습니다.

장_ 능력이 아니라 배경 때문에 승진이 빨랐다는 말씀이군요. 그렇다면 그 사람과 비교해서 스스로를 열등하다고 생각할 필요도 없는 것 아닌가요. 사람들은 흔히 출세하면 마냥 좋다고 생각하지만, 세상 모든 일에는 양면이 존재하는 법입니다. 빛이 있으면 그림자도 존재하기 마련이죠. 그 팀장은 남들보다 빨리 출세하기 위하여 지금까지 경영진의 비위를 맞추느라 남들보다 더 많이 고생했을 수도 있습니다. 해서, 한쪽 면만 보고 마냥 부러워할 일은 아닌 것 같습니다. 장자님도 오 과장과 비슷한 경험을 한 적이 있습니다. 조상이라는 사람이 왕의 사신으로 진나라에 갔다가 왕으로부터 수레 백 대를 받았는데, 돌아와 장자님에게 자신의 출세를 거들먹거렸습니다. 이에 장자님이 뭐라고 대답했는지 아십니까?

오_ 보내주신 레터에서 본 적이 있습니다. 치질을 고쳐주는 의사의 이야기를 해주면서 한 방 먹이죠.

장_ 맞습니다. 진나라 왕이 의원을 부르면 종기에서 고름을 빼내주는 의원에게는 수레 한 대를 주지만 치질을 핥아서 고쳐주는 의원에게는 수레 다섯 대를 준다더라. 즉 치료할 것이 더러우면 더러울수록 수레를 더 많이 주기 때문에 수레를 백 대 받은 사람은 얼마나 더러운 짓을 많이 했겠나며 거들먹거리는 친구에게 일격을 가합니다. 이처럼 세상 모든 일에는 반대급부가 있기 마련입니다. 해서, 출세했다고 거들먹거려서도 안 되겠지만, 그런 사람과 비교해서 스스로 상처받을 필요도 없습니다.

오_ 듣고 보니 그렇군요. 그 팀장님은 지금껏 경영진을 가까이서 모시느라 고생을 많이 했겠네요.

장_ 장자님은 그 이야기를 통해 모든 사물과 현상에는 양면이 존재하는데, 양쪽을 모두 고르게 보아야 한다는 가르쳤습니다. 사물을 고르게 보지 못하면 편견에 빠질 수밖에 없고, 그 결과 매사에 시비를 따지기 쉽습니다. 팀장과의 관계도 마찬가지입니다. 그 사람의 빛과 그림자를 모두 고르게 바라본다면 팀장을 부러워할 필요도 없고 질투할 필요도 없습니다. 그렇게 되면 괜한 열등감에 빠질 일도 없어집니다. 그런 상태에서 차근차근 얽힌 실타래를 풀어나간다면 그분과도 좋은 인간관계를 맺지 못할 이유가 없다고 생각되네요. 그럼 이제 후배들 이야기를 좀 해볼까요? 후배들과는 뭐가 문제입니까?

오_ 후배들이 저의 진심을 몰라주는 게 가장 큰 문제입니다. 저는 신입사원 시절부터 선배들로부터 도움을 받은 적이 별로 없습니다. 그 결과, 지금껏 혼자서 부딪치고 깨지면서 배웠거든요. 저는 선배가 되면 절대 그렇게 하지 않겠다고 마음먹었습니다. 후배들에게 한 가지라도 더 알려주기 위해서 관심도 가지고 이것저것 가르쳐주려고 노력하고 있습니다. 그런데 문제는 후배들이 저의 이런 마음을 몰라주고 오히려 귀찮게 생각을 하거나 그냥 내버려두었으면 좋겠다고 생각하기도 하는 것 같아요.

장_ 나름 후배를 위해 하나라도 더 가르쳐주려고 노력하는데, 그 마음을 몰라줘서 많이 서운하겠군요. 그런데 이런 일은 흔히 발생하는 일이기도 합니다. 한번 생각해보시죠. 과장님은 학창시절에 부모님이 일일이 관심을 가져주고 이것저것 챙겨주면 마냥 좋기만 하던가요?

오_ 싫을 때도 있었죠. 특히 사춘기 시절에는 '날 그냥 내버려뒀으면' 하는 생각이 들기도 했죠.

장_ 그렇습니다. 아마 후배들이 과장님에게 느끼는 감정도 그것과 비슷하지 않나 싶습니다. 때로는 사랑도 상대방에게는 압제가 될 수도 있거든요. 장자님도 비슷한 생각을 가졌습니다. 「지락」에 나오는 바닷새 이야기가 바로 그것인데요. 노나라 교외에 내려앉은 바닷새를 위해 노나라 임금은 극진한 대접을 했습니다. 온갖 고기와 술을 주면서 만찬을 열어주었습니다. 하지만 새는 죽고 말았습니다. 왜냐? 노나라 임금의 대접이 바닷새의 본성과 맞지 않았기 때문입니다. 역지사지하지 못했기 때문이죠. 조직에서도 이와 비슷한 일이 종종 발생합니다. 혹시 프로크루스테스의 침대 이야기를 들어보셨습니까?

오_ 예. 아테네의 강도 집에 있는 침대를 말하는 거지요?

장_ 맞습니다. 프로크루스테스는 그리스신화에 나오는 인물로 아테네 교외에서 강도질을 하고 살았습니다. 그의 집에 있는 철로 만든 침대가 바로 프로크루스테스의 침대인데요. 그는 지나가는 사람을 붙잡아 침대에 눕혀서 행인의 키가 침대보다 크면 그만큼 잘라내고, 침대보다 작으면 침대 크기만큼 사지를 늘려서 죽였습니다. 요즘에는 자기 생각에 맞추어 타인의 생각을 뜯어고치려고 하는 행위를 비유하는 표현으로 사용하는데요. 조직에서 상사의 가르침이나 호의가 때로는 프로크루스테스의 침대가 될 수도 있습니다.

오_ 그렇지만 모든 가르침이 프로크루스테스의 침대가 되는 것은 아니잖아요. 또, 그것이 무서워서 아무런 가르침이나 도움을 주지 않는 것도 올바른 것 같지는 않습니다.

장_ 제가 오 과장님의 호의나 후배에 대한 애정을 모르는 바는 아닙니다. 하지만 중요한 점은 나의 호의나 가르침이 상대방의 본성과 부합하는가입니다. 아무리 좋은 의도를 가지고 실행한 일이라도 상대방의 본성과 배치된다면 결과 또한 좋지 않을 확률이 높기 때문입니다. 장자님도 「변무」에서 비슷한 이야기를 했습니다. "오리의 다리가 짧다고 길게 늘여주면 오리는 괴로워하고, 학의 다리가 길다고 짧게 잘라주면 학은 슬퍼합니다. 그러므로 본래부터 긴 것은 자를 일이 아니고, 본래부터 짧은 것은 늘일 것이 아닙니다." 상대방의 본성에 반하는 일은 하지 말라는 뜻입니다. 여기서 저는 후배를 위한 과장님의 배려와 도움이 상대의 본성과 맞는지는 확인할 도리가 없습니다. 팀에 돌아가시면 한번 확인해볼 것을 권유드리고 싶네요.

오_ 소장님의 조언대로 한번 확인해보도록 하겠습니다. 혹시나 저도 저의 관점에서만 상대를 바꾸려고 한 게 아닌지 의심이 들기도 하네요. 그런데 그것과는 별개로 요즘 신세대 후배들은 조직의 규정이나 규율을 너무나 지키지 않는 경우가 많습니다. 저희 때만 하더라도 선배가 시키면 뭐라도 하는 시늉이라도 했는데, 요즘 친구들은 시늉은커녕 변명과 말대꾸로 일관하거든요. 시쳇말로 요즘 친구들은 '싸가지'가 없는 것 같습니다. 이런 신세대 친구들과는 어떻게 관계를 맺어야 할까요?

장_ 기성세대가 신세대들에게 싸가지 없다고 하는 말은 역사적 전통이 있는 것 아세요? 기원전 1700년경 수메르시대에 쓰인 점토판 문자를 해독했더니 그곳에 이런 글귀가 쓰여 있었다고 해요. "요즘 젊은것들은 어른을 공경할 줄 모르고 버르장머리가 없다. 말세다." 심지어 소크라테스도 젊은이들을 향해 이런 한탄을 했다고 합니다. "요즘 아이들은 버릇이 없다. 부모에게 대들고, 음식을 게걸스럽게 먹고, 스승에게도 대든다." 예나 지금이나 젊은것들은 싸가지가 없었나봅니다. 그래서 기성세대가 정해 놓은 규율이나 규칙을 예사로 어기죠. 그런데 이 대목에서 한번 물어볼게요. 지켜야 할 규율과 규칙이 많은 조직은 좋은 조직일까요, 나쁜 조직일까요?

오_ 규율이 지나치게 많다면 문제가 되겠지만, 어느 정도의 규율은 필요하지 않나요?

장_ 물론 이 질문을 일반화해서 답을 내기는 어렵습니다. 하지만 규율이나 규칙이 강조되는 사회는 좋은 사회가 아니라고 노자도 말한 적이 있습니다. 노자는 『도덕경』 18장에는 "대도大道가 폐하면 인仁이니 의義니 하는 것이 나서고, 가족관계가 조화롭지 못하면 효孝니 자慈니 하는 것이 나선다"고 하였습니다. 규율과 규칙이 강조된다는 것은 아직 그것들이 보편적인 이상으로 실현되지 않았기 때문입니다. 이미 모든 사람들에게 자연스럽게 몸에 배어 있다면 특별히 강조할 필요가 없습니다. 유사한 논리로, 도덕적으로 완전하지 못한 조직일수록 도덕규범이 강조되는 경향이 많습니다. 장자님은 규칙이나 규범이 강조되는 이유는 사람들이 순리를 따르지 않기 때문이라고 보았습니다. 순리順理란 순한 이치나 도리로 억지가 아니라 자연스럽게 따르게 되는 것을 뜻합니다. '지켜라, 해라, 하지 말라'고 강조하지 않더라도 스스로 알아서 따르게 되는 상태를 말합니다. 말하자면 순리란 자연의 이치나 사물의 본성에 따르는 것을 말합니다. 그럼 직장인에게 순리란 무엇일까요? 다시 말해, 직장인들은 왜 직장이란 곳에서 일을 하는 것일까요?

오_ 돈을 벌기 위해서 아닐까요? 돈을 벌어야 자기가 원하는 것을 얻을 수 있을 테니까요.

장_ 틀린 말은 아닙니다. 하지만 궁극적인 목적은 행복을 위해서일 것입니다. 아리스토텔레스가 삶의 궁극적인 목적은 행복 추구에 있다고 말한 바 있거든요. 과장님도 그러하고, 신세대 후배들이 직장을 다니는 목적도 궁극적으로 행복해지기 위함입니다. 해서, 어떻게 해야 행복해질 수 있는지를 아는 것이 순리이고, 그 행위를 통해 행복해지는 것이 순리입니다. 직장에서 정해진 규율이나 규칙을 지키면 당사자는 행복해질까요?

오_ 그렇지는 않겠죠. 대체로 본성대로 하는 것을 억제하는 것이 규칙이잖아요.

장_ 그렇습니다. 해서, 후배들에게 규율이나 규칙을 지키라고 강요하기보다는 그 규율이나 규칙이 사람의 본성에 부합하는지, 그것을 지킬 때 궁극적으로 행복해질 수 있을지를 점검하는 것도 필요하지 않나 싶습니다.

오_ 어떤 일이 순리에 맞는 것인지 아닌지를 어떻게 알 수 있을까요?

장_ 그것은 일의 성격이나 참여자의 본성에 따라 달라서 단정해서 말하기 어렵습니다. 다만 장자님의 말씀을 통해 힌트는 드릴 수 있을 것 같습니다. 장자님이 「달생」에서 이런 말을 한 적이 있습니다. "발을 잊는 것은 신발이 꼭 맞기 때문이고, 허리를 잊는 것은 허리띠가 꼭 맞기 때문이고, 마음이 시비를 잊는 것은 마음이 꼭 맞기 때문입니다." 우리가 무엇인가를 의식한다면 그것이 자연스럽지 않은 상태에 있다고 볼 수 있습니다. 순리에 맞다면 그것을 굳이 의식할 필요가 없습니다. 결국 순리에 맞는지 아닌지는 행위자가 그 일에 동화되어 자연스럽게 어울리는 것을 의미합니다. 그렇게 되면 그 일을 의식할 일도 없고 다툴 일도 사라질 것입니다.

오_ 후배들에게 강조한 규율이나 업무가 순리에 맞는지를 점검할 필요가 있겠군요.

장_ 그렇습니다. 결국 장자님이 말하는 것의 핵심은 양행의 원리를 깨닫고 순리를 따르라는 것입니다. 양행이란 두 가지 길을 말합니다. 조직의 행복과 개인의 행복을 모두 취하는 것이 양행입니다. 조직을 위해 개인의 행복을 희생하거나 개인의 행복만을 추구하느라 조직을 망치는 것은 양행이 아니며 순리가 아닙니다. 인간관계도 마찬가지입니다. 조직의 행복과 개인의 행복을 모두 추구할 때 상대방과의 원만한 인간관계를 형성할 수 있습니다. 요즘 표현으로 말하면 '워라밸'이 되겠군요. 나는 평소에 얼마나 양행을 지키면서 순리를 따르는지를 생각해보면 좋겠습니다.

오_ 항상 느끼는 바이지만, 장자님은 굉장히 현대적인 철학자라는 생각이 듭니다. 수천 년 전에 이미 워라밸의 중요성을 강조하셨군요. 말씀을 들어보니 그동안 너무 한쪽으로만 치우쳐서 세상을 바라보지 않았나 하는 반성을 하게 됩니다. 돌아가서 나는 얼마나 순리를 따르고 있는지를 점검하도록 하겠습니다. 소장님을 만나면 언제나 큰 깨달음을 얻게 되네요. 항상 찾아온 보람을 느낍니다. 오늘도 좋은 말씀 감사합니다.

장_ 항상 도움이 되었다니 저 또한 기쁘네요. 과장님 덕분에 저도 보람을 느낍니다. 그 점에 대해서 감사드립니다.

6부

운명

篇

운명을 사랑하고 참된 인간이 되라

운명의 참된 주인되기

31장

열기

잘나가던 선배가 갑자기 퇴직을 하고 나면

최근 들어 오 과장에게 비보가 날아들었다. 오 과장의 직속 상사이자 롤모델이었던 황호준 상무가 갑작스럽게 퇴직을 한 것이다. 황호준 상무는 오 과장이 신입사원일 때 부서의 팀장으로 조직에서 가장 촉망받던 인재였다. 회사에서 요직을 두루 경험한 뒤, 최연소 팀장을 거쳐 별 어려움 없이 임원이 되었을 정도로 승진도 빨랐다. 업무에서의 영향력은 외형적인 직급을 넘어설 정도로 엄청났다. 비즈니스와 관련된 중요한 의사결정에는 항상 황 상무의 입김이 작용할 정도로 막강한 파워를 과시했다. 자타가 공인하는 능력자였던 그를 두고 사람들은 미래의 사장 후보라며 추켜세웠다. 모두가 그의 지위나 권한은 영원할 것이라고 생각했다. 이 점에 대해서는 오 과장도 한 치의 의심도 없었다.

그런데 예상치 못한 일이 생겼다. 잘나가던 황 상무가 옷을 벗어야 할 일이 생긴 것이다. 호사다마라고 황 상무가 주도하여 진행했던 인수합병이 잘못되어 회사에 큰 손실을 주는 사건이 발생했고, 그 일에 대한 책임을 지고 황 상무는 회사를 떠나게 되었다. 다른 사람이라면 몰라도 황 상무가 퇴직을 하게 될 줄은 본인은 물론, 주변 사람 누구도 예상하지 못했다. 더욱이 그를 믿고 따랐던 오 과장에게는 하늘이 무너지는 것과 같은 일대 사건이었다.

사실 오 과장에게 황 상무의 존재는 든든한 배경이었다. 팔이 안으로 굽는다고 황 상무가 잘되면 필시 오 과장에게도 좋은 영향이 있을 것이라고 생각했다. 오 과장도 황 상무의 승승장구를 은근히 기대하기도 했다. 그런데 느닷없이 퇴직 소식이 들려온 것이다. 황 상무를 하늘같이 생각하고 믿고 따랐던 오 과장에게 이 일은 단순히 상사 한 명이 조직을 떠났다는 사실을 넘어 롤모델이 사라졌다는 의미이기도 했다. 이제 오 과장은 누구를 믿고 의지한단 말인가. 영원하리라 생각했던 선배의 퇴직은 오 과장으로 하여금 허망함을 느끼게 만들기에 충분했다.

갑자기 퇴직을 하게 된 황 상무도 아쉽기는 마찬가지였다. 스스로도 사장이 되기를 꿈꾸었고, 그 꿈은 틀림없이 현실이 될 것이라고 믿었다. 자신감도 있었다. 하지만 불운한 사건으로 인해 그 꿈은 좌초되었고, 그는 크게 낙담했다. 지인의 전언에 따르면, 그동안 앞만 보고 달려가느라 자신이 퇴직하게 될 줄은 한 번도 생각하지 않은 터라 누구보다도 당황하며 스스로에 대해 실망하기도 했고, 이제 자연인으로 돌아가면 무엇을 해야 할지 막막하다는 심경을 전했다고 한다. 퇴직 이후 자신의 모습에 실망한 황 상무를 보면서 오 과장은 그가 조직에서 잘나가던 모습과는 딴판이라는 생각이 들었다.

황 상무의 퇴직 이후, 오 과장은 한 가지 더 놀라운 일을 경험했다. 황 상무가 조직에서 건재할 때는 어느 누구도 그에 대해 험담하는 이가 없었다. 그런데 그가 조직을 떠나자 뒷담화를 하는 사람이 생겨났다. 그동안 너무 독단적이었다는 둥 권력을 믿고 거만했다는 둥 성과만 내세웠지 인간미가 없었다는 둥 부정적인 평가가 쏟아져나왔다. 그의 기세가 등등하던 시절에는 전혀 표출되지 않았던 불만들이 쏟아져나오는 것을 보면서 권력의 무상함과 함께 대단한 인물이라고 여겼던 황 상무를 달리 보게 되었다. 황 상무는 지금껏 업무 성과를 내는 데 탁월했지만 사람의 마음을 얻는 데는 소홀했다는 생각이 들었다.

황 상무의 퇴직과 관련된 일련의 사건을 경험하면서 오 과장은 인생이 무상하다는 사실을 새삼스레 깨달았다. 황 상무와 같은 능력자도 퇴직을 피해 갈 수가 없다는 현실 앞에 절망감이 들었고, 이런 상황에서도 열심히 일할 필요가 있을까 하는 의구심마저 들었다. 전체적으로 직장생활에 대한 회의감과 함께 의욕마저 사라지고 말았다. 한 가지 다행스러운 점은 롤모델이었던 선배가 떠났음에도 그의 곁에는 든든한 조력자가 있다는 사실이다. 바로 장주 소장이었다. 오 과장은 한시라도 빨리 장 소장을 만나 조언을 구해야겠다고 생각했다.

32장

만남-21

죽고 사는 것 또한 운명일 따름이다

니체는 '절대적인 진리는 없다'고 주장했습니다. 시간과 공간을 초월하여 지속되는 절대적인 진리는 없고, 시대마다 사람들이 어떻게 해석하는가에 따라 진리 판단이 달라진다고 보았기 때문입니다. 영원불변의 진리는 없고 진리에 대한 해석만 있을 뿐이라는 뜻입니다. 하지만 생각해보면 변하지 않는 진리가 없지만은 않은 것 같습니다. 사람은 누구나 죽는다는 사실이 바로 그것입니다. 인간을 포함한 모든 생명체는 죽음을 피해갈 수 없습니다. 천하를 통일했던 진시황도 죽음을 피하기 위해 온갖 노력을 기울였으나 실패로 끝났습니다. 춘추전국시대보다 기술이 엄청나게 발달한 지금도 의학이나 과학의 도움으로 죽음을 조금 연장할 수 있을 뿐 그것으로부터 완전히 벗어날 수는 없습니다. 영생이란 인간의 영역이 아니기 때문입니다.

사람들은 누구나 죽음을 피할 수 없다는 사실을 잘 알고 있습니다. 그럼에도 사람들은 죽음에 대해서 대체로 무지한 편입니다. 좀더 정확히 말하면, 사람은 대체로 죽음에 대해 애써 외면하고 살고 있습니다. 문화인류학자인 어네스트 베커가 『죽음의 부정』에서 이렇게 지적한 적이 있습니다. "우리는 죽을 운명이라는 것을 객관적으로는 알고 있지만, 이 엄청난 진실을 회피하기 위해 온갖 획책을 다한다." 인간은 누구나 죽음을 피할 수 없다는 사실을 알고 있지만, 마치 그것이 자신이나 가까운 사람에게만은 찾아오지 않을 것처럼 생각하고 행동한다는 뜻입니다.

예를 들어보겠습니다. 연로하신 부모님이 돌아가시면 자녀는 하늘이 무너진 것처럼 슬픔을 느끼고, '왜 이렇게 빨리 죽음이 찾아왔는가! 몇 년만 더 살다가 돌아가셨으면 얼마나 좋을까!' 하면서 탄식을 합니다. 원치 않는 부모님의 임종을 맞이한 자식의 슬픔이야 충분히 이해가 됩니다. 하지만 부모님의 수명은 자녀가 기대한다고 연장되는 것도 아니고, 한탄한다고 해서 되돌릴 수 있는 것도 아닙니다. 사람의 수명은 인간의 소관이 아니라 하늘의 뜻이기 때문입니다. 장자님도 죽음은 인간이 통제할 수 없는 영역이라고 보았습니다. 「양생주」에는 노자의 죽음에 대한 에피소드가 나옵니다. 노자가 죽었을 때 친구인 진실이 문상을 왔는데, 곡을 겨우 세 번만 하고 나와버렸습니다. 이를 본 제자가 친구라면서 그렇게 형식적으로 문상을 하느냐고 따져 묻습니다. 이에 진상은 이렇게 대답했습니다.

"처음엔 나도 여기 모인 사람들처럼 하는 것이 죽은 노자를 기리는 것이라고 생각했는데, 지금 보니 그렇지가 않네. 아까 문상하러 들어가보니, 늙은이들은 마치 자식을 잃은 것처럼 통곡을 하고, 젊은

이들은 마치 어머니를 잃은 것처럼 통곡을 하고 있더군. 이처럼 사람들이 통곡을 하는 것은 노자가 원하는 바가 아닐 걸세. 이것은 자연의 순리를 어기고 진실을 배반하는 것이며, 인간이 부여받은 운명을 잊어버리는 것일세. 옛날 사람들은 이를 일러 '하늘을 어긴 죄악(遁天之形)'이라고 했네. 어쩌다가 이 세상에 태어난 것도 때를 만났기 때문이요. 어쩌다가 세상을 떠난 것도 순리이기 때문일세. 편안한 마음으로 때를 그대로 받아들이고 순리를 따른다면, 슬픔이니 기쁨이니 하는 것이 끼어들 틈이 없지. 옛날 사람들은 이를 일러 '하늘의 속박에서 풀려남(懸解)'이라 했네."

_「양생주養生主」

진실은 친구인 노자의 죽음에 대해 크게 슬퍼하지 않았습니다. 왜 그랬을까요? 그 이유는 삶이 그러하듯이 죽음도 하나의 자연현상이기 때문입니다. 그의 주장처럼, "이 세상에 태어난 것도 때를 만났기 때문"이며, "세상을 떠난 것도 순리이기 때문"입니다. 죽음은 자연의 순리이며, 인간이 부여받은 운명이기에 울고불고 해봐야 소용이 없다는 뜻입니다. 친한 친구의 죽음에 대해 자연의 순리라며 무덤덤하게 말하는 진실의 모습을 보고, '피도 눈물도 없는 사람'이라거나 '바늘로 찔러도 피 한 방울 나오지 않을 냉혈한'이라고 폄하는 사람이 있을지도 모르겠습니다.

진실의 입을 빌려 장자님이 하고 싶은 주장은 무엇일까요? 장자님은 죽음을 '현해懸解'라고 보았습니다. 현해란 '거꾸로 매달린 것에서 풀려난다'는 뜻으로 '생사를 초월함'을 일컫는 말입니다. 장자님은 우리 인간이 실존적 한계를 지녔다고 보았습니다. 태어나는 것도 하늘의 뜻이고 죽는 것도 하늘의 뜻에 달려 있어서 마치 하늘에 거꾸로 매달려 사는 존재라고 본 것입니다. 따라서 인간의 실존에는 필연적 한계가 있을 수밖에 없는데, 죽음이란 그러한 한계에서 벗어나는 일이라고 보았습니다. 장자님의 표현을 빌리면, 죽음이란 "하늘의 속박에서 풀려나는 것"입니다. 해서, 그렇게 슬퍼할 일만은 아니라는 입장입니다. 이런 이유 때문에 인간이 삶과 죽음에 연연하거나 인간으로 가지는 숙명적 한계를 극복하려고 안달하는 것은 자연의 순리가 아닙니다. 주어진 운명을 있는 그대로 받아들이고 거기에 순응하는 편이 현명한 태도이며, 이것이 하늘의 속박에서 진정으로 벗어나는 일이라는 주장입니다. 결국 장자님은 삶과 죽음도 자연의 순리에 따른 것이니 그것에 초연해야 한다고 역설하고 있습니다.

장자님의 주장이 이성적으로는 타당할지라도 앎과 실천은 별개의 문제이기도 합니다. '아무리 장자님이라도 가까운 가족의 죽음에도 그렇게 초연할 수 있을까' 하는 의문을 가지는 사람이 있을지 모르니, 장자님 아내의 죽음에 대한 일화를 소개해드리겠습니다. 장자님의 아내가 죽자, 친구인 혜자가 문상을 갔습니다. 그곳에 가보니 장자님은 곡을 하기는커녕 질그릇을 두드리며 노래를 부르고 있었습니다. 이를 본 혜자가 너무 심한 것 아닌가 하고 질책을 하자 장자님은 이렇게 대답했습니다.

"그렇지 않네. 아내가 죽었을 때 나라고 어찌 슬퍼하는 마음이 없었겠는가? 그러나 그녀가 태어나기 이전을 생각해보니 본래 삶이란 없었던 것이네. 삶이 없었을 뿐 아니라 본래 형체조차 없었던 것이지. 형체만 없었던 것이 아니라 본래 기氣조차 없었던 것이네. 그저 흐릿하고 어두운 속에 섞여 있다가. 그것이 변하여 기가 되고, 기가 변하여 형체가 되고, 형체가 변하여 삶이 되었던 것이네. 이제 그것이 다시 변하여 죽음이 된 것일세. 이것은 봄, 여름, 가을, 겨울, 사계절의 변화와 같은 것이지. 아내는 지금 하늘과 땅이라는 큰 방에 편안히 쉬고 있을 뿐이네. 그럼에도 내가 시끄럽게 곡을 한다면 스스로 운명에 통달하지 못했기 때문이겠지. 그래서 곡을 그쳤다네."

_「지락至樂」

장자님은 명나라 유학자 왕양명이 주장한 '지행합일'을 실천했던 분이기도 합니다. 자기 아내의 죽음을 앞에 두고도 통곡을 그치고, 질그릇으로 장단을 맞춰가며 노래를 불렀습니다. 이 모습은 일반인이 보기에는 아연실색할 장면입니다. 친구인 혜자조차 놀라서 질책을 할 정도니 말입니다. 장자님은 왜 통곡을 해도 시원찮을 사건을 두고 노래를 불렀을까요? 장자님의 행동을 단지 기분전환을 위한 의도로 이해해서는 곤란합니다. 장자님도 처음에는 슬펐지만 진리에 대해 깊이 생각한 끝에 죽음의 본질에 대한 깨달음을 얻었습니다. 그런 뒤에야 비로소 곡을 그칠 수 있었습니다. 장자님이 얻은 깨달음은 무엇일까요? 그것은 죽음도 계절의 변화처럼 자연스러운 것이라는 사실입니다. 자연의 이치이기에 슬퍼하고 통곡할 필요가 없다는 결론에 도달한 것입니다. 결국 장자님은 아내의 죽음조차 순리로 받아들임으로써 오히려 슬픔을 극복할 수 있었습니다.

누구에게나 죽음이 찾아온다는 사실을 받아들인다면 삶의 다음 순간은 바로 죽음입니다. 따라서 삶과 죽음은 단절이 아니라 연속이라고 볼 수도 있습니다. 삶의 끝이 죽음의 시작이기 때문입니다. 인도 시인 타고르가 이런 말을 했습니다. "탄생이 삶이듯 죽음도 삶이다. 드는 발도 걸음이고 내딛는 발도 걸음이다." 삶과 죽음이 분리되지 않고 그만큼 가까이 있으며, 서로 연결되어 있다는 의미입니다. 장자님도 아내의 죽음을 단지 불행한 사건으로 해석하지 않았습니다. 죽음이 삶과의 단절이 아니라 삶과 연결되어 있다고 본 것입니다. 그렇기에 장자님은 죽은 아내를 두고 "하늘과 땅이라는 큰 방에 편안히 누워 쉬고 있을 뿐"이라고 말하였습니다.

장자님은 여러 곳에서 삶과 죽음은 인간이 어찌할 수 없는 운명이라고 언급한 바 있습니다. 다음은 「대종사」에 나오는 장자님의 주장입니다.

> 죽고 사는 것은 운명입니다. 밤낮이 변함없이 이어지는 것과 같은 하늘의 이치입니다. 인간으로서는 어쩔 수 없는 일이며 모든 사물의 참모습입니다.
> 사람들은 하늘을 아버지처럼 여기고 몸 바쳐 사랑하는데, 하물며 하늘보다 더 뛰어난 것을 위해 그러지 않을 수 있겠습니까? 사람들은 임금마저 자기보다 뛰어나다고 생각하고 스스로 그를 위해 목숨을 바치는데, 하물며 임금보다 더욱 참된 것을 위해 그러지 않을 수 있겠습니까?
>
> _「대종사大宗師」

여기서도 장자님은 죽고 사는 문제는 인간이 어찌할 수 없는 일이며,

모든 사물의 참모습이라고 다시 한번 강조합니다. 만약 영원히 죽지 않는 사람이나 사물이 있다면 그것은 참모습이 아니라는 입장입니다. 한번 생각해봅시다. 어떤 사람이 나이가 들어도 죽지도 늙지도 않고 영원하다면 우리는 그 사람과 정상적인 인간관계를 맺을 수 있을까요? 그렇지 않을 것입니다. 만약 그런 사람이 있다면 그는 인간이 아니라 귀신처럼 여겨질 것입니다. 인간인 이상 태어나서 죽는 것은 당연한 것이며, 그것이 사물의 본성이자 하늘의 이치입니다.

보통 사람들이 임금에게 몸 바쳐 충성하는 일이 매우 자연스러운 현상입니다. 왜 충성을 하는 것일까요? 그 이유는 임금이 자기보다 뛰어나다고 생각하기 때문입니다. 하늘은 임금보다 훨씬 뛰어난 존재입니다. 감히 비교조차 할 수 없을 정도입니다. 그래서 임금조차도 하늘에 제사를 지내기도 합니다. 그런데 장자님이 보기에 하늘보다 더욱 참된 것이 있습니다. 그것은 하늘의 바탕이 되는 이치이자 순리입니다. 아마도 장자님은 이러한 이치나 순리를 '도'라고 표현할 것입니다. 하늘은 자기 기분대로 인간세상을 다스리지 않습니다. 더욱 참된 이치나 순리, 도의 원리에 따라 세상을 다스리는 것입니다. 해서, 자기보다 뛰어난 임금에게 충성하듯이 절대적 이치이자 자연의 순리인 하늘의 도에 순응하는 것은 지극히 올바르고 당연한 처사라 하겠습니다. 죽고 사는 문제도 하늘의 이치가 결정한 결과입니다. 해서, 인간은 이를 극복하려 하기보다 순응하는 편이 현명한 태도입니다.

직장생활을 하다보면 죽음과도 같은 사건을 경험할 때가 있습니다. 현직에서 물러나 퇴직할 때입니다. 직장인에게 있어 퇴직이란 대체로 불쾌하면서도 두려운 경험입니다. 퇴직이란 이제 더이상 직장을 다닐 수 없다는 최후통첩이자, 직장인으로서의 가치를 상실했다는 사형선고와도 같습니다. 해서, 퇴직 통보를 받은 사람은 하늘이 무너지는 것과 같은 참담한 심정이 되기도 하고, 자신이 더이상 직장에서 아무런 존재 가치가 없다는 상실감을 경험하기도 합니다. 한마디로 퇴직 선고는 일종의 사회적 죽음이라고 할 수도 있습니다.

퇴직 선고를 받은 사람은 이제부터 죽음을 맞이한 것과 같은 상태로 지내야 할까요? 그렇지 않습니다. 삶과 죽음이 연속이듯이, 퇴직 이전과 이후의 삶은 여전히 연속되는 것입니다. 시기의 차이가 있겠지만 직장인이라면 누구나 언젠가는 퇴직의 순간을 맞이하게 됩니다. 우리가 죽음을 부정하듯이, 퇴직을 부정하게 되면 이는 자연의 순리를 어기는 것이 됩니다. 중요한 것은 퇴직하지 않으려고 발버둥치기보다 퇴직을 순리로 받아들이고 그 이후의 삶을 자유롭고 아름답게 만들어가려는 노력입니다. 장자님의 표현을 빌리면, 퇴직이란 이제 '하늘(직장)의 속박에서 풀려나 천지라는 큰 방에서 편안히 쉬고 있는 상태'라고 할 수 있습니다. 그동안에는 직장의 울타리 속에서 주어진 역할에 충실했다면, 이제는 일체의 속박에서 벗어나 진정으로 자신이 원하는 삶을 영위할 수 있는 기회가 주어진 것입니다. 이제까지는 타인을 위한 삶을 살았다면 지금부터는 진정 자신을 위한 삶을 살아야 할 시간이 도래한 것입니다. 마냥 낙담하고 슬퍼할 일만은 아닙니다.

결국 죽고 사는 것은 운명일 따름입니다. 니체가 주장한 말 중에 아모르파티amor fati라는 표현이 있습니다. 아모르파티는 '네 운명을 사랑하라'

는 말로, 운명은 필연적으로 인간에게 닥쳐오지만, 이 필연성을 긍정하고 받아들이라는 의미입니다. 이를 우리말로는 운명애運命愛라고 부르기도 하는데, 장자님이 죽음을 바라보는 관점도 니체와 비슷합니다. 죽음이 하늘의 뜻이자 인간에게 주어진 피할 수 없는 운명이라면, 우리는 그것을 부정하기보다 있는 그대로 받아들이고 순응하는 것이 올바른 태도입니다. 신체적 죽음이든 사회적 죽음(퇴직)이든 자신에게 주어진 운명을 거부하기보다 자연스러운 것으로 받아들임으로써 그것을 극복하는 계기로 삼는 것이 현명합니다. 이것이 바로 장자님이나 니체가 말하는 순명順命이자 아모르파티입니다.

33장

만남-22

운명 앞에 체념하지 말고 넘어서라

살다보면 재수가 옴 붙은 날이 있습니다. 흔히 '머피의 법칙'이라고 부르기도 하는데요. 하는 일마다 좀처럼 풀리지 않고 운조차 따르지 않아서 자꾸 꼬이게 되는 상황을 말합니다. 이를테면, 모처럼 여행을 가기 위해 항공편을 예약했는데 출발 당일에 폭설이 내려 비행기가 뜨지 못하거나 큰마음 먹고 애인과 근사한 레스토랑을 갔는데 하필 그날이 휴무일이라서 데이트를 망친 경우처럼, 재수없는 일이 연달아 겹치는 상황을 말합니다. '안되는 놈은 뒤로 넘어져도 코가 깨진다'는 속담처럼 안 좋은 일이 연속해서 일어나면 "나는 왜 이렇게 재수가 없는가!" 하면서 자신의 운명을 한탄하기도 합니다.

머피의 법칙처럼 재수없는 일이 연속해서 일어나는 이유는 무엇 때문일까요? 정말 자신의 운명이 그렇게 되도록 예정되어 있었던 것일까요? 여기에 대한 판단은 운명을 믿는가 아닌가에 따라 달라질 것입니다. 모든 생명체의 생사존망은 초월적인 주관자에 의해서 정해진다고 믿는 운명론자라면 머피의 법칙 또한 그렇게 되도록 사전에 설계된 것이라고 생각할 것입니다. 반면 운명이란 것을 믿지 않는 사람은 그것과는 다르게 해석할 것입니다. 운명이란 것이 실제로 존재하는지의 여부와는 별개로 그것이 인간의 삶 일부분에 영향을 미친다는 사실은 부인할 수 없습니다. 왜냐하면 운명에 대한 믿음에 따라 삶에서 발생하는 여러 사건에 대한 개개인의 판단과 행동이 달라지기 때문입니다. 장자님도 운명을 어떻게 바라볼 것인가에 대해 숙고하셨습니다. 다음의 이야기를 들어보겠습니다.

자여子輿와 자상子桑은 친구였습니다. 장마가 열흘이나 계속되자 자여가 혼자 중얼거렸습니다. "자상이 굶주려 병들었을지도 몰라."
자여는 먹을 것을 싸 들고 자상에게 갔습니다. 자상의 집 앞에 이르자, 노래하는 것 같기도 하고 곡을 하는 것 같기도 한 소리가 들렸습니다. 자상이 거문고를 타면서 "아버지인가 어머니인가? 하늘인가 사람인가?"라며 힘겹게 읊조리는 소리였습니다.
자여가 들어가서 자상에게 물었습니다. "자네 소리가 왜 이 지경인가?"
자상이 대답했습니다. "나를 이 지경에 이르게 한 자가 누구인지 생각해보았지만 알 수 없었네. 부모가 어찌 내가 가난하기를 바랐겠는가? 하늘은 사심 없이 모두를 덮어주고 땅도 사심 없이 모두를 실어주고 있는데, 어찌 하늘과 땅이 사사로이 나를 가난하게 하였겠는가? 나를 이렇게 만든 자를 찾았지만 알 수 없었네. 그런데도 내가 지금 이 지경에 이르렀으니, 이는 운명일 따름이겠지."

_「대종사大宗師」

이야기 속 자여는 '가마 선생'으로 부유한 사람이며, 자상은 '뽕나무 선생'으로 하루 벌어 하루를 사는 가난한 자입니다. 예나 지금이나 악천후는 부자보다는 가난한 자에게 더 큰 고통을 줍니다. 열흘이나 장마가 지속되니 가난한 자상은 일조차 하지 못해 굶고 있습니다. 자신의 처지가 왜 이 지경이 되었는지를 곰곰이 생각해본 자상은 자신의 가난이 운명 때문이라는 결론을 내렸습니다. 부모가 자신이 가난하기를 바라지도 않았고, 하늘과 땅도 사사로이 자신만을 가난하게 하지 않았을 것이기에 운명일 따름이라고 본 것입니다.

자상의 넋두리를 들어보면, 얼핏 그가 운명론자처럼 보이기도 합니다. 그러나 좀더 자세히 들여다보면 자상은 결코 운명론자가 아닙니다. 만약 그가 운명론자였다면 자신에게 가난한 운명을 물려준 부모를 원망하고, 자신을 이 지경에 이르게 만든 하늘을 원망했을 것입니다. 하지만 자상은 어느 누구도 원망하지 않았습니다. 가난에도 불구하고 최선을 다해 살아보려 했으나 열흘이나 계속된 비로 인해 일을 나갈 수 없게 되었으니 누굴 탓하겠으며, 그저 인간으로서 한계를 겸허히 받아들일 수밖에 없지 않겠는가 하는 입장입니다. 말하자면, 자상은 운명론자運命論者가 아니라 안명론자安命論者라 보아야 옳습니다.

운명론자와 안명론자는 어떻게 다를까요? 운명론자는 모든 자연현상이나 사람의 일은 선천적으로 정해져 있어서 사람의 힘으로는 바꿀 수 없다고 체념하는 사람입니다. 안명론자는 하늘이 정해준 운명을 알고 그것에 맞게 분수를 지키는 사람입니다. 운명론자는 운명에 대해 어쩔 수 없다고 체념하는 사람이라면, 안명론자는 운명을 주어진 한계 상황으로 받아들이고 그것에 맞추어 극복 방안을 찾는 사람입니다. 결국 운명론자는 운명에 체념하는 반면, 안명론자는 그것을 받아들여 극복하려는 사람입니다. 장자님도 주어진 운명에 체념하는 데 그치지 말고, 운명을 있는 그대로 받아들이고 그것을 넘어서라고 강조하고 있는 것입니다.

안명론자는 기본적으로 자신의 운명을 탓하지 않습니다. 부귀富貴에 급급하지 않고, 빈천貧賤을 근심하지 않습니다. 심지어 자신의 생사生死나 존망存亡에 대해서도 크게 신경쓰지 않고 초연합니다. 어떻게 생사존망에 대해서도 흔들림 없이 초연할 수 있을까요? 그것은 삶과 죽음이 다른 것이 아니라 하나이기 때문입니다. 「대종사」에는 생사존망이 일체임을 터득한 네 명의 벗에 대한 이야기가 나옵니다. 그들은 자사, 자여, 자리, 자래입니다. 이중 자여가 몸이 오그라들고 몰골이 흉측해지는 병에 걸렸는데, 자사가 문안을 가서 병세에 대해 물었습니다.

자사가 물었습니다. "자네는 그 모습이 싫은가?"
자여가 대답했습니다. "아니네. 그럴 리가 있는가? 내 왼팔이 점점 변해 닭이 된다면 나는 새벽을 알리겠네. 내 오른팔이 점점 변해 활이 된다면 나는 그것으로 새를 잡아 구워먹겠네. 내 꼬리뼈가 점점 변해 수레바퀴가 되고 내 마음이 말이 된다면, 그것을 탈 테니 따로 수레가 필요하겠는가? 삶을 얻는 것도 때를 만났기 때문이고 그것을 잃는 것도 때를 따르는 것 뿐일세. 편안한 마음으로 때를 그대로 받아들이고 순리를 따르면 슬픔이니 기쁨이니 하는 것이 끼여들 틈이 없지. 옛사람들은 이를 일러 '하늘의 형벌에서 풀려나는 것(懸解)'이라고 하였네. 그런데 스스로 풀려나지 못하는 것은 사물에 얽매여 있기 때문이지. 세상의 모든 사물은 하늘의 이치를 이기지 못하는 법. 내가 어찌 이를 싫어하겠는가?" _「대종사大宗師」

자여가 걸린 병은 가벼운 질병이 아닙니다. 등이 굽고 근육이 오그라드는 병으로 고통은 물론이고 외형적 모습이 기형적으로 변하는 중병입니다. 그런데 자여는 이런 병에 걸렸어도 하늘을 원망하거나 누구를 탓하는 기색이 없습니다. 그냥 자연의 순리이며 때가 되어 그렇게 변하는 것뿐이라고 생각합니다. 자여는 심각한 병에 걸렸음에도 어떻게 싫은 내색도 없이 초연할 수 있는 것일까요? 굉장히 쿨한 모습이지만, 아무나 따라 하기 힘든 태도인 것만은 분명합니다. 그런데 네 친구 중 자래는 이보다 한발 더 나갑니다. 얼마 후 자래도 병에 걸렸습니다. 가쁘게 숨을 쉬는 것이 곧 죽을 것 같습니다. 옆에서 부인과 아이들이 울고 있습니다. 친구인 자리가 문안을 가서 대화를 나눕니다.

자리가 문에 기댄 채 자래에게 말했습니다. "위대하구나. 이 자연의 조화가. 자네를 어떻게 하려는 것일까? 자네를 어디로 보내려는 것일까? 자네를 쥐의 간으로 만들려나? 자네를 벌레의 팔뚝으로 만들려나?"

자래가 대답했습니다. "자식은 부모가 동서남북 어디로 가라 해도 그 말을 들어야 하지. 사람에게 음양이란 부모보다 더하네. 음양이 나를 죽음으로 다가가게 하는데 내가 듣지 않는다면 내가 고집을 부리는 것일세. 음양에 무슨 죄가 있겠는가? 자연은 나에게 몸을 주어 태어나게 하고, 삶을 주어 애쓰며 살게 하고, 늙음을 주어 편안하게 하고, 죽음을 주어 쉬게 하지. 그러니 삶을 좋다고 여긴다면 죽음도 좋다고 여겨야 하지 않겠는가?"

_「대종사大宗師」

자래는 자여보다 한 수 위입니다. 죽음이 찾아와도 그것은 음양의 조화일 뿐이니 기쁘게 받아들여야 한다고 태연하게 말하고 있습니다. 부모 말에도 복종해야 하는 것이 인간이거늘 하물며 부모보다 더 높은 음양의 조화가 자신에게 죽음으로 가라 한다면 따를 수밖에 없다는 주장입니다. 음양이 몸을 주어 태어나도 좋고 삶을 주어 살아도 좋고 늙음을 주어 편안하게 살아도 좋고 죽음을 주어 쉬게 해도 좋다는 것입니다. 이런 태도는 아무나 가질 수 있는 것이 아닙니다. 삶과 죽음이 다르지 않고 일체라는 사실을 체득한 신선의 경지라야 가능한 단계입니다. 여기 나오는 자래의 이야기는 실은 장자님 본인의 이야기이기도 합니다. 「열어구」에는 장자님의 죽음에 대한 이야기가 나옵니다.

장자가 죽게 되었을 때, 제자들이 장례를 후하게 치르려 하였습니다. 그때 장자가 말했습니다. "나는 하늘과 땅을 관과 겉관으로 삼고, 해와 달을 한 쌍의 구슬 장식으로 삼고, 별자리를 진주와 옥 장식으로 삼고, 만물을 부장품으로 삼으려 하니, 나의 장례를 위한 장구는 모자람이 없거늘 이에 무엇을 더한단 말인가?"

제자들이 말했습니다. "저희들은 까마귀나 솔개가 선생님의 시신을 먹어버릴까 두렵습니다."

장자가 대답했습니다. "땅 위에 있으면 까마귀나 솔개의 밥이 되고, 땅속에 있으면 땅강아지와 개미의 밥이 되거늘 어찌 한쪽 것을 빼앗아 딴 쪽에다 주어 한쪽 편만을 들려 하는가?"

_「열어구列御寇」

장자님이 지행합일을 몸소 실천한 분이라는 사실이 여기서도 여실히 드러납니다. 존경하던 스승님의 장례를 후하게 치르고, 고인의 육신을 안전하게 모시겠다는 제자들의 생각에 장자님은 쓸데없는 짓이라고 나무라고 있습니다. 이미 하늘과 땅, 해와 달, 별자리가 모두 자신의 장례를 위한 선물이기에 별도로 준비할 필요가 없다는 입장입니다. 시신 또한 뭇 생명체의 밥이 되는 것은 지극히 자연스러운 일이기 때문에 부산을 피울 일이 아니랍니다. 가히 삶과 죽음에 초탈한 신선의 경지라 하겠습니다. 이렇게 장자님이 자신의 죽음 앞에서도 초연할 수 있는 것은 무엇 때문일까요? 그것은 바로 삶과 죽음이 하나이고, 생사존망이 일체라는 생각 때문입니다. 삶과 죽음에 초탈한 경지에 올랐기에 죽음 뒤에 장사를 지내는 일에는 신경을 쓰지 않는 것입니다.

장자님의 이야기에는 죽음에 대한 이야기가 유독 많습니다. 왜 그랬을까요? 단지 죽음에 초연하라고 강조하고 싶어서일까요? 물론 그런 목적도 없지는 않겠지만, 장자님은 죽음과 관련된 이야기를 통해 정작 하고 싶은 이야기는 죽음을 생각하지 말고, 현재 삶에 충실하라는 메시지가 아닐까요? 장자님과 비슷한 시기에 서양에서는 에피쿠로스라는 철학자가 살았는데, 그도 사람들이 죽음에 대해 걱정하는 것을 부질없는 짓이라고 보았습니다. 그는 이렇게 주장했습니다. "가장 두려운 악인 죽음은 우리에게 아무것도 아니다. 왜냐하면 우리가 존재하는 한 죽음은 우리와 함께 있지 않으며, 죽음이 오면 이미 우리는 존재하지 않기 때문이다." 에피쿠로스에 따르면, 죽음은 살아 있는 사람이건 죽은 사람이건 모두에게 상관없는 주제입니다. 왜냐하면 살아 있는 사람에게는 죽음이 아직 오지 않았고, 죽은 사람이라면 이미 존재하지 않을 것이기 때문입니다. 서양 철학자 스피노자도 비슷한 주장을 한 적이 있습니다. "자유로운 인간은 결코 죽음을 생각하지 않으며, 그의 지혜는 죽음이 아니라 삶에 대한 성찰이다." 죽음을 생각하기보다는 삶에 대해 성찰하는 것이 더욱 중요하다는 뜻입니다. 결국 우리에게 필요한 것은 죽음에 대한 걱정이 아니라 삶에 대한 진지한 고민입니다. 장자님도 여러 가지 죽음을 이야기하면서 현재 삶에 충실하라고 하는 메시지를 전하고 있습니다.

이제 처음의 이야기로 돌아가보도록 하겠습니다. 머피의 법칙처럼, 인생을 살면서 불행이 연속해서 찾아오면 어떻게 해야 할까요? 자신에게 주어진 운명이니 그냥 체념하고 살아야 할까요? 장자님도 개인에게 주어진 운명을 인간의 힘으로 바꿀 수 있다고 보지는 않았습니다. 그렇다고 체념하고 포기하라고 가르치지도 않았습니다. 장자님은 체념에만 머물지 말고, 운명을 있는 그대로 받아들이되 그것을 넘어서기 위해 노력하라고 강조하였습니다. '진인사대천명'이란 말처럼, 먼저 '진인사'한 연후에 '대천명'해야 합니다. 즉, 자신의 일에 최선을 다한 뒤에 하늘의 명을 기다려야 합니다.

앞서도 말했지만, 인간은 실존적 한계를 가진 미약한 존재입니다. 그렇기에 자신이 노력해도 원하는 바를 얻지 못할 수도 있습니다. 하늘의 뜻이 따라주지 않으면 피나는 노력이 수포가 될 수도 있습니다. 해서, 자기가 할 수 있는 최선의 노력을 다한 뒤에는 담담하게 하늘의 명을 기다려야 합니다. 여기서 우리가 잊지 말아야 할 점은 천명을 기다릴 자격은 아무에게나 주어지지 않는다는 사실입니다. 자신이 할 수 있는 최선의 노력을 다한 사람만이 천명을 기다릴 자격이 있습니다. 그렇지 않은 사람은 천명을 운운할 자격조차 없습니다. 장자님도 죽음을 이야기할 때 하늘의 뜻을 강조하셨지만, 궁극적으로 강조하고 싶었던 부분은 죽음이 아니라 삶이었습니다. 자신의 죽음에 대해 걱정하면서 운명이나 하늘의 뜻을 살피기보다 현재 주어진 삶에 충실하는 것이 죽음을 넘어서는 일이라고 강조하고 있는 것입니다. 이전에도 언급한 바가 있지만, 삶과 죽음은 단절된 것이 아니라 연속되는 것입니다. 삶과 죽음은 하나입니다. 삶의 끝이 죽음입니다. 해서, '지금, 여기'의 삶에 충실할 필요가 있습니다. 현재 삶을 충실히 산 사람만이 죽음으로부터 초연해질 수 있습니다.

34장

만남-23

—

집착을 버리고 중도를 지켜라!

사람이 행복해지기 위해 필요한 것에는 무엇이 있을까요? 이 질문에 대한 대답은 사람마다 다를 것입니다. 어떤 사람은 돈이 많아야 행복할 수 있다고 말하고, 어떤 이는 지위가 높아야 한다고 말합니다. 사람들이 말하는 행복을 종합하면, '부귀영화'라는 말로도 축약할 수 있습니다. 부귀영화란 '재산이 많고 지위가 높으며 귀하게 되어서 세상에 드러나 온갖 영광을 누리는 것'을 말합니다. 우리가 돈을 추구하는 것도, 권력을 탐하는 것도 따지고 보면 다 부귀영화를 누리기 위한 목적이라고 봐도 크게 틀리지 않습니다.

사람들은 '부귀영화가 곧 행복'이라고 생각하는 경향이 있습니다. 정말로 부귀영화를 누리는 사람은 언제나 행복할까요? 여기에 대한 대답은 'No'입니다. 부귀영화를 누리고 있음에도 행복하지 않다고 말하는 사람도 적지 않습니다. 행복이란 '생활에서 충분한 만족과 기쁨을 느끼는 상태'를 말하는데, 많은 돈과 높은 지위가 반드시 만족과 기쁨을 가져다주는 것은 아닙니다. 대체로 사람들은 많은 돈을 벌기를 바라지만, 현실에서는 돈을 많이 벌었어도 '이만하면 만족한다'고 말하는 사람은 드뭅니다. 돈이란 물건은 참으로 요상해서 그것을 많이 가질수록 더 많이 가지려는 욕망도 덩달아 커집니다. 해서, 돈을 아무리 많이 가져도 만족감이나 행복감을 느끼기란 쉽지 않습니다.

지위나 권력도 마찬가지입니다. 지위가 낮을 때는 높은 지위에 오르기만 하면 세상을 다 가진 듯 행복할 것 같지만, 막상 그 지위에 올라가도 생각만큼 행복감을 느끼기가 힘듭니다. 높은 지위에 올라가면 업무의 중요도가 높아지고 책임의 범위도 넓어집니다. 지위에 걸맞은 능력을 갖추기 위해 노력도 해야 하고, 지위를 탐내는 사람들로부터 자리를 지키기 위한 정치력도 발휘해야 합니다. 결국 높은 지위에 오르면 그전보다 신경 쓸 일이 많아지고 자리에 대한 무게도 가중됩니다. 그 결과 높은 지위에 올랐다는 기쁨보다는 자리에 대한 압박이 커져서 외려 과거보다 만족감이 떨어지는 경우도 많습니다. 장자님도 높은 지위가 만족감이나 행복을 가져다주지 않는다고 보았습니다. 「소요유」에는 요나라 임금이 은자인 허유를 찾아가 나라를 물려주겠다고 말하는 대목이 나옵니다. 자기는 이제 나라를 위해 할 만큼 했으니 임금 자리를 허유에게 물려주고 개인 수양에만 전념하려는 목적 때문입니다. 그들의 대화를 들어보시죠.

요堯 임금이 나라를 허유許由에게 넘겨주겠다고 말했습니다. "해와 달이 떠서 세상이 환한데도 횃불을 계속 피우고 있다면 그 빛은 헛

되지 않겠습니까? 때가 되어 비가 오는데도 밭에다 물을 대고 있으면 그 노고도 헛된 것이 아니겠습니까? 선생께서 임금 자리에 오르셔야 천하가 잘 다스려질 텐데, 제가 아직 임금 노릇을 하고 있습니다. 제 스스로 부족함을 알고 있으니, 청컨대 세상을 맡아주십시오."

허유가 대답했습니다. "왕께서 천하를 다스려 세상이 이미 좋아졌는데, 제가 왕이 되는 것은 오직 이름을 위한 것 아니겠습니까? 이름이란 실재의 껍데기일 뿐입니다. 제가 그것으로 뭘 하겠습니까? 뱁새가 깊은 숲속에서 둥지를 트는 데는 가지 하나만 있으면 되고, 두더지가 큰 강물에서 물을 마시는 데는 작은 배를 채울 물만 있으면 됩니다. 임금께서는 돌아가 쉬십시오. 천하는 나에게 아무런 소용이 없습니다."

_「소요유逍遙遊」

아무런 조건 없이 권력을 넘겨주려는 요 임금도 대단하지만, 그것을 사양하는 허유는 더 대단하다는 생각이 듭니다. 허유는 왜 임금 자리를 거절했을까요? 그 이유는 임금 자리는 이름일 뿐이며, 이름은 실재의 껍데기에 불과하기 때문입니다. 뱁새나 두더지가 생존하기 위해서는 최소한의 조건만 있으면 되듯이, 자신도 세상을 살아가는 데 임금 자리나 이름은 필요가 없다는 논리입니다. 이는 지나친 욕심을 경계하라는 교훈으로 읽히기도 하고, 임금이라는 자리가 만인이 우러러보는 높은 지위지만 그것을 탐하지 않는 자기에게는 쓸데없는 명분에 불과하다고 해석할 수도 있겠습니다. '평양 감사도 저가 싫으면 그만'이란 속담도 있듯이, 아무리 좋은 지위라도 껍데기에 불과하다면 그것이 행복을 가져다줄 리는 만무할 것입니다.

서양에서도 허유와 비슷한 사람이 있었습니다. 고대 그리스 철학자인 디오게네스입니다. 키니코스학파의 대표 철학자인 그는 권력이나 세속적인 일에 속박되지 않고 자급자족하며 단순하고 소박한 생활을 추구하며 살았습니다. 디오게네스와 알렉산더대왕 사이에는 다음과 같은 유명한 일화가 전해지고 있습니다. 어느 날 세계를 정복한 알렉산더대왕이 가르침을 받고자 그의 거소를 찾아와 이렇게 말했습니다. "그대가 원하는 것이 무엇이오? 무엇이든 다 해주겠소." 이에 디오게네스는 "위대한 왕이시여. 지금 당신은 나의 따뜻한 햇볕을 가리고 있으니 옆으로 한 발짝만 비켜서주시오"라고 대답했습니다. 권력이나 지위에 관심이 없는 디오게네스에게는 소원을 말하라는 알렉산더대왕의 호의도 별로 달갑지 않았습니다. 그에게 권력이나 지위는 껍데기에 불과하기 때문입니다.

사람들은 왜 지위나 권력을 가지려 할까요? 그것을 가져야 다른 사람들이 자신을 귀하게 여길 것이라고 생각하기 때문입니다. 대체로 높은 지위나 권력을 가진 사람에게는 권위가 있습니다. 권위權威란 다른 사람을 따르게 만드는 힘입니다. 권위는 보통 두 가지의 힘이 바탕이 됩니다. 권세權勢와 위엄威嚴입니다. 권세란 권력과 세력을 뜻하는 말로, 사람을 두렵게 하여 복종하게 만드는 힘입니다. 반면 위엄이란 존경할 만한 위세를 갖추어 따르게 만드는 힘입니다. 권세가 강제적 힘이라면 위엄은 자발적 힘에 해당합니다. 권세는 그 사람이 앉은 자리 때문에 생긴 힘입니다. 반면 위엄은 자리가 아니라 그 사람의 인품이 만들어낸 힘입니다. 말하자면, 권세와 위엄은 힘을 발휘하는 근원이 다릅니다. 자리 때문에 생긴 힘이 권세라면 사람 때문에 생긴 힘은 위엄입니다. 권세에 기반한 권력자는 지위나 권력에 집착하고 자리를 유지하는 것에 목숨을 겁니다. 그가 앉은 자리가 곧 자기 힘의 원천이기 때문입니다. 이와 달리, 위엄에 기반한 권력자는 자리에 크게 연연하지 않습니다. 힘의 근본이 자기 자신에게 있기 때문입니다. 장자님도 지위나 권력에 집착하지 말라고 가르치고 있습니다. 「전자방」에 나오는 손숙오가 바로 그런 인물입니다.

> 견오肩吾가 손숙오孫叔敖에게 물었습니다. "선생님은 세 번이나 재상의 자리에 올라도 그것을 영예로 생각하지 않고, 세 번이나 거기서 물러나도 걱정하는 기색이 없었습니다. 처음에는 제가 선생님의 진의를 의심했습니다. 그러나 지금 보니 선생님의 숨결이 허허롭습니다. 선생님의 마음가짐은 도대체 어찌된 일입니까?"
> 손숙오가 대답했습니다. "내가 무엇이건 남보다 나은 것이 있겠소? 나는 오는 것을 물리치지 아니하고 떠나는 것을 붙잡지 않을 뿐입니다. 잃고 얻는 일은 나와는 관계없는 일이기에 걱정하는 기색이 없을 뿐입니다. 내가 남보다 나은 것이 무엇이겠습니까? 더구나 그 영예가 지위 때문인지 나 자신 때문인지 어떻게 알겠습니까? 지위 때문이라면 나하고는 상관이 없고, 나 때문이라면 그 지위와는 상관이 없는 일. 나는 그저 의연한 마음으로 사방을 둘러보려 하는데, 어찌 사람들이 나를 귀하게 여기거나 천하게 여기는 일에 마음을

쓰겠습니까?"

_「전자방田子方」

손숙오는 지위나 권력에 집착하지 않는 사람입니다. 재상의 자리에 있을 때도 그것을 영예로 여기지 않았고, 자리에서 물러났을 때도 걱정하는 기색이 없습니다. 그는 왜 자리에 연연하지 않는 것일까요? 그 이유는 자리가 주는 영예에는 관심이 없기 때문입니다. 다시 말해, 재상이라는 지위 때문에 사람들이 귀하게 여기는 것이나 그 자리를 떠났을 때 천하게 생각하는 일에 전연 마음을 쓰지 않기 때문입니다. 손숙오는 분명 지위가 주는 권세의 허망함을 잘 알고 있는 사람입니다. 옛 속담에 '정승집 개가 죽으면 문전성시를 이루지만 정작 정승이 죽으면 한 명도 안 온다'는 말이 있습니다. 지위나 권력 때문에 생긴 힘은 영원하지 않다는 뜻입니다. 지위로 인한 권세나 영예는 그것이 사라지면 신기루처럼 없어지기 마련입니다. 결국 장자님은 손숙오의 이야기를 통해 지위나 권력에 집착하지 말라고 가르치고 있습니다.

불교에서도 '집착을 버리라'고 강조합니다. 부처님은 인생을 '고통의 바다(苦海)'라고 표현하였습니다. 부처님이 보기에 속세의 모든 사람은 매사 고통 속에서 허우적거리며 살고 있습니다. 부처님의 제일 관심사는 '어떻게 하면 고통에서 벗어날 수 있는가' 하는 것이었습니다. 해서, 그 일에만 죽어라 매달렸습니다. 그 결과 마침내 깨달음을 얻었습니다. 부처님이 얻은 깨달음은 고집멸도苦集滅道, 네 글자로 요약할 수 있습니다. 여기서 '고'는 고통입니다. 고통은 왜 생겼을까요? 바로 '집' 때문입니다. '집'은 집착을 말합니다. 결국 부처님은 고통이 집착 때문에 생겼다고 보았습니다. '멸'은 고통의 소멸을 뜻합니다. 흔히 열반에 이른다고 말하는 단계가 바로 그것입니다. '멸'에 이르기 위해서는 어떻게 해야 할까요? 마지막 글자인 '도'를 실천해야 합니다. 그러니까 '도'는 고통을 없애기 위한 수행법을 말합니다. 달리 말하자면, 집착을 끊는 방법이기도 합니다. 고집멸도를 간략하게 요약 정리하면, 고통은 집착 때문에 생기는데 고통을 소멸시키려면 도를 실천해야 한다는 뜻입니다. 핵심은 집착을 버려야 고통에서 벗어날 수 있다는 말입니다.

"집착하지 말라." 이 말은 입으로 내뱉기는 쉽지만, 몸으로 실천하기는 상당히 어려운 가르침입니다. 현실에 발을 딛고 살아가는 평범한 사람들이 세속적인 것들에 집착하지 않기란 매우 어렵습니다. 범인들은 대체로 돈이나 권력에 집착하고 인간관계에 집착하고 건강이나 외모에 집착하고 자녀 문제에 집착하기 마련입니다. 사람들은 왜 세속적인 것에 집착하는 것일까요? 그것이 행복을 가져다줄 것이라고 믿기 때문입니다. 하지만 우리가 집착하면 할수록 만족감보다는 고통이 커지는 것이 현실입니다. 부처님 말씀처럼 집착이 고통의 원인이기 때문에 그렇습니다. 장자님의 생각도 부처님과 비슷합니다. 그런데 장자님이 말하는 집착에는 돈이나 권력, 인간관계나 건강, 외모 등 세속적인 것에만 한정하지 않았습니다. 장자님은 지식을 끝없이 쌓으려고 노력하거나, 타인에게 칭찬받기 위해 애쓰는 것도 집착이라고 보았습니다. 다음은 「양생주」의 첫 대목에 나오는 이야기입니다.

우리의 삶에는 끝이 있으나 아는 것에는 끝이 없다. 끝이 있는 삶을 가지고 끝이 없는 앎을 추구하는 것은 위험한 일이다. 그런데도 계속 앎을 추구한다면 더더욱 위험할 따름이다.

착한 일을 하더라도 이름이 날 정도로는 하지 말고, 나쁜 일을 하더라도 형벌을 받을 정도로는 하지 말아야 한다. 오직 중도를 따라 그것을 기준으로 삼는다면 몸을 보전할 수 있고, 삶을 온전히 할 수 있으며, 어버이를 공양할 수 있고, 자기 목숨대로 살 수 있을 것이다.

_「양생주養生主」

신이 아닌 이상, 인간의 삶은 유한하며 한계도 있습니다. 장자님의 표현을 빌리면, "우리의 삶에는 끝이 있"습니다. 그러나 우리가 알아야 할 것은 무한합니다. 아무리 배워도 지식의 끝에 도달할 수가 없습니다. 장자님은 이렇게 유한한 삶을 사는 인간이 무한한 앎을 추구하는 것은 불가능할 뿐 아니라 위험하다고 보았습니다. 물론 배움에 대한 의지를 크게 갖는 것에 대해 나쁘다고 말할 수만은 없습니다. 노자가 『도덕경』 48장에서 "학문의 길은 하루하루 쌓아가는 것(爲學者日益)"이라고 말한 것처럼, 배움에 끝은 없지만 하나씩 배워가는 것은 위험한 일이 아닙니다. 하지만 그것이 지나치면 문제가 될 수도 있습니다. 지식욕도 하루하루 쌓아가는데 그치지 않고 지나치게 탐한다면 위험한 일이 될 수도 있습니다. 노자도 "학문의 길을 하루하루 쌓아가는 것"이라는 말 뒤에 이어서 "도의 길은 하루하루 없애 가는 것(聞道者日損)"이라고 덧붙여놓은 것도 그런 이유때문이 아닐까 싶습니다. 지적 욕구를 충족시키는 것은 좋지만 도의 길을 따라서 하라는 뜻일 것입니다.

과유불급이란 말도 있듯이, 아무리 좋은 것도 지나치면 끝이 안 좋은 법입니다. 중국의 어떤 시인도 "백 년도 못 사는 인간이 천 년의 걱정으로 살아간다(生年不滿百常懷千歲憂)"고 하면서, 유한한 삶을 사는 인간이 무한한 걱정에 휩싸여 사는 것을 안타까워한 적이 있습니다. 과도하게 지식욕을 탐하는 것도, 지나친 걱정을 가지고 사는 것도 모두 집착에서 벗어나지 못했기 때문에 벌어진 일입니다. 유한한 삶을 사는 인간에게 무한한 것에 대한 집착이란 '무한 도전'이 아니라 '무모한 도전'에 가깝습니다.

장자님은 착한 일이나 타인의 칭찬에도 집착하지 말라고 강조하였습니다. 착한 일을 해서 이름이 나거나 나쁜 일을 해서 형벌을 받는 일 모두 좋지 않다고 본 것입니다. 장자님이 생각하는 올바른 도는 어느 한쪽에 치우치지 않고 '중도를 지키는 일'입니다. 중도를 지켜야 몸을 보전할 수도 있고 삶을 온전히 할 수 있으며 천수도 누릴 수 있기 때문입니다. 중도를 지키기 위해서는 집착에서 벗어나야 합니다. 좋은 일이든 나쁜 일이든 한쪽에 집착하게 된다면 중도의 기준에서 벗어나기 때문입니다. 결국 집착을 버려야 중도를 지킬 수 있고, 도를 실천할 수 있습니다. 스스로에게 한번 물어보았으면 합니다. 나는 무엇인가에 집착하고 있지는 않은지? 나는 중도를 지키며 살고 있는지?

35장

만남-24

참된 사람은 도와 다투지 않는다

"무소의 뿔처럼 혼자서 가라." 이 말은 최초의 불교 경전인 『숫타니파타』에 나오는 경구인데, 싯다르타가 임종하기 직전에 제자들에게 남긴 말로 잘 알려져 있습니다. 임종을 앞둔 부처에게 제자들이 "선생님께서 돌아가시면 저희는 이제 어떻게 합니까?" 하고 물었는데, 부처는 "무소의 뿔처럼 혼자서 가라"는 말로 답했다고 합니다. 이제 더이상 스승에게 의지하지 말고, 혼자의 힘으로 자신만의 길을 가라는 의미입니다. 『숫타니파타』는 제자들이 부처의 가르침을 암송하기 쉽도록 운문의 형태로 구성되어 있는데, 마지막에는 항상 '무소의 뿔처럼 혼자서 가라'는 후렴이 붙어 있습니다. 책에는 다양한 상황과 비유를 들어가며 이 말을 사용하고 있는데, 부처는 제자들에게 흔들림 없이 수행에 전념하라는 의미에서 이 말을 남겼다고 합니다.

『숫타니파타』에 나오는 경구 가운데 가장 유명한 문장은 다음과 같습니다. "홀로 행하고 게으르지 말며, 비난과 칭찬에도 흔들리지 말라. 소리에 놀라지 않는 사자처럼, 그물에 걸리지 않는 바람처럼, 진흙에 더럽히지 않는 연꽃처럼 무소의 뿔처럼 혼자서 가라." 부처가 남긴 이 말은 수행중에 겪게 되는 다양한 어려움 속에서 수행자가 가져야 할 마음가짐에 대해 의미 있는 가르침을 주고 있습니다. 부처님은 자신의 죽음을 두고 제자들이 지나치게 슬퍼하고 한탄하는 모습을 경계하였습니다. 그것은 아직 집착에서 벗어나지 못한 상태로 바람직한 수행자의 모습이 아니기 때문입니다. 진정한 수행자는 부처님의 말씀처럼 "소리에 놀라지 않는 사자처럼, 그물에 걸리지 않는 바람처럼" 환경 변화나 외부조건에 흔들리지 않고, "무소의 뿔처럼 혼자서" 묵묵히 수행의 길로 나아가야 합니다. 이것이 진정한 수행자의 모습입니다.

'극과 극은 서로 통한다'는 말이 있듯이, 부처님이 생각하는 진정한 수행자의 모습은 장자님의 생각하는 진인이나 성인의 모습과 닮았습니다. 모든 사람에게 귀감이 될 정도로 '크고 으뜸이 되는 스승'이란 뜻의 「대종사」에는 진인이 어떤 사람인지를 자세히 설명하고 있습니다. 장자님이 그리는 진인의 모습은 다음과 같습니다.

> 하늘이 하는 일과 사람이 하는 일을 아는 사람은 지극한 경지에 도달한 사람입니다. (…) 그러므로 진인眞人이 있어야만 참된 앎이 있습니다. 진인이란 어떤 사람입니까? 옛날의 진인은 모자란다고 억지부리지 않고, 이루어도 우쭐거리지 않고, 무엇을 하려고 꾀하지 않았습니다. 이런 사람은 실수를 해도 후회하지 않고, 일이 잘되어

도 자만하지 않았습니다. 이런 사람은 높은 곳에 올라도 무서워하지 않고, 물에 들어가도 젖지 않고, 불에 들어가도 뜨거워하지 않습니다. 바로 그 사람의 앎이 높이 올라 도에 이를 수 있었기 때문입니다.

_「대종사大宗師」

장자님이 생각하는 진인은 참된 앎을 가진 사람입니다. 여기서 참된 앎이란 '하늘이 하는 일'과 '사람이 하는 일'을 구분할 줄 아는 것을 말합니다. 하늘이 하는 일을 가지고 시시비비를 가리려 하거나 왈가왈부하는 사람은 참된 앎에 이르지 못한 사람입니다. 진인은 세상의 우여곡절에 일희일비하지 않습니다. 일이 잘 풀려도 우쭐거리거나 자만하는 일이 없고, 일이 잘 풀리지 않더라도 과욕이나 억지를 부리지 않습니다. 이것이 가능한 이유는 하늘이 하는 일과 사람이 하는 일을 구분하기 때문입니다. 그렇기에 진인은 주변의 칭찬이나 비난에 얽매이지 않고, 세속적인 일에 초연한 태도로 살아갑니다. 마치 부처님이 말한 '소리에 놀라지 않는 사자'나 '그물에 걸리지 않는 바람'과도 같습니다. 결국 진인이란 희로애락도 잊고 순수한 자연의 상태로 돌아간 사람입니다. 삶에서 만나게 되는 여러 현실에도 아랑곳하지 않고 의젓한 자세로 자기 길을 묵묵히 가는 사람을 말합니다.

진인은 어찌하여 인생사에 그토록 초연할 수 있을까요? 그 이유는 앎이 높기 때문입니다. 참된 앎을 깨달았기 때문입니다. 하늘의 일과 사람의 일을 구분할 줄 알기 때문입니다. 대체로 인간의 지식이란 불완전한 현실에서 얻어지는 경우가 많아서 오류가 많습니다. 인간은 하늘이 하는 일에 대해서도 자기 힘으로 고칠 수 있다고 생각하여 억지를 부리기도 합니다. 이 때문에 사소한 일에도 감정 기복이 심하고 희비가 교차하기 쉽습니다. 진인은 참된 앎에 도달하였기 때문에 도리나 이치에 어긋나는 일을 하지 않습니다. 한마디로 앎의 수준이 지극한 경지에 올라 도에 이르렀다고 말할 수 있습니다. 도의 경지에 이른 진인은 삶과 죽음마저 초탈합니다. 이어지는 장자님의 설명을 들어보시죠.

> 옛날의 진인은 삶을 즐겁다 할 줄도 모르고 죽음을 싫다 할 줄도 몰랐습니다. 태어남을 기뻐하지도 않고 죽음을 거역하지도 않았습니다. 의연히 갔다가 의연히 돌아올 뿐입니다. 그 시원을 잊어버리지 않고, 그 끝을 알려고도 하지 않았습니다. 삶을 그대로 받아들여 살다가 잊어버린 채로 되돌아갔습니다. 이를 일러 마음으로 도를 해치는 일이 없고, 사람의 일로 하늘이 하는 일에 간섭하려 하지 않음이라 합니다. 이런 사람이 바로 진인眞人입니다.
>
> _「대종사大宗師」

앎이 지극하면 도에 이르게 되는데, 이 경지가 되면 삶과 죽음에 대해서도 의연해집니다. 삶과 죽음은 인간의 소관이 아니라 하늘이 하는 일에 속하기 때문입니다. 따라서 진인은 죽음과 삶, 어느 쪽에도 집착하지 않고 살아갑니다. 태어나도 기뻐하지 않고 죽음이 찾아와도 거역하려 하지 않습니다. 초연하게 받아들일 뿐입니다. 이 상태가 '사람의 일로 하늘이 하는 일에 간섭하지 않음'입니다. 삶과 죽음마저 초탈한 자세, 이것이 바로 도이자 진인의 모습입니다. 진인에 대한 장자님의 설명은 계속됩니다.

> 그러므로 성인聖人은 군대를 움직여 적국을 망하게 하지만, 사람들의 마음을 잃는 일이 없었습니다. 이로움과 혜택을 만대에 두루 베풀지만, 사람을 특별히 편애하지 않았습니다.
> 그러므로 사물에 통달하려는 사람은 성인이 아닙니다. 편애하는 사람은 인자仁者가 아닙니다. 자연의 때에 앞서는 사람은 현자賢者가 아닙니다. 이로움과 해로움을 구별하는 자는 군자君子가 아닙니다. 명성을 위해 참된 자기를 잃어버리는 사람은 선비(士)가 아닙니다. 자기를 망치면서도 참됨이 없는 사람은 남을 부리지 못합니다. 고불해孤不偕, 무광務光, 백이伯夷, 숙제叔齊, 기자箕子, 서여胥餘, 기타紀他, 신도적申徒狄 같은 이들은 모두 다른 사람을 위해 일하고, 다른 사람을 즐겁게 하는 것으로 즐거움을 삼았을 뿐, 스스로는 즐거움을 맛보지 못한 사람들입니다.
>
> _「대종사大宗師」

여기에 나오는 성인, 인자, 현자, 군자, 선비는 모두 진인의 다른 표현입니다. 성인은 자신의 행위로 인해 타인의 마음을 잃는 일이 없습니다. 심지어 전쟁을 하여 적국을 망하게 만들어도 원성을 사지 않는다고 합니다. 이런 일이 가능할까요? 도를 알고 자연의 순리를 아는 성인(진인)이라면 이웃나라를 탐하여 함부로 전쟁을 일으킬 리가 없습니다. 어쩔 수 없는 상황이어서 전쟁에 나섰을 터인데, 이는 아마도 하늘의 뜻에 따른 행위일 것입니다. 해서, 살육을 벌이는 전쟁에도 사람들의 마음을 잃거나 원성을 사는 일이 없다고 하는 것입니다.

진인은 자연의 순리를 따르고 억지를 행하지 않습니다. 그렇기에 사물에 통달하려 하지 않고 편애하지 않고 자연의 때에 앞서려 하지 않고 이해利害를 구별하지 않고 명성을 좇지 않는 것입니다. 마지막에 나열된 이들은 역사에서 지조와 정절을 지켰던 의로운 사람으로 명성을 날린 사람입니다. 우리가 잘 아는 백이와 숙제 형제는 주나라 무왕이 은나라 주왕을 멸하자 신하가 천자를 토벌한 것에 반대하였고, 주나라 곡식을 거부하고 수양산으로 들어가 굶어죽은 인물입니다. 장자님은 이런 사람들을 '명성을 위해 참된 자기를 잃어버린 사람'으로 진정한 선비가 아니라고 평가절하했습니다. 그들은 타인의 의해 지배당했을 뿐, 스스로 즐거움을 맛보지 못한 사람들로 참된 삶을 살지 못한 것입니다. 이처럼 참된 사람은 타인을 지배하려 하지도 않지만, 타인을 위해 자기 삶을 희생하지도 않습니다. 결국 진인은 참된 앎의 지극한 경지에 도달하여 하늘의 것과 사람의 것을 구분함으로써 자연의 순리를 따르는 사람입니다. 장자님의 표현을 빌려 말하면, "하늘의 것과 사람의 것이 서로 이기려 하지 않는 경지"에 이른 사람입니다.

플라톤은 가장 지혜로운 철학자가 국가를 다스려야 한다는 철인정치론을 주장하였습니다. 장자님도 명시적으로 표현하지 않았으나 비슷한 관점을 가지고 있었습니다. 『장자』 내편 중 이상적인 황제와 임금의 자격이 무엇인가를 다룬 「응제왕」이 있는데, 여기서 말하는 이상적인 지도자의 모습이 진인과 성인의 모습을 연상케 합니다. 먼저 견오와 광접여가 대화하는 장면을 살펴보도록 하겠습니다.

견오肩吾가 광접여狂接輿를 만났는데, 광접여가 물었습니다. "일전에 중시中始가 자네에게 무슨 말을 하던가?"
견오가 말했습니다. "임금 된 사람이 자기 생각대로 법령과 제도를 만들어내더라도 어떤 사람이 감히 그것에 따라 교화되지 않을 수 있겠느냐고 하였습니다."
광접여가 말했습니다. "그것은 거짓된 덕이다. 그런 방법으로 천하를 다스리는 것은, 바다를 걸어서 건너거나 땅을 파서 강을 만드는 것처럼 힘들고, 모기 등에다 산을 지우는 것처럼 어려운 일이다. 성인이 다스리는 것이 겉모습이겠는가? 먼저 자신을 올바르게 하고 나서 행동하고, 확실히 그런 일을 할 수 있도록 해줄 따름인 것이다. 새는 높이 날아올라 화살을 피하고, 들쥐는 사당의 둔덕 밑을 깊이 파고들어야 연기를 피하고 파헤쳐져 잡힐 걱정에서 벗어난다. 자네는 두 미물만큼의 지혜도 없구나."

_「응제왕應帝王」

장자님은 접여의 말을 통해 올바른 정치의 원리를 전하고 있습니다. 무릇 정치란 정해놓은 법률로만 다스리는 것도 아니고, 권력자의 강압에 의해 복종하게 만드는 것도 아닙니다. 만일 그런 것에 의해 사람들이 따른다면, 그것은 겉으로만 다스리는 것으로 거짓된 덕에 불과합니다. 진정한 지도자는 법이나 권력에 의존하는 것이 아니라 먼저 지도자가 올바른 행동을 하여 모범을 보이고, 사람의 본성을 올바르게 유도함으로써 백성들이 스스로 따르게 만듭니다. 이어지는 장자님의 이야기를 들어보도록 하겠습니다.

> 천근天根이 은양 땅을 가다가 요수에 이르러 우연히 무명인無名人을 만나 물어보았습니다. "천하를 다스리는 방법을 가르쳐주십시오."
> 무명인이 말했습니다. "물러가시오. 당신은 천한 사람이오. 어째서 그런 불쾌한 질문을 하시오. 나는 지금 조물주와 벗하려 하오. 그러다가 싫증이 나면 저 까마득히 높이 나는 새를 타고 이 세상 밖으로 나아가 '아무것도 없는 곳(無何有之鄕)'에서 노닐며, '한없이 넓은 들(壙埌之野)'에서 살려고 하오. 당신은 또 무엇 때문에 천하를 다스리는 일 따위로 내 마음을 흔들려 하는 것이오?"
> 천근이 또 묻자 무명인이 말했습니다. "당신은 마음을 담담한 경지에 노닐게 하고, 기운을 막막한 곳에 모아놓고, 만물의 자연스러움을 따름으로써 사사로움이 끼어들지 않게 하시오. 그러면 천하가 다스려질 것이오."
>
> _「응제왕應帝王」

등장인물의 이름에서 장자님의 위트가 엿보입니다. 천하의 근본이라는 뜻을 가진 천근이란 사람이 이름도 없이 살아가는 무명인에게 천하를 다스리는 방법을 묻고 있습니다. 이에 무명인은 버럭 화를 냅니다. 자신은 조물주와 벗하며 높이 나는 새를 타고 세상 밖을 노니는 사람인데 고작 천하의 일이나 묻고 있으니 불쾌하다는 반응입니다. 이를 보면 무명인은 이미 세상일에 초탈한 성인이자 진인입니다. 그래서 이름조차 없는 무명인입니다. 그래도 천근이 재차 묻자, 이번에는 자연의 순리를 따르면 저절로 천하가 다스려질 것이라고 이야기하고 있습니다. 억지로 무엇인가를 하려 하지 말고 자연의 이치를 좇아 스스로 따르게 하라는 것입니다.

장자님은 「응제왕」에서 이상적인 지도자의 모습을 설명하고 있는데, 이는 노자가 주장한 것과 일맥상통한 면이 있습니다. 노자는 『도덕경』 17장에서 지도자의 유형을 네 가지로 구분하였습니다. "가장 훌륭한 지도자는 그 존재 정도만 알려진 지도자. 그다음은 사람들이 가까이하고 칭찬하는 지도자. 그다음은 사람들이 두려워하는 지도자. 가장 좋지 못한 지도자는 사람들의 업신여김을 받는 지도자다." 욕을 먹는 지도자나 사람들이 무서워하는 지도자가 최고가 아니라는 점은 쉽게 수긍이 될 것입니다. 하지만 사람들이 가까이하고 칭찬받는 지도자가 최고가 아니라는 점에는 의아한 생각이 들 수도 있습니다. 사람들이 어떤 지도자를 좋아하고 칭송한다는 것은 이미 그 지도자를 의식하고 있다는 뜻입니다. 그러니 최고 수준은 아닙니다. 최고의 경지는 사람들이 지도자를 의식조차 하지 않는 단계입니다. 백성들이 지도자가 있는지 없는지 의식조차 하지 않지만 물 흐르듯 자연스럽게 흘러가는 단계로, 무위자연無爲自然의 다스림입니다.

장자님도 노자처럼 지도자의 덕목으로 무위자연의 도를 강조하였습니다. 억지로 무엇인가를 하려는 유위有爲가 아니라 있는 듯 없는 듯 물처럼 자연스럽게 흐르게 내버려두는 것이 통치의 원리라는 것입니다. 이는 신발이나 허리띠가 몸에 잘 맞으면 의식되지 않는 것과 같은 이치입니다. 결국 지배나 강압에 의한 다스림은 바람직한 것이 아닙니다. 제대로 된 다스림은 자연의 순리와 사람의 본성에 따라 스스로 움직일 수 있도록 뒤에서 북돋아주는 것입니다. 이처럼 참된 사람은 절대 도와 다투는 법이 없습니다. 이것이 리더십의 요체입니다.

장자님은 이야기의 서두에서 대붕에 대한 이야기를 한 적이 있습니다. 작은 물고기가 변하여 새가 되었고 구만리 장천을 날아간다는 대붕의 이야기는 여기서도 반복되고 있습니다. 무명인은 하늘 높이 나는 새를 타고 세상 밖으로 날아가 자유롭게 사는 자유인입니다. 결국 장자님은 작은 물고기에게도, 하루하루를 힘들게 살아가는 직장인에게도, 뭇 백성을 다스리는 지도자에게도 참된 사람이 되어 절대 자유를 누리라고 가르치고 있습니다. 사소한 세상사에 얽매여 아웅다웅하지 말고 대붕처럼 하늘 높이 날아서 자유롭게 노닐라고 권유하고 있습니다. 이제 여기서 장자님의 이야기를 마칠까 합니다. 장자님의 말씀이 직장생활에서 자유를 찾고 자신이 진정으로 원하는 모습으로 살아가는 데 약간이나마 도움이 되었으면 합니다. 마지막으로 한번 물어보겠습니다. 여러분은 큰 날개를 펼치고 하늘 높이 날아오를 준비가 되셨습니까?

36장

대화

—

무소의 뿔처럼 혼자서 가라!

오상수_ 소장님. 안녕하세요. 저 왔습니다.

장주_ 오상수 과장님. 또 오셨군요. 오늘은 얼굴이 썩 밝아 보이지는 않네요. 무슨 일이 있나요?

오_ 예. 사는 게 재미도 없고 매사에 의욕이 없네요.

장_ 실은 저희 상담소를 찾으시는 분들은 대부분 표정이 좋지 않습니다. 그러니까 상담소 문을 두드리는 것이겠지요. 자, 이제 고민을 속시원히 털어놓으시죠.

오_ 제가 신입사원 시절부터 롤모델로 생각하면서 믿고 따랐던 상사가 있습니다. 소장님도 그분 성함은 들어보셨을 겁니다. 전략본부의 황호준 상무님입니다. 그동안 워낙 잘나가던 분이라 저는 그분만 믿고 의지해왔거든요. 그런데 이번에 갑자기 퇴사를 하셨습니다. 소식을 전해들은 저는 하늘이 무너지는 것 같은 기분이 들었습니다. 이제 저는 누굴 믿고 살아야 할까요?

장_ 다른 사람도 아니고 믿고 의지했던 롤모델이 사라졌으니 참담한 심정이 들었겠군요. 제가 직접 겪은 일은 아니지만 과장님의 심정이 충분히 이해가 갑니다. 그런데 과장님은 평소에 황 상무님이 퇴직을 하는 일은 절대 없을 것이라고 생각했나봅니다. 그러한 일이 가능하다고 보십니까?

오_ 물론 언젠가는 퇴직하는 날이 오기도 하겠지요. 하지만 이처럼 빨리 찾아올 줄은 꿈에도 생각하지 못했습니다.

장_ 그랬군요. 그런데 인간은 신이 아니기 때문에 모든 불행을 피해 갈 수는 없습니다. 불행의 종류와 시기를 선택할 수도 없습니다. 사람이 죽음을 피해 갈 수 없듯이, 직장인이라면 퇴직을 피해 갈 수도 없습니다. 죽음이 순리이듯 조직을 떠나는 것도 순리입니다. 운명일 뿐입니다.

오_ 맞는 말이긴 합니다만, 당사자에게 너무 가혹한 것 아닙니까?

장_ 그런가요? 오 과장님은 퇴직 전과 후의 삶을 비교하면서 퇴직을 하면 그전보다 불행해질 것이라고 생각하시는 것 같은데, 퇴직을 하면 모두가 불행해지나요?

오_ 모두가 그런 것은 아니지만 대체로 퇴직을 하게 되면 자신의 가치나 쓸모가 없어졌기 때문에 실망하는 경우가 많지 않나요?

장_ 지난번에도 비슷한 주제로 논의를 한 적이 있는 것 같은데요. 사람의 가치나 쓸모를 누구의 기준으로 보는가에 따라서 판단을 달라질 수 있습니다. 조직에 있을 때는 개인의 가치가 조직에게 얼마나 도움이 되는지로 판단을 하겠지만, 퇴직을 하고 나면 조직의 기준이 아니라 자신의 기준에 따라 판단해야 맞지 않을까요? 어차피 조직을 떠났으니까 평가의 기준도 바뀌어야 맞지 않나요?

오_ 그렇긴 하네요.

장_ 문제는 조직생활에만 익숙해져서 새로운 환경에 맞는 관점과 가치를 발견하지 못했다는 데 있습니다. 장자님도 인간이 죽고 사는 문제는 운명일 따름이라고 보았습니다. 그래서 아내가 죽었을 때도 그다지 슬퍼하지 않았습니다. 장자님은 인간의 죽음을 현해懸解라고 불렀습니다. 현해란 '거꾸로 매달린 것에서 풀려난다'는 뜻입니다. 장자님은 우리 인간이 실존적 한계를 지녀서 마치 하늘에 거꾸로 매달려 산다고 보았습니다. 해서, 죽음이란 그러한 한계를 벗어나는 것이라서 나쁜 일만은 아니라고 보았습니다. 하늘의 속박에서 풀려나는 사건입니다. 조직에서 퇴직을 한다는 것도 이와 비슷하지 않나요? 조직생활을 할 때는 자신이 하고 싶은 일이 아니라 조직에 바라는 일을 하다보니 족쇄를 차고 있는 것과 비슷한데, 퇴직을 하게 되면 이제 그러한 속박에서 풀려나 진정으로 자기가 원하는 삶을 사는 기회가 주어진 셈입니다.

오_ 이론적으로는 퇴직을 하게 되면 일체의 속박에서 벗어나 자신만의 삶을 사는 기회가 된다는 것에는 동의가 됩니다. 하지만 현실에서는 그렇게 생각하는 사람이 많지 않거든요.

장_ 맞습니다. 그만큼 현실의 속박이 견고하기 때문입니다. 해서, 몸은 풀려나도 마음의 족쇄는 여전히 남아 있는 경우가 많습니다. 그렇게 되면 퇴직 이후에 자유롭다는 느낌보다는 당황하면서 불안하다는 생각이 더 많이 들게 됩니다. 사람들이 왜 퇴직을 하게 되면 슬퍼하고 당황하는지 아십니까?

오_ 아직 준비가 덜 된 상태에서 퇴직을 해서 그런 것 아닐까요?

장_ 그것도 틀린 말은 아닙니다. 그런데 사람은 누구나 언젠가 퇴직을 하리라는 사실을 알고는 있지만, 퇴직 이후의 삶을 미리미리 준비하는 경우는 많지 않습니다. 해서, 대부분 준비가 안 된 상태로 퇴직을 맞이하게 됩니다. 안타까운 일이죠. 사람들이 퇴직을 당황스럽게 생각하는 가장 큰 이유는 집착을 버리지 못해서입니다. 나에게만은 퇴직이 쉽게 찾아오지 않을 것이라는 것도 집착이고, 현직에서 가졌던 지위나 권력이 영원하길 바라는 것도 집착이거든요. 이러한 집착을 내려놓지 못하기 때문에 퇴직이라는 사건이 더욱 심각하게 다가오는 것입니다.

오_ 황 상무님도 퇴직하고 나니까 만나는 사람에게 그럴듯한 명함을 내밀지 못하는 것이 무척이나 어색하다고 말씀하시더군요.

장_ 적절한 예입니다. 퇴직이란 과거의 자신이 보유했던 타이틀을 더이상 사용할 수 없는 상태, 즉 자연인이 되는 것입니다. 해서, 과거에 누렸던 지위나 권력도 함께 사라지는 것을 의미합니다. 이때 과거의 지위나 권력에 집착하면 할수록 현재의 상태는 고통스러워집니다. 과거의 화려했던 자신은 사라지고 아무것도 없는 초라한 모습만 남겨졌다고 생각하기 때문입니다.

오_ 인간인 이상 지위나 권력에 집착하는 것은 당연한 일 아닌가요? 부처님 정도가 아니면 모든 욕망을 버리고 집착하지 않기란 쉽지 않잖아요?

장_ 맞습니다. 고통의 원인이 집착 때문이라는 사실을 알아도 현실에서 모든 집착을 내려놓기란 결코 쉬운 일이 아닙니다. 부처님이 욕망이나 욕구를 버리라고 말씀하신 것은 모든 욕망을 끊으라는 뜻이 아닙니다. 오히려 욕구나 욕망의 방향을 바꾸라는 것이지요. 조직에서 높은 자리에 계신 분이 갖는 권력의 원천은 어디에서 나오는 것일까요? 자리일까요, 사람일까요?

오_ 사람마다 다르긴 하겠지만, 자리 때문인 경우가 많은 것 같은데요.

장_ 높은 자리에 오르면 사람들은 그를 향해 존경을 표하고 따르기도 합니다. 그가 힘을 가지고 있기 때문입니다. 그런데 이 상태에서는 힘의 원천이 자리 때문인지 사람 때문인지는 분명치 않습니다. 이것이 분명해지는 순간은 그가 자리에서 떠났을 때입니다. 자리를 떠난 후에도 여전히 사람들이 따른다면 힘의 원천은 사람입니다. 반대로 그가 떠난 이후에는 모른 척한다면 과거 힘의 원천은 자리에 있었다고 보면 됩니다. 해서, 퇴직을 하게 되면 자리 때문에 발생한 권력에는 더이상 집착해서는 안 됩니다. 퇴직 이후에는 자연인으로 돌아가서 자기 자신에게 집중해야 합니다. 자리가 아니라 사람에 관심을 가지고 자신을 갈고닦는 일에 매진해야 합니다. 요컨대 퇴직을 운명으로 받아들이고 도를 닦는 데 집중해야 합니다. 그래야만 퇴직 이후의 삶이 불안하지 않고 진정으로 자신이 원하는 모습으로 살아갈 수 있습니다.

오_ 퇴직을 운명으로 받아들이라는 말은 운명론자가 되라는 말씀인가요?

장_ 정확히는 안명론자가 되라는 것입니다. 운명론자와 안명론자는 전혀 다릅니다. 운명론자는 사람의 운명은 미리 정해져 있어서 아무리 노력해도 바꿀 수 없다고 체념하는 사람입니다. 반면 안명론자는 하늘이 정해준 운명을 알고 그것에 맞추어 최선을 다하는 사람입니다. 운명에 대해 체념하는 사람이 운명론자라면, 운명을 주어진 한계 상황으로 받아들이고 그것에 맞추어 극복 방안을 찾는 사람이 안명론자입니다. 안명론자는 체념에 그치지 않고 가능한 범위 안에서 노력합니다. 해서, 안명론자는 자신에게 가혹한 운명이 주어져도 운명을 탓하지 않습니다. 심지어 죽음이 찾아와도 초연합니다. 그러니 퇴직 정도의 시련에 흔들릴 이유가 없습니다.

오_ 어떻게 그게 가능할까요?

장_ 그 이유는 생사존망이 하나라는 것을 알기 때문입니다. 삶과 죽음이 다르지 않기에 초연할 수 있는 것입니다. 그래서 장자님은 아내의 죽음뿐 아니라 자신의 죽음을 앞두고도 초연할 수 있었습니다. 장자님의 책을 보면 유독 삶과 죽음에 대한 이야기가 많은데요. 생사가 일체라는 말을 통해 장자님이 진짜 하고 싶은 말은 죽음을 너무 깊이 생각하지 말고 현재 삶에 충실하라는 것이 아닐까 생각합니다. 장자님이 퇴직한 황 상무를 만났다면, 퇴직 전과 후가 다르지 않으니 과거에 얽매이지 말고 현재의 삶에 충실하라고 충고하였을 것입니다. 왜 하필 나에게 퇴직이라는 불행이 찾아왔는가 하면서 낙담만 하지 말고, 어떻게 하면 퇴직 이후의 삶에 충실할 수 있을지를 고민하라고 조언했을 것입니다.

오_ 갑자기 '카르페디엠'이란 말이 떠오릅니다. 장자님은 갑자기 롤모델이 사라져버린 저에게는 뭐라고 조언을 하셨을까요?

장_ 죽음에 관한 생각은 장자님과 부처님이 많이 닮아 있습니다. 해서,

하늘같이 믿고 따랐던 롤모델이 사라진 오 과장님에게 부처님이 돌아가실 때 제자들에게 남겼다는 말을 들려주지 않았을까 싶습니다. 죽음을 앞둔 부처님에게 제자들이 모여서 물었다고 합니다. "선생님께서 돌아가시면 저희는 이제 어떻게 합니까?" 이 질문에 부처님은 "무소의 뿔처럼 혼자서 가라"는 말로 답했다고 합니다. 이제 더이상 스승에게 의지하지 말고, 스스로의 힘으로 자신의 길을 가라는 가르침입니다. 오 과장님에게도 동일한 말을 전하지 싶습니다. 믿고 따랐던 상사가 퇴직을 했다는 것은 분명 슬픈 일이기는 합니다. 하지만 누구나 퇴직을 피할 수 없다는 사실을 전제한다면 이는 자연스러운 일이며 누구에게나 찾아올 수 있는 사건입니다. 이 사건은 이제부터 상사의 그늘에서 벗어나 혼자만의 힘으로 세상을 살아가야 한다는 하늘의 신호로 해석하는 편이 올바릅니다. 롤모델을 대신하여 하늘에서 "더이상 가르칠 게 없다. 이제 하산하거라" 하고 명령을 내린 것으로 이해해도 좋겠습니다.

오_ 저에게도 무소의 뿔처럼 혼자서 가라고 말씀하시는 것이군요.

장_ 무위자연의 도를 강조하신 장자님은 '참된 사람은 도와 다투지 아니한다'고 하였습니다. 선배가 떠난 것도, 과장님이 홀로 남겨진 것도 순리이며 자연의 도입니다. 해서, 억지로 도와 다투려 하지 말고 순리를 따라 자연스럽게 물처럼 흘러가야 합니다. 우리가 처음 만났을 때 물고기에서 변한 대붕이 하늘 높이 올라 구만리 장천을 날아가는 이야기를 한 적이 있습니다. 기억나시죠? 결국 장자님은 우리에게 대붕처럼 살라고 강조하고 있는 것입니다. 눈앞의 작은 일에 얽매여 아웅다웅 살지 말고 대붕처럼 하늘 높이 날아서 자유롭게 노니는 삶을 살라고 조언합니다. 무위자연의 도를 닦아 진정한 자유인이 되라는 말씀입니다. 장자님의 조언처럼 진정 자유로운 삶을 살 수 있겠습니까?

오_ 제가 잘 실천할지는 모르겠으나 장자님의 가르침을 가슴 깊이 새겨서 진정한 자유인으로 살기 위해 노력해야겠다는 마음은 간절합니다. 지금까지 저에게 너무 많은 가르침을 주신 데 대해 다시 한번 깊이 감사드립니다.

장_ 도움이 되었다니 저도 기쁩니다. 대붕이 되어 자유롭게 소요할 과장님의 모습을 기대하겠습니다.

● 『장자』를 더 깊이 읽고 싶을 때

『장자』, 오강남 편역, 현암사, 1999

『장자 – 내편』, 김창환 옮김, 을유문화사, 2010

『장자: 절대적인 자유를 꿈꾸다』, 김학주 옮김, 연암서가, 2010

『장자』, 김갑수 옮김, 글항아리, 2019

『그때 장자를 만났다: 내 인생의 전환점』, 강상구 지음, 흐름출판, 2014

『장자, 차이를 횡단하는 즐거운 모험』, 강신주 지음, 그린비, 2007

『장자: 타자와의 소통과 주체의 변형』, 강신주 지음, 태학사, 2003

『장자 & 노자: 道에 딴지걸기』, 강신주 지음, 김영사, 2013

『망각과 자유』, 강신주 지음, 생각의나무, 2008

『장자 내편』, 김정탁 지음, 성균관대학교출판부, 2018

『곁에 두고 읽는 장자』, 김태관 지음, 홍익출판사, 2015

『장자, 닭이 되어 때를 알려라』, 나카지마 다카히로 지음, 조영렬 옮김, 글항아리, 2010

『장자 이야기』, 모로하시 데쓰지 지음, 조성진 옮김, 사회평론, 2005

『장자, 21세기와 소통하다』, 안희진 지음, 시그마북스, 2009

『장자인문학』, 안희진 지음, 시그마북스, 2019

『장자 1 : 학의 다리가 길다고 자르지 마라』, 윤재근 지음, 나들목, 2013

『장자 – 진리를 찾아가는 길』, 이기동 지음, 살림, 2013

『장자, 나를 깨우다』, 이석명 지음, 북스톤, 2015

『삶의 길 흰구름의 길』, 오쇼 지음, 류시화 옮김, 청아출판사, 2005

『장자, 도를 말하다』, 오쇼 지음, 류시화 옮김, 청아출판사, 2006

『장자 평전』, 왕꾸어똥 지음, 신주리 옮김, 미다스북스, 2002

『장자 강의』, 전호근 지음, 동녘, 2015

● 책 속의 책

『철학이 필요한 시간』, 강신주 지음, 사계절, 2011

『마이스터 에크하르트』, 게르하르트 베어 지음, 이부현 옮김, 안티쿠스, 2009

『논어』, 공자 지음, 김형찬 옮김, 현암사, 2020

『김수영 전집 1』, 김수영 지음, 이영준 엮음, 민음사, 2018

『도덕경』, 노자 지음, 오강남 엮음, 현암사, 1995

『갈매기의 꿈 (외)』, 리처드 바크 지음, 김진욱 옮김, 범우사, 1999

『아웃라이어』, 말콤 글래드웰 지음, 노정태 옮김, 최인철 감수, 김영사, 2019

『맹자』, 우재호 옮김, 을유문화사, 2007

『자기의 테크놀로지』, 미셸 푸코 지음, 이희원 옮김, 동문선, 1997

『에티카』, 베네딕트 데 스피노자 지음, 강영계 옮김, 서광사, 2007

『러셀 서양철학사』, 버트런드 러셀 지음, 서상복 옮김, 을유문화사, 2019

『숫타니파타』, 법정 옮김, 이레, 1999

『팡세』, 블레즈 파스칼 지음, 이환 옮김, 민음사, 2003

『세네카 인생론』, 루키우스 안나이우스 세네카 지음, 김천운 옮김, 동서문화동판(동서문화사), 2007

『이탁오』, 신용철 지음, 지식산업사, 2006

『역사의 연구』, 아놀드 조셉 토인비 지음, 홍사중 옮김, 동서문화동판(동서문화사), 2007

『세상을 보는 방법』, 아르투르 쇼펜하우어 지음, 권기철 옮김, 동서문화동판(동서문화사), 2005

『니코마코스 윤리학』, 아리스토텔레스 지음, 김재홍·강상진·이창우 옮김, 길, 2011

『알랭의 행복론』, 알랭 지음, 변광배 옮김, 디오네, 2016

『불안』, 알랭 드 보통 지음, 정영목 옮김, 은행나무, 2011

『철학의 위안』, 알랭 드 보통 지음, 정명진 옮김, 청미래, 2012

『죽음의 부정』, 어니스트 베커 지음, 노승영 옮김, 한빛비즈, 2019

『쾌락』, 에피쿠로스 지음, 오유석 옮김, 문학과지성사, 1998

『전습록』, 왕양명 지음, 김동휘 옮김, 신원문화사, 2010

『로자의 인문학 서재』, 이현우 지음, 산책자, 2009

『니체 씨의 발칙한 출근길』, 이호건 지음, 아템포, 2015

『실천이성비판』, 임마누엘 칸트 지음, 백종현 옮김, 아카넷, 2019

『일상의 인문학』, 장석주 지음, 민음사, 2012

『존재와 무』, 장 폴 사르트르 지음, 정소성 옮김, 동서문화동판(동서문화사), 2009

『현대의 위기와 인간』, 정명환 지음, 민음사, 2006

『몸의 철학』, M. 존슨·조지 레이코프 지음, 임지룡·노양진 옮김, 박이정, 2002

『불안의 개념 / 죽음에 이르는 병』, 쇠얀 키에르케고어 지음, 강성위 옮김, 동서문화동판(동서문화사), 2007

『인간적인 너무나 인간적인 2』, 프리드리히 니체 지음, 김미기 옮김, 책세상, 2002

『아침놀』, 프리드리히 니체 지음, 박찬국 옮김, 책세상, 2004

『이 사람을 보라』, 프리드리히 니체 지음, 이동용 옮김, 세창출판사(세창미디어), 2019

『즐거운 학문 메시나에서의 전원시 유고 (1881년 봄-1882년 여름)』, 프리드리히 니체 지음, 안성찬·홍사현 옮김, 책세상, 2005

『차라투스트라는 이렇게 말했다』, 프리드리히 니체 지음, 정동호 옮김, 니체편집위원회 감수, 책세상, 2000

『선악의 저편.도덕의 계보』, 프리드리히 니체 지음, 김정현 옮김, 책세상, 2002

『빌헬름 텔』, 프리드리히 폰 실러 지음, 바르바라 킨더만 엮음, 울리케 하젤로프 그림, 이용숙 옮김, 이루파(범조사), 2006

『국가·정체(政體)』, 플라톤 지음, 박종현 옮김, 서광사, 2005

장자에게 배우는 직장인 필살기
불확실한 직장생활에서 필히 살아남는 기술

초판 1쇄 인쇄 2020년 11월 16일
초판 1쇄 발행 2020년 11월 26일

지은이 이호건 | 펴낸이 신정민

편집 김승주 이희연 | 디자인 최윤미 이주영 | 저작권 한문숙 김지영 이영은
마케팅 정민호 김경환 | 홍보 김희숙 김상만 지문희 김현지 이소정 이미희
제작 강신은 김동욱 임현식 | 제작처 상지사

펴낸곳 (주)교유당
출판등록 2019년 5월 24일 제406-2019-000052호

주소 10881 경기도 파주시 회동길 210
문의전화 031) 955-8891(마케팅), 031) 955-2680(편집)
팩스 031) 955-8855
전자우편 gyoyudang@munhak.com

ISBN 979-11-90277-93-8 03320

* 이 도서의 국립중앙도서관 출판예정도서목록(CIP)은 서지정보유통지원시스템 홈페이지(http://seoji.nl.go.kr)와 국가자료종합목록 구축시스템(http://kolis-net.nl.go.kr)에서 이용하실 수 있습니다.(CIP 제어번호: CIP2020048030)